PENNY WARNER

KÖRPERSPRACHE EINER TOTEN

PENNY WARNER

KÖRPERSPRACHE EINER TOTEN

EIN FALL FÜR CONNOR WESTPHAL

AUS DEM AMERIKANISCHEN VON
TRIXI FLÜGEL

SIGNUM

Die Originalausgabe des Buches erschien 1997 unter dem Titel „Dead Body Language“ bei Bantam Books, New York.

Die Deutsche Bibliothek - CIP-Einheitsaufnahme

Warner, Penny:
Körpersprache einer Toten : ein Fall für Connor Westphal / Penny Warner. Aus dem Amerikan. von Trixi Flügel. - Seedorf ; Hamburg : Signum, 1999
ISBN 3-927731-71-4

Schloßstraße 4, 23883 Seedorf
Hans-Albers-Platz 2, 20359 Hamburg
Tel. 040 - 319 21 40, Fax 040 - 319 62 05

Lektorat: Birgit Funke
Einband: Katrin Hinrichs
unter Verwendung eines Fotos von Anke Petersen
Herstellung: Fuldaer Verlagsagentur
Printed in Germany

ISBN 3-927731-71-4
Originalausgabe: ISBN 0-553-57586-4
Bantam Books, New York

Für Matthew und Rebecca.
Und für Tom, meinen Komplizen.

Danksagung

Ich möchte den folgenden Experten auf ihren jeweiligen Gebieten ganz herzlich für Ihre Unterstützung bei der Festlegung von Details und der Sicherstellung sachlicher Richtigkeit danken:

Dr. Linda Barde, Director of Special Education Services und Gebärdensprachlehrerin, Chabot College, Hayward, Kalifornien

Joyanne Burdett, Bibliothekarin, California School for the Deaf, Fremont, Kalifornien

Colma Cemeteries, Colma, Kalifornien

Linda Davis, Features Editor, Valley Times, Pleasanton, Kalifornien

DCARA – Deaf Counseling and Referral Agency, San Leandro, Kalifornien

Melanie Ellington, Counseling and Correctional Services, Jamestown, Kalifornien

David Goll, City Editor, Valley Times, Pleasanton, Kalifornien

Robert Goll, Managing Editor, Daily Ledger, Antioch, Kalifornien

Kay Grant, Near Escapes, San Francisco, Kalifornien

Mario Marcoli, Goldsucher, Jamestown, Kalifornien

Donna Melander, Diplom-Dolmetscherin für Gehörlose, Fremont, Kalifornien

Sgt. Keith W. Melton, im Ruhestand, California Highway Patrol

Beverly Jackson, Gebärdensprachlehrerin, Mt. Diablo Adult School, Concord, Kalifornien

Mother Lode Coffee Shop, Jamestown, Kalifornien

Dr. Boyd Stevens, Chief Medical Examiner, San Francisco Coroner's Office, San Francisco, Kalifornien

Jacquelyn Taylor, President, San Francisco College of Mortuary Science, San Francisco, Kalifornien

Vielen Dank an das Northern California Chapter of Mystery Writers of America, an Sisters in Crime, und an meinen Kriminalroman-Zirkel: Jonnie Jacobs, Margaret Lucke, Lynn McDonald und Sally Richards. Außerdem danke ich Charlie Ahern, Janet Dawson, Lucy Galen, J.D. Knight, Stacey Norris, Edward und Constance Pike, Geoffrey Pike und Shelley Singer.

Und ganz besonders danke ich Amy Kossow, Linda Allen, Casey Blaine, Cassie Goddard und Kate Miciak.

"Just set where you are, stranger, and rest easy –
I ain't going to be gone a second."
Mark Twain,
The Celebrated Jumping Frog of Calaveras County

1

Ich kaute an meiner Mordwaffe und nahm dann einen zögerlichen Schluck aus meinem Kaffeebecher, als ob Strychnin darin wäre.

„Also gut, ich schleiche mich gleich nach der Biologiestunde an den Direktor heran, erschieße ihn von hinten mit der goldbeschlagenen Derringer und ... ach Scheiße!" Ich schmiß den Bleistift hin und raufte mir die kurzgeschnittenen Haare.

Man sollte doch wirklich meinen, daß das Leben in einem bunten kalifornischen Goldrauschstädtchen namens Flat Skunk, ehemals berühmt für seine mordlustige Historie, einen dazu inspirieren sollte, den Direktor der High School auf innovative Weise umzulegen. Das gehörte schließlich zu meinem Job.

Ich nahm noch einen Schluck von dem Gesöff, das man im Nugget Café statt genießbaren Kaffees ausschenkte, pochte mit meiner Mordwaffe auf die Tischplatte und zog dann einen Strich durch meinen neuesten Versuch, jemanden umzubringen. Die Papierserviette, die ich mit meiner Klaue verziert hatte, löste sich dabei beinah in Fetzen auf.

„Mist! Mit einer Knarre kann ich den Direktor nicht umbringen. Das würden doch alle in der Schule hören – alle außer mir jedenfalls", sagte ich.

Dieses Geständnis sorgte unter den Stammgästen des Frühstückstreffs für einiges Aufsehen. Sheriff Elvis Mercer hielt mitten im Gespräch inne, mit einem Blick, der ganz deutlich sagte: „In dieser Gegend führt man keine lauten

Selbstgespräche, Connor, Liebes. Und vor allem redet man nicht davon, andere Leute zu ermorden."

Ich warf dem Sheriff ein Lächeln zu, wandte mich wieder dem miserablen Krimirätsel zu, das ich gerade für meine Wochenzeitung entwarf, und biß in eine Toastscheibe. „Okay, ich manipuliere die Lautsprecheranlage, und wenn der Direktor dann ins Büro geht, um am Mikrophon eine Ansage über das Rauchen in den Waschräumen zu machen –"

Zack! Ich fuhr zusammen. Eine Hand berührte meine Schulter, die ich nicht hatte kommen sehen.

Es war Lacy Penzance, die selbsternannte First Lady des Ortes. Sie sagte etwas, das ich nicht erkennen konnte, ihre Lippen bewegten sich so gut wie gar nicht.

Ich drehte das Hörgerät hinter meinem linken Ohr – das einzige Ohr, auf dem ich überhaupt etwas höre – auf volle Lautstärke, in der Hoffnung, daß mir das beim Ablesen ihrer schmalen Lippen helfen würde. Für Lacy Penzance sah es wahrscheinlich so aus, als ob ich nach Flöhen kratzte.

„Schulligung", sagte ich, während ich den Toastbissen herunterschluckte und mir dabei fast den Hals aufriß. Ich hustete und schlug mir ein paarmal auf die Brust. „Entschuldigung. Was haben Sie gesagt?" Ich drehte mich so, daß ich ihr Gesicht besser sehen konnte.

„Ich … sind Sie Connor Westphal?" war alles, was ich mitbekam.

Ich musterte sie. Ich hatte sie noch nie aus der Nähe gesehen, was allerdings selbst in einer Kleinstadt wie Flat Skunk nicht weiter erstaunlich war. Wir hatten nicht sehr viel gemeinsam, außer vielleicht unserer Liebe zu dieser historischen Goldgräberstadt im Mother-Lode-Gebiet.

Sie war Seidenkostüm, Mercedes, Roquefort und Frauenhilfswerk; ich war zerrissene Jeans, zerbeulter 57er Chevy, Schinkensandwiches und protestantisches Arbeitsethos. Letztendlich lief es aufs Geld hinaus – die zwei Seiten der Medaille. Wir waren zwar wahrscheinlich nur ein paar Jahre auseinander – ich bin siebenunddreißig, sie sah nach Mitte vierzig aus – aber in puncto Dollars und Design trennten uns Generationen.

„Darf ich mich setzen?"

Zumindest nahm ich an, daß sie das gesagt hatte. Sie benutzte ihre Lippen hauptsächlich dazu, einen scharlachroten Lippenstift zur Schau zu tragen. Ich wischte einige Toastkrümel vom Tisch, faltete die Serviette mit den Kriminotizen zusammen und deutete auf den Platz gegenüber.

Lacy ließ sich langsam und bedächtig auf das abgewetzte, rote Kunstlederpolster nieder. Sie nahm ihre pfirsichfarbene Sonnenbrille ab und enthüllte gerötete, von winzigen Krähenfüßen und verschmiertem Make-up umrandete Augen. Die Wolke *Obsession* um sie herum reichte völlig aus, mir den Appetit zu verderben, vor allem den auf kalten Toast. Aber irgend etwas an dieser akribisch aufrecht erhaltenen Fassade rief bei mir ein gewisses Mitleid für sie hervor.

Lacy kramte nervös ein Bündel Veranstaltungstickets aus dem schwarzen Loch ihrer Handtasche und legte es auf den grauen Resopaltisch. Sie sprach wieder; ich verstand nur sehr wenig.

Selbst wenn man sehr geschickt ist, kann man nur dreißig bis fünfzig Prozent der Wörter von den Lippen ablesen, es ist also immer viel Raten dabei. Meistens habe ich einen kleinen Kassettenrecorder bei mir, falls ich später irgend etwas von einem Dolmetscher klären lassen muß. Aber an diesem Morgen hatte ich ihn nicht mitgenommen. Montags lasse ich den Tag gern langsam angehen. Und mein Hörgerät hilft nur sehr wenig. Ohne das Hörgerät höre ich nur sehr tiefe oder sehr hohe Geräusche – Baßgitarren, Autoalarmanlagen. Wenn ich zu schreiben versuche, stelle ich es oft ab.

Ohne meine Augen von ihren Lippen zu wenden, konnte ich sehen, wie sie die Tickets in ihren schlanken Fingern hin und her bog, aber was sie sagte, schien nichts damit zu tun zu haben.

„Ihnen gehört diese kleine Zeitung, die, die im ganzen Mother Lode erscheint?"

Kleine Zeitung? Anscheinend hatte sie mich ebenfalls gemustert und fand, daß ich nicht nach Zeitungsmagnat aussah. Eine Selbstgespräche führende einsame Frau in braunen Jeans und einem alten T-Shirt mit der Aufschrift „Jetzt hab ich doch glatt vergessen, Kinder zu kriegen" entsprach wohl nicht Lacy Penzances Vorstellung von einem Medienmogul. Ich setzte mich gerader hin, um das Imageproblem wettzumachen, und schlüpfte in meine abgestreiften pinkfarbenen Mokassins zurück.

„Ja, mein Büro ist –"

Sie unterbrach mich, bevor ich auf die andere Straßenseite deuten konnte. „Ich weiß, wo Ihr Büro ist." Sie sah mir bedeutungsvoll in die Augen, während sie zwei Karten abriß und sie mit Bedacht auf den Tisch legte.

Auf einmal wurde mir bewußt, daß wir die Aufmerksamkeit einiger anderer Gäste im Nugget erregten. Meine Rundumsicht ist zwar nicht besser als die eines Hörenden, aber ich werde nicht von dröhnenden Baßboxen und geflüstertem Klatsch abgelenkt, so daß ich stärker auf visuelle Anzeichen achte. Ich hatte das Gefühl, daß unsere Zusammenkunft im Café auf einiges Interesse stieß.

Lacy Penzance lehnte sich näher zu mir herüber. „Ich war vor ein paar Minuten dort. Der Gentleman im Raum neben Ihrem sagte mir, daß Sie hier seien."

Gentleman? Da mußte ich mich jetzt wirklich verguckt haben. Meinen Büronachbarn, Boone Joslin, würde ich nicht einmal im gewaschenen und nüchternen Zustand als Gentleman bezeichnen.

Jilda Renfrew, Teilzeitkellnerin mit Manikürenaspirationen, unterbrach uns mit einem Zahnpastalächeln, viel zu fröhlich für einen Montagmorgen, und brachte die heiße Schokolade, die ich bestellt hatte. Während Lacy sich abrupt wieder zurücksetzte, nahm ich mir einen Moment Zeit, die Schokolade in meinen halbvollen Kaffeebecher zu gießen. Es hatte schon etwas Anpassungsvermögen gekostet, mich von meiner Starbucks-Sucht loszueisen, aber die Vorteile meines Tauschs von Cable Car und Gourmetkaffee gegen die Historie des Goldrauschs von 1849 hatten die Einschränkungen letztlich aufgewogen. Gegen die anderen Veränderungen, die sich seit dem Umzug von San Francisco nach Flat Skunk für mich ergeben hatten, war das hier eine Kleinigkeit.

„Was kann ich für Sie tun, Ms. Penzance?" fragte ich, nach einem wärmenden Schluck „Do-it-yourself"-Schok-Mok.

Lacy sah sich um, fuhr sich mit der Zunge über die Lippen, und begann zu sprechen. Ich fixierte ihren so gut wie bewegungslosen Mund und spürte, wie ich von der ungeheuren Konzentration Kopfschmerzen bekam.

„Ich kann hier nicht mit Ihnen reden. Könnten Sie vielleicht eins dieser Tombolalose für den Springfrosch-Wettbewerb am Wochenende kaufen? Dann werden alle annehmen, daß wir darüber sprechen. Und dann treffe ich Sie –"

Sie sah in ihre Handtasche hinein, so daß ich den Rest verpaßte.

Ich streckte eine Hand aus. „Entschuldigen Sie – wie bitte? Sie treffen mich dann ...?"

„Ich muß gehen", unterbrach sie mich und sah mit einem Mal ein bißchen panisch aus. „Zwanzig Minuten. In Ihrem Büro. Bitte. Es geht um meine Schwester ... sie ist verschwunden ..."

Jedenfalls glaubte ich, daß sie das gesagt hatte. Bevor ich irgend etwas klären konnte, schnitt sie mir wieder das Wort ab und ich bekam nicht mit, was sie sagte. Ihre Angewohnheit, mich zu unterbrechen, war wirklich frustrierend. Es konnte ja nicht viel gewesen sein – nur ein paar Worte – aber ich war wirklich neugierig, was sie von mir wollte.

Immerhin war sie Lacy Penzance, die Witwe des ehemaligen Bürgermeisters Reuben Penzance, der kürzlich auf den Pionierfriedhof umgesiedelt war. Sie war eine Ikone in Flat Skunk, ein Relikt aus der reichen, eleganten Goldrausch-Blütezeit dieser mittlerweile provinziellen und allen Goldes beraubten Stadt. Wenn sie nicht gerade Tombolalose für wohltätige Zwecke verkaufte, verbrachte Lacy den größten Teil ihrer Zeit allein im viktorianischen Penzance-Herrenhaus drüben an der Penzance Street, nicht weit vom renovierten Penzance-Hotel. An den Ladenfronten war oft der Name „Penzance" zu lesen, wenn nicht irgendeine Goldgräberanspielung daran prangte, um die Touristen anzulocken: die Penzance-Videothek stand neben dem „'Nother Lode"-Windelservice, und Penzance-Immobilien hatte sich neben dem „Slim Chance"-Fitneßstudio eingemietet. Man konnte keine zwei Schritte gehen, ohne auf diesen allgegenwärtigen Namen zu stoßen.

Anfang des 19. Jahrhunderts hatte die Penzance-Familie versucht, die Stadt nach sich zu benennen. Aber die Einwohner wollten nichts davon wissen. Der Name Flat Skunk blieb hängen, wie ein übler Geruch. Es hätte allerdings schlimmer sein können. Viele der ursprünglichen Städtenamen im Mother Lode sind so unanständig, daß man sie nicht drucken könnte. Und der Rest ist genauso originell wie Flat Skunk: Gomorrha, Humbug, You Bet, Whiskey Slide, Poker Flat und Git-Up-And-Git.

Ich würde mich auf jeden Fall mit ihr treffen, schon um herauszufinden, was so wichtig sein konnte, daß sie meine Hilfe benötigte. Hoffentlich war Jeremiah Mercer, mein Assistent, da, um für mich zu dolmetschen. Ich wollte kein einziges Wort verpassen.

„In Ordnung. In meinem Büro." Hoffentlich hatte ich es leise gesagt.

„Das macht dann vier Dollar, bitte." Diesmal hatte ich keine Probleme, ihre Lippen zu lesen. Ihre übertriebenen Mundbewegungen waren mit Sicherheit für die Zuschauer bestimmt. So, sie würde mir also Geld für zwei Froschhüpftickets abknöpfen, die ich noch nicht einmal haben wollte. Falls das hier ein Schwindel sein sollte, war sie eine begnadete Trickbetrügerin.

Ich blechte, dankte ihr ohne große Begeisterung für die Tickets und stopfte sie in meine Jeanstasche, während sie zu den nächsten ahnungslosen Frühstücksgästen weiterging. Ich beobachtete neugierig, ob sie die wohl mit ihrer Verkaufsstrategie festnageln würde, schlürfte meinen Beinahe-Schok-Mok und faltete die Serviette mit dem Krimirätsel auseinander.

„Na, hast du Redaktionsschluß, Connor?" fragte Sheriff Mercer, als er auf dem Weg zur Kasse an meinem Tisch stehen blieb. Jedenfalls glaubte ich, daß er das sagte. Der

Zahnstocher, der ihm aus dem Mund hing, machte das Ablesen nicht gerade einfach. Gott sei Dank hatte er wenigstens das in Skunk so beliebte Tabakkauen aufgegeben.

„Acht Uhr siebenunddreißig am Morgen ist viel zu früh, um den perfekten Mord zu planen, Sheriff. Redaktionsschluß hin oder her."

„Wen willst du denn diese Woche umbringen? Den letzte Woche hab ich rausgekriegt. Ich wußte, daß es der Zahnarzt war. Mich hast du nicht reingelegt." Er grinste stolz und klopfte mit einem Wurstfinger auf den Tisch.

„Kannst es genausogut aufgeben, Connor. Wir kümmern uns schon drum, wenn hier irgendwelche mysteriösen Morde passieren. Halt du dich lieber ans Nachrufeschreiben." Er zog den Bund seiner Khakihosen hoch und schlenderte hinaus, als ob er überhaupt keine Probleme hätte. Dieses ruhige Äußere war es, das Sheriff Mercer in seinem Job so erfolgreich machte. Und er löste doch tatsächlich absolut jedes meiner Krimirätsel!

Ich starrte aus dem Fenster auf die bubble-gum-farbenen Blüten der Zierpflaumen, die den alten Pionierfriedhof auf der anderen Straßenseite wie rosa Wölkchen einrahmten. Sie gaben der barschen alten Goldgräberstadt einen eigenartig unpassenden, zart-flaumigen Anstrich, wie bei der vor lauter Alter wegbröselnden Hochzeitstorte in Dickens' *Große Erwartungen.* Hier war es egal, ob ich die Schreie der Eulen oder das Rauschen des Flusses hören konnte oder nicht – ich fühlte den Herzschlag der Goldsucher in dieser alten Stadt, die ich jetzt meine Heimat nannte. Ich vermißte San Francisco kein bißchen, ich liebte einfach alles am Mother Lode.

In den frühen Goldgräbertagen war Mord ein beliebter Zeitvertreib in Flat Skunk. Meiner Urgroßmutter Sierra

Westphal zufolge wurden in den fünf Jahren, nachdem 1848 in Kalifornien Gold gefunden worden war, 836 Goldgräber zerstückelt, gehängt, erschossen, erstochen oder mit Äxten erschlagen. Sierra, oder Grancy, wie mein Vater seine Großmutter nannte, schrieb in ihr zerfleddertes Tagebuch: „Meiner Ansicht nach ist die eigentliche Goldgrube hier die Leichenhalle.“ Zum Teil ist sie dafür verantwortlich, daß ich hier bin.

Damals standen mehr Bordelle und Saloons entlang der schlammigen, „mit Gold gepflasterten“ Straßen, als alle Kirchen, Banken, Leichenhallen und Gefängnisse zusammengenommen. Heute ist das Land des Goldes sozusagen der Dachboden Kaliforniens, eine harmlose Ansammlung von Touristenfallen, trendigen Boutiquen, Bed-and-Breakfast-Pensionen und Pseudo-Goldgräbertouren. Das schlimmste, was einem passieren kann, ist, daß man einem tabakkauenden Zielspucker in die Schußlinie gerät.

Und dieser Kaffee.

„Mehr?“ fragte Jilda, und zog dabei eine kornische Nase kraus, wie sie bei alten Familien zwischen Rough & Ready und Angel's Camp häufig zu sehen war.

Sie entspannte ihre Gesichtszüge wieder und stupste mit funkelnden Fingernägeln an ihrer dauergekräuselten Frisur herum. Ich hatte mir schon ziemlich zu Anfang das feste Versprechen gegeben, ihr Angebot einer kostenlosen Einführungsmaniküre nicht anzunehmen. Sonst würde ich jetzt wahrscheinlich straßsteinverzierte ellenlange Acrylnägel in Neonlila zur Schau tragen.

„Hast du mich gehört, Con?“ sagte sie, und hob zur Illustration die Kaffeekanne hoch.

„Hast du ein Gegengift?“ fragte ich zurück, als sie einschenkte. Bevor ich mich hier niederließ, dachte ich immer, daß der letzte Idiot in einem Diner wie dem Nugget arbeiten könnte, solange er gleichzeitig Kaugummi kauen und einen Stift halten konnte und nicht gerade an Cholera erkrankt war. Aber die Geschicklichkeit, mit der Jilda aus einer Höhe von einem Meter Kaffee einschenkte, ohne dabei einen Tropfen zu verschütten, hatte eines meiner vielen Vorurteile korrigiert.

Ich versuchte, meine Gedanken wieder auf mein aktuelles Anliegen zu lenken – den wöchentlichen Redaktionsschluß – und schaute dabei unverwandt auf die falsche Fassade des Hotels gegenüber. Das idyllische Bild verschwand, als einer der guten alten Jungs der Stadt von der anderen Straßenseite auf das Café zusteuerte. Sein schwerfälliger Gang und leicht tolpatschiges Gehabe lenkten mich vom Anblick der blühenden Bäume ab, und von meinem halbherzigen Versuch, ein neues Krimirätsel zu entwerfen.

Mickey Arnold, in den unvermeidlichen Levis 501 und einem khakifarbenen Sheriffhemd, winkte grinsend und steckte überflüssigerweise sein Hemd fester in die Hose, als er sich dem Fenster des Cafés näherte. Er machte das nicht aus Eitelkeit, dachte ich, es war eher etwas wie Unsicherheit. Und dabei war der Hilfssheriff knapp über dreißig.

Ich winkte zurück, auch wenn mir seine Körpersprache mehr verriet, als ich wissen wollte. Ich bin zwar gehörlos, habe aber trotzdem keinen Super-Röntgenblick, wie einige „Hörige" zu glauben scheinen. Wo ich eine Veränderung des Tonfalls oder feine stimmliche Nuance nicht bemerke, kann ich statt dessen Mimik und Körpersprache gut genug lesen, um zu sehen, was vielen Hörenden entgeht. Das Zucken einer Augenbraue oder eine Verlagerung des Körpergewichts sagen manchmal mehr als viele Worte.

War Mickey sich darüber klar, daß er mit seinem Gokkeln und Stolzieren alle möglichen Botschaften in die Welt schrie? Aber es war auch egal – denn das alles sollte sich im nächsten Moment entscheidend ändern. Lacy Penzance, immer noch attraktiv und untadelig gekleidet, ihre ganze Aufmerksamkeit auf die Tickets gerichtet, die sie in ihre Handtasche stopfte, war auf dem Weg zur Tür – und hielt genau auf Mickey zu.

Ich winkte ihm warnend, aber er hielt das anscheinend für einen Flirtversuch. Er warf noch einen Blick auf sein Spiegelbild im Fenster, strich sich über den Bürstenschnitt und überprüfte, ob sein Gürtel auch nicht verdreht war.

„Paß auf!“ formte ich stumm mit den Lippen durch die Scheibe. Aber Deputy Arnold war viel zu sehr damit beschäftigt, sich schön zu machen, um mir vom Mund abzulesen. Es ist mir immer etwas peinlich, in der Öffentlichkeit die Stimme zu erheben. Wenn ich die Kontrolle verliere, höre ich mich schrill und verzerrt an, hat man mir gesagt. Ich wartete noch ein paar Augenblicke und schrie dann los, als er sich gerade umdrehte. Zu spät.

Wirklich schade, denn er sah gar nicht attraktiv aus, wie er da so im Eingang des Nugget Cafés ausgestreckt auf der erschrockenen, nach Luft ringenden Lacy Penzance lag.

Nach dem Ergebnis zu urteilen, mußte der Zusammenprall hart und kraftvoll gewesen sein. Fast spürte ich ihn selbst. Lacys Ticketrolle und der Inhalt ihrer Handtasche hatten sich in alle Himmelsrichtungen verteilt – unter Tischen, Theken und Füßen – während Hut und Sonnenbrille des Hilfssheriffs mit Höchstgeschwindigkeit im Dreck landeten. Es war geradezu ein Wunder, daß er Lacy Penzance nicht k.o. geschlagen hatte, so heftig hatte er sie gerammt.

Wäre sie k.o. gegangen, dann hätte ich keinen Giftsumach-Ausschlag bekommen, meine Unterwäsche wäre immer noch in der obersten Schublade, und ein paar Bürger von Flat Skunk wären noch am Leben.

2

Während einige Gäste des Diners zur Rettung eilten, bestaunte ich die sonst immer wie aus dem Ei gepellte Lacy Penzance, die keuchend unter den Trümmern lag.

Flat Skunks First Lady von eigenen Gnaden war platt wie eine überfahrene Katze, mitten im Strudel ihrer Habseligkeiten. Sie tat mir leid.

Deputy Arnold kam mühsam wieder auf die Beine, mit einem ganzen Kaleidoskop von Farben im Gesicht. Er half der aufgelösten Frau unbeholfen wieder in die Senkrechte, kniete sich dann hin und hantierte mit ihrer ausgeschütteten Handtasche und dem Knäuel von Springfroschtickets herum. Ich sah ihm zu, wie er eine Ansammlung von Kleingeld, Schlüsseln, Papieren, Briefen, Make-up, Pillen, Taschentüchern und anderen lebensnotwendigen Utensilien auflas und in ihre Tasche stopfte. Als er Lacy endlich abgeklopft hatte und sich bei ihr entschuldigte, hatte er mich längst vergessen.

Aber so nervös und peinlich berührt der Hilfssheriff von diesem Zusammentreffen war, Lacy Penzance schien gänzlich unerschüttert. Drei Generationen harten kalten Bargelds verleihen einem eben Haltung, Gleichgewicht und Selbstvertrauen. Ihr Rock saß zwar etwas exzentrisch, und ihre Bluse trug einen neuen Fleck spazieren, aber sie kam so graziös aus diesem Spektakel hervor, als ob sie gerade *Schwanensee* getanzt hätte.

Nach Ende der Vorstellung dachte ich mir, besser wieder an die Arbeit zu gehen, bevor ich noch mehr Schaden anrichtete. Ich hoffte, daß Mickey zu verlegen wäre, um sich zu mir zu setzen. Ich halte nicht viel von Smalltalk, weil das Ablesen für mich immer sehr anstrengend ist. Und ich hatte ganz sicher kein romantisches Interesse an Mikkey. Außerdem hatte ich zu tun.

„Redaktionsschluß, Redaktionsschluß, Redaktionsschluß." Ich murmelte mein Mantra vor mich hin und spießte mit der neuesten Waffe, die ich in meiner Hand hielt, ein Stück Butter auf.

„Und wenn ich ein Messer nehme?" überlegte ich laut, wobei ich meine Zähne in der Spiegelung der Klinge inspizierte. „Ich könnte ins Büro gehen, während die Schüler in der Aula sind, die Tür schließen und – verdammt! Das geht nicht, Connor. Das soll doch ein ‚locked-room'-Krimi sein. Ein Messer kannst du nur benutzen, wenn du im Raum bist. Und wenn du rausgehst, kannst du die Tür nicht abschließen. Es sei denn ..."

Ich sah von dem Messer hoch und traf auf Deputy Arnolds besorgten Gesichtsausdruck, und eine ganze Reihe schräger Blicke von den paar übriggebliebenen Gästen im Café. Man sollte doch wirklich meinen, daß die sich allmählich an meine verbalen Eigenarten gewöhnt hätten. Schließlich gewöhnte ich mich auch allmählich an ihre.

Wolf Quick, Gelegenheits-Goldminenführer und freischaffender Schmuckdesigner mit Zopf, glotzte mich an wie eine japsende Makrele, eine Gabel voll Hangtown Fry in der Luft, und fluchte, als die einzigartige Mischung aus Eiern, Speck und Austern zurück auf seinen Teller purzelte. In Wolfs Juwelierladen war ich bisher nur einmal gewesen, um ein goldenes Armband einschmelzen zu lassen. Ich wollte das Geschenk in seinen ursprünglichen Nuggetzustand zurückführen, als Andenken an fünf Jahre, die ich mit dem falschen Mann vergeudet hatte.

French McClusky, der Besitzer des Memory Kingdom Memorial Park, und Celeste Camborne, Trauerberaterin in diesem Bestattungsinstitut, tauschten einen leicht besorgten Blick, und setzten dann ihre Diskussion fort, in der es vermutlich um Designer-Grabsteine und Ton-in-Ton ausgeschlagene Särge ging. Zwischen den beiden, er mittleren Alters mit beginnender Glatze, sie Mitte dreißig mit reichlich Haaren, lag eine Rolle von Lacys Tickets.

French, der in seinem Ausverkaufsanzug und dem Toupet von der Stange mehr nach einem billigem Barpianisten als einem Leichenbestatter aussah, besaß eine Kette von Bestattungsinstituten im Mother Lode, das dank des stetigen Zustroms alternder Ruheständler ein lohnendes Geschäft in dieser Branche versprach. Celeste, in für ihr Alter zu jugendlich berüschten Kleidern, half den Kunden während ihrer Trauerzeit, indem sie ihnen einen stützenden Arm und ein mitfühlendes Ohr lieh, und natürlich einen spitzen Zeigefinger, um auf die besten Kaufgelegenheiten im Angebot der Trauerindustrie hinzuweisen.

Glücklicherweise hatte ich in Flat Skunk bisher noch keinen Bedarf für ihre Dienste gehabt.

Sogar der alte Goldgräber „Sluice" Jackson hielt einen Moment in seinem unaufhörlichen Gemurmel inne und guckte unter seinen raupenartigen Augenbrauen hervor zu mir hin.

„Es ist bloß eine von diesen Kriminalgeschichten mit einem abgeschlossenen Zimmer, wißt ihr ... ein Krimi zum Selberlösen, für meine Zeitung. Ich hab heute Redaktionsschluß, und irgendwie ... stecke ich fest", sagte ich zu niemand Bestimmtem, während ich zwei Finger auf meinen

Hals zu stieß – die Gebärde für „feststecken". Manchmal drückt eine Gebärde eine Vorstellung viel besser aus als tausend Worte. Aber an der Art, wie Jilda ihren offenen Mund wieder zuschnappen ließ und die restlichen Gäste sich Blicke zuwarfen, konnte ich sehen, daß sie mich immer noch für meschugge hielten.

Ich raufte mir wieder die Haare, eine Gewohnheit, die ich an dem Tag angenommen hatte, an dem ich San Francisco verließ und sie spontan abschnitt. Ich fühlte nach, ob mein Seitenscheitel auch gerade saß, und räkelte dann einen Knoten aus meinem Rücken. Alles andere lieber als Arbeit, wie William James einmal sagte. Dieser blöde Ratekrimi wollte nicht so recht zusammenkommen, und da waren noch andere Zeitungsmeldungen, um die ich mich kümmern mußte.

So wie manche davon träumen, an der Met zu singen, in der Profi-Liga zu spielen oder in den Goldminen ihr Glück zu machen, so hatte ich immer davon geträumt, meine eigene Wochenzeitung zu haben. Nach sechs Jahren Schreiben, Textredaktion und belanglosen Reportagen bei der *San Francisco Chronicle* hatte ich alles aufgegeben, um Herausgeberin eines Mother-Lode-Touristenblatts zu werden. Ich taufte es auf den Namen zurück, den ihm mein Urgroßvater damals im Jahre 1864 gegeben hatte: *Eureka!* Das paßte genausogut auf mich, auch ich hatte etwas gefunden.

Irgendwie.

Meine hörenden Eltern und mein hörender Exfreund waren wie vom Donner gerührt, als ich vor ungefähr sechs Monaten dem großstädtischen Leben entsagte, um im hinterwäldlerischen Flat Skunk meinen Claim abzustecken. Aber als meine Großeltern vor einigen Jahren starben, hatten sie den Westphals ihre Druckerpresse und einen heruntergekommenen Fünfziger-Jahre-Diner in Flat Skunk hinterlassen. Als ich meine Eltern fragte, ob ich beides übernehmen könnte, dachten sie keinen Augenblick daran, daß ich tatsächlich alles hinschmeißen und wegziehen könnte. Aber ich habe es nie bereut. Ich fühle mich hier zu Hause, jedenfalls mehr als in der Großstadt.

Bloß meinen Schok-Mok vermisse ich.

Ich warf meinem Publikum ein besänftigendes Lächeln zu, dann drehte ich mich zum Fenster und starrte auf die verstreuten immergrünen Gewächse, die in der Ferne die Sierra mit grünen Tupfen versahen. Das war das Dumme an einer Kleinstadt. Jeder hört dich, wenn du Selbstgespräche führst – vor allem, wenn du einen Mord planst.

Jeder außer mir, heißt das.

Gehörlos sein ist eigentlich kein Problem. Es ist manchmal lästig, wenn im Radio ein neuer Song läuft, von dem alle reden, oder wenn auf dem Highway hinter mir eine Sirene losgeht, aber das ist es auch schon.

Als ich vier war, bekam ich eine Gehirnhautentzündung, nach der ich auf beiden Ohren so gut wie taub war. In diesem Alter hatte ich schon eine ziemlich gute Grundlage für die Lautsprache. Leute, die mich zum ersten Mal sprechen hören, fragen oft, ob ich mir gerade einen Schnupfen eingefangen habe oder aus dem mittleren Westen komme.

Was mich am meisten frustriert, abgesehen davon, daß ich nicht richtig singen kann, ist von einem nuschelnden Mund ablesen zu müssen oder bei jemand, der extra überdeutlich spricht. Und die Unwissenheit. All die falschen Vorstellungen sind viel schlimmer als die Stille. Daher kam es auch, daß ich bei einer Zeitung gelandet bin. Wenn ich schreibe, gibt es keine Stille.

Ich nahm noch einen Bissen Toast. Ich war froh, nicht

in San Francisco zu sein, Stories über Fitneßklamotten zu schreiben, eine Wuchermiete für eine Einzimmerwohnung mit Ausblick auf eine schäbige Gasse zu zahlen und darauf zu warten, daß mein Freund sich endlich zur Monogamie entschließen würde.

Neben der kleinen Erbschaft war Sierra Westphals Tagebuch schuld daran, daß ich hier war. Flat Skunk schien genau der richtige Ort für einen Menschen wie mich, der nirgendwo richtig hingehörte, eine aus Goldstaub und Spucke gebaute Stadt, errichtet von einer Handvoll Glücksritter mit Pechsträhne, die mit dem reichhaltigen Erz unter dem roten Lehmboden ihr Glück machen wollten. Nur ein paar davon hatten ihre Claims in Gold aufgewogen. Der Rest hatte sich bloß dreckig gemacht und Hunger gelitten, und war abgebrannt gestorben.

Außer meinem Urgroßvater William „Corny" Westphal, Sierras Mann, und dem alten Septimus Penzance, zwei der mehr vom Glück verwöhnten Spieler in der Stadt. Corny lebte von den Goldgräbern, denen er Eier für zwei Dollar das Stück und Speck für fünf Dollar die Scheibe verkaufte. Der alte Penzance hatte sein Geld gemacht, indem er Land aufkaufte, als die erste Depression zuschlug. Corny hatte die Zeitung ins Leben gerufen, und mein Großvater, Jack, führte sie weiter, bis die Stadt, als die Goldminen versiegten, beinahe zur Geisterstadt wurde.

Septimus' Erblinie hatte gerade, kurz bevor ich in die Stadt kam, ihr Ende gefunden, als man Reuben Penzances aufgequollenen Leichnam aus dem Miwok Reservoir zog, die Füße in Angelleine verheddert und einen Angelhaken in der Nase. Die ganze Geschichte hatte man mir nie erzählt, aber die Leute in der Stadt sagten, Sluice Jackson sei seither nicht mehr er selbst gewesen.

Ich kritzelte mich bei meinem Krimirätsel gerade in die fünfte Sackgasse, als ein Schatten über meine vollgeschmierte Serviette tanzte. Der starke Haarspraygeruch ließ meinen letzten Bissen Toast wie billiges Parfüm schmecken.

Jilda glotzte mit offenem Mund zu mir herunter – das schien hier der übliche Stil zu sein. Ihre schlechtsitzende Kittelschürze war zu kurz, um den Feministinnen zu gefallen, und ihre Bluse zu hochgeknöpft, um die neue Goldgräbergeneration zu erfreuen. Ich war versucht, ihr ein paar Tips zum Thema Understatement zu geben, aber mit zwei Kannen heißer, schwarzer Flüssigkeit an beiden Seiten eines gebärfreudigen Beckens war sie waffentechnisch klar im Vorteil. Außerdem war sie lieb, immer fröhlich, und über alles im Bilde, was in der Stadt vorging. Eine erstklassige Quelle für meine Zeitung.

„Noch Kaffee, Con?" fragte sie und hob eine der Kannen hoch.

„Ich muß los", sagte ich, und kippte meinen Fast-Schok-Mok hinunter.

Hätte ich gewußt, wie aufregend die nächsten paar Tage werden sollten, ich wäre dageblieben. Das Krimirätsel habe ich nie fertig bekommen.

3

„Mist!“ sagte ich, als ich durch die Tür des Nugget rauschte und auf die Uhr sah. Wo war bloß die Zeit abgeblieben? Ich sog die stechende Luft ein, von der Flat Skunk seinen Namen hat, und joggte über die Straße, in der Hoffnung, etwas Zeit aufzuholen. Die Hintertreppe des alten Penzance-Hotels nahm ich zwei Stufen auf einmal.

Die *Eureka!*-Redaktion, soweit man sie so nennen kann, nimmt einen großen Raum im Obergeschoß des Hotels ein. Seit seiner Erbauung 1861 war das verschachtelte Gebäude mit seiner Kraut-und-Rüben-Architektur im Laufe der Jahre etliche Male renoviert worden und diente zeitweise als Kirche, Metallprüfungsamt, Gefängnis, Leichenhalle, und auf seinem Höhepunkt als Bordell für einsame Goldgräber.

Als das Goldminengeschäft einschlief und allmählich mehr anständige Frauen nach Westen zogen, polierte man das Bordell zum ehrbaren Penzance-Hotel auf. Vor etwa fünf Jahren beschloß die Penzance-Development-Company, das Hotel zu schließen, bewahrte aber das historische Wahrzeichen, indem sie es in Büros und Touristenboutiquen aufteilte und vermietete, eine logische Fortsetzung der Goldgräbertradition.

Ich betrat den winzigen Flur, der eine Reihe kleiner Büros im ersten Stock verband. Boone Joslin, Teilzeit-Detektiv, -Rechtsberater, -Notar und womit immer er sonst ein paar Dollar machen kann, haust im ersten Büro; meins ist daneben. Die restlichen Kämmerchen stehen im

Moment leer, bis auf einen Raum ganz am Ende des Flurs, in dem Jeremiah Mercer, der fünfundzwanzigjährige Sohn des Sheriffs, einen Laden für Comics, Skateboards, gebrauchte CDs und Computerspiele betreibt. Ich unterstütze Miahs Laden, indem ich ihn für Dolmetschen und leichte Büroarbeit bezahle.

Gerade hatte ich meinen Schlüssel ins Schlüsselloch gesteckt, da spürte ich die Erschütterung eines heftigen Schlags durch die Fußbodenbretter. Ich sah mich nach der Ursache um, ob vielleicht Miah ein Skateboard fallengelassen hatte, oder Boone wieder mal in seinem Büro die Möbel umstellte. Da ich nicht feststellen konnte, woher der Stoß gekommen war, ging ich zur Tür des Detektivs zurück und drehte versuchsweise den Knauf. Die Tür war unverschlossen.

In der Erwartung, Boone an seinem Schreibtisch über einem Kinky-Friedman-Krimi zu sehen, öffnete ich die Tür. Aber auf seinem Stuhl lag ein Stapel von Unterlagen. Anstelle des mit Zahnlücken und beginnender Glatze ausgestatteten Mittfünzigers Boone stand ein jüngerer Mann im Zimmer. Mitte vierzig vielleicht, ein Mund voller strahlend weißer Zähne und einen dicken Schopf dunkelbraun gelocktes Haar auf dem Kopf, fast schon lang genug für einen Pferdeschwanz. In starkem Kontrast zu dieser Masse von dunklen Haaren wies sein Bart erstaunlich viel Blond auf.

Es sah so aus, als ob der Typ das Büro auseinandergenommen hätte. Aktenschübe standen offen, Ordner, Unterlagen und Kartons mit eingelagertem Schrott lagen unsanft über den Fußboden verstreut.

Es war noch unordentlicher als üblich.

„Was machen Sie da?“ fragte ich den Mann mitten im Chaos, der eine Schublade in seinen wohlgeformten Armen hielt.

„Ich hab sie zu weit rausgezogen … sie ist rausgerutscht … Ich hab nur … He, sind Sie Connor, ähm, Westphal?"

Der Bärtige stellte die Schublade hin, strich sich mit kräftigen, schwieligen Fingern seine Haare zurück, und streckte die Hand zur Begrüßung aus. Ich ignorierte die Geste.

„Wer zum Teufel sind Sie?" sagte ich, als ob mir der Laden gehörte. „Was machen Sie in Joslins Büro? Wo ist Boone? Ich sollte glaube ich besser die –"

„Halt! Moment mal." Er hob seine Hände wie bei einem Raubüberfall. Als ich nach Boones Telefon griff, legte er eine dieser rauhen Hände auf meine. Ich zog meine Hand zurück. Natürlich hatte ich keinerlei Möglichkeit, Boones Telefon sinnvoll zu benutzen, aber das wußte der Typ ja nicht. Mit Chuzpe komme ich immer ziemlich weit.

Außerdem konnte ich, wenn es darauf ankam, immer noch die Nummer des Sheriffs wählen und einfach ohne Punkt und Komma reden, bis irgendjemand abnahm und mich hörte. Aber ich bekam keine Gelegenheit dazu.

„Hören Sie, ich bin kein Einbrecher oder so was. Das sieht jetzt natürlich etwas merkwürdig aus –" Er drehte den Kopf zur Seite, machte mit dem Arm eine weit ausladende Bewegung durch den Raum und wandte sich dann wieder zu mir. Ein paar Wörter entgingen mir.

„… dieses Chaos. Ich bin Boones Bruder. Dan Smith ist mein Name."

Solange er seinen Kopf nicht wegdrehte, konnte ich jedes Wort verstehen. Vielleicht waren es diese prächtigen weißen Zähne, die es so einfach machten. Oder die Art, wie der irritierend blonde Bart den Mund umrahmte. Oder vielleicht auch seine Lippen –

„Sie glauben mir nicht", sagte er und unterbrach damit meine schweifenden Gedanken. Ich mußte wohl wenig überzeugt ausgesehen haben. Gehörlose neigen dazu, ihre Gedanken und Gefühle durch lebendige Mimik und Körpersprache auszudrücken, und ich war anscheinend ein offenes Buch.

„Hier –" Er zog eine reich verziert gearbeitete Brieftasche aus der Gesäßtasche seiner Jeans, holte seinen Führerschein heraus und reichte ihn mir.

Daniel Webster Smith. Adresse: Truth or Consequences, New Mexico. Geboren vor 42 Jahren. 1,88 m groß. Fünfzehn Zentimeter größer als ich. 100 kg – beinahe doppelt so viel, wie ich nach einer Woche Diät wiege. Braunes Haar, blaue Augen. Blutspender. Führerschein vor kurzem erneuert.

Aber das Bild war nicht vor kurzem aufgenommen worden. Seine Haare waren kürzer, da waren keine Anzeichen von erstem Grau an den Schläfen, und er war glattrasiert. Ich gab den Führerschein zurück und schaute zu, wie er ihn in die Brieftasche stopfte.

Er streckte wieder die Hand aus, und diesmal schüttelte ich sie kurz, unverbindlich. Seine Hand war trocken und weicher, als sie aussah. Ich ließ sie los und blickte auf die Unordnung ringsum.

„Sie haben einen anderen Namen als Boone. Und Sie sehen ihm auch nicht ähnlich. Wo ist er überhaupt? Und was machen Sie hier?" Ich schüttelte meinen Kopf über das Chaos.

Dan Smith zog Boones Drehstuhl vor, nahm den Papierstapel herunter und lud mich mit einer Geste zum Sitzen ein. Als ich ablehnte, setzte er sich selbst.

„Nun, die Wahrheit ist, daß wir zwei verschiedene Väter hatten. Boone ist mein Halbbruder."

Ich blinzelte und wartete darauf, daß er fortfuhr. Er konnte sehen, daß ich noch nicht zufrieden war.

„Unsere Mutter heiratete wieder, nachdem er geboren

wurde, und ich kam dann zehn Jahre später. Bißchen überraschend."

Zuerst dachte ich, er hätte „Unsere Mutter heißt Frieda" gesagt, aber das paßte nicht in den Kontext, also versuchte ich es mit „heiratete wieder", das kam eher hin. Ich sah mir das Büro noch einmal genauer an, um vielleicht herauszufinden, was passiert war, und schaute dann in Erwartung einer Erklärung zu ihm hinüber.

„Das war schon so, als ich kam."

Das Zimmer war nicht unbedingt verwüstet. Keine umgestürzten Tische, keine drohenden Worte mit Lippenstift auf die Fenster geschrieben, keine sonstigen Anzeichen für einen gewaltsamen Einbruch. Aber jemand hatte Schubladen aufgezogen und Unterlagen wahllos in die Landschaft geschmissen, als ob er in großer Eile nach etwas Wichtigem gesucht hätte.

Dan Smith sah nachdenklich aus, als ob er darauf wartete, daß ich etwas sagte. Diesen Ausdruck kannte ich gut. Er hatte wahrscheinlich etwas gesagt, während ich den Kopf weggedreht hatte, und erwartete jetzt eine Antwort. Sicherheitshalber sagte ich: „Wie bitte?"

„Haben Sie irgendeine Vermutung, wer das hier getan haben könnte?"

„Offen gestanden dachte ich, daß Sie es waren. Boone ist schlampig, aber so schlimm ist er nun auch wieder nicht. Wo ist Ihr Bruder denn nun überhaupt?" Ich war immer noch nicht von ihrer Verwandtschaft überzeugt.

„Ich weiß nicht. Ich dachte, er wäre hier. Er wußte, daß ich für ein paar Wochen zu Besuch kommen würde. Ich … hatte daran gedacht, eine Weile zu bleiben, wenn alles gut klappte. Aber auf dem Bahnhof in Whiskey Slide ist er nicht erschienen, also habe ich einen Wagen gemietet und bin selbst hergefahren. Er hat Sie ein paar Mal erwähnt, sagte, daß Sie das Büro nebenan haben. Und daß ich von Ihnen seinen Schlüssel bekommen könnte, falls er nicht da wäre. Den hab ich aber gar nicht gebraucht. Die Tür war nicht abgeschlossen." Er hielt inne und sagte dann: „Sie *sind* doch Connor Westphal, oder?"

Ich nickte zögernd. Ich war mir nicht ganz sicher, ob ihn das irgend etwas anging. „Wahrscheinlich hat er einen Fall. Manchmal ist er tagelang weg. Und er hat kein besonders gutes Gedächtnis. Deshalb hat er mir glaube ich den Schlüssel gegeben, den hab ich ihm nämlich schon einige Male leihen müssen. Aber das wissen Sie ja alles, wenn Sie mit ihm verwandt sind. Bloß komisch, daß er seinen eigenen Bruder nie erwähnt hat."

Dan strich sich langsam die Haare zurück. Seine Augen schossen plötzlich in eine dunkle Ecke des Büros. Ich drehte mich um und sah eine mächtig aufgeplusterte graue Katze unter Boones Schreibtisch hervorkriechen, einen Stapel Unterlagen umkreisen und sich schließlich häuslich in einem offenen Aktenschub niederlassen.

„Was ist das denn?" fragte ich. Ich sah bestimmt leicht entsetzt aus.

„Das ist Cujo."

„Cujo?"

Dan beugte sich hinüber und kraulte die Katze unterm Kinn.

„Boone hat keine Katze. Boone haßt Katzen. Was macht sie hier?"

„Sie gehört mir. Ich hab sie mitgebracht."

„Sie haben Ihre Katze mitgebracht?" verzog ich das Gesicht. Na warte, bis Boone zurückkam. Da würden die Katzenfellfetzen fliegen. Ich nahm mir vor, das keinesfalls zu verpassen. Ich hatte mit Katzen auch nicht viel am Hut. Sie kriechen immer im Haus herum und springen einen dann an, wenn man es am wenigstens erwartet. Bei einem Hund weiß man doch, woran man ist. Bei meinem weiß ich's jedenfalls.

„Hat die Dame Sie eigentlich gefunden?" fragte Dan.

„Welche Dame? Ach, Sie meinen Lacy Penzance?" Die hatte ich fast vergessen. Ich blickte auf die Uhr. Ein paar Minuten hatte ich noch bis zu unserem Treffen. „Danke, ja. Woher wußten Sie, wo ich war?"

Ich betrachtete ihn, während ich sprach, und versuchte einzuschätzen, wieviel von dem, was er mir erzählte, wahr war. Abgesehen von den Augen sah er Boone nicht gerade ähnlich. Dan war viel muskulöser, mit kräftigen Armen und breiten Schultern. Boone war eher schlapp und krumm. Und Dans glattes, gebräuntes Gesicht brachte die tiefliegenden Augen besser zur Geltung als Boones rotgefleckter Teint. An seinem Erscheinungsbild gab es nur sehr wenig, das ihn als Boones Bruder auswies.

„Ich hab Sie heute morgen in das Café gehen sehen, nachdem Sie hier reingekommen waren. Sie haben mich wahrscheinlich nicht bemerkt." Er sah aus dem Fenster, dann zurück zu mir. „Wirklich ein netter Blick aus diesen Fenstern. Man kann einfach alles sehen, von der Main Street bis zu den Sierras." Er grinste eigentümlich.

Ich wurde plötzlich rot und fühlte meinen Hals rotscheckig werden, wie lauter Himbeerdrops. Oh Gott, hoffentlich hatte ich auf dem Weg zum Nugget nicht gerade an meiner Unterwäsche gezupft oder war gestolpert, während mich dieser Voyeur beobachtete.

„Haben Sie den Sheriff wegen dieser Unordnung verständigt?" wechselte ich das Thema.

Er kraulte sich den Bart, ganz ähnlich, wie er die Katze gekrault hatte. „Noch nicht. Ich wollte das erstmal selbst unter die Lupe nehmen, um zu sehen, ob es denn auch wirklich Grund für eine Anzeige gibt. Außerdem hält Boone nicht viel von Bullen. Sie wissen das wahrscheinlich. Ich glaube kaum, daß er die gerne in seinem Büro herumschnüffeln hätte."

Da hatte er recht. Boone konnte Bullen nicht ausstehen. Das war aber noch lange kein Grund, nicht den Sheriff zu verständigen, wenn jemand in sein Büro eingebrochen hatte. Es sei denn ...

„Sind Sie auch so eine Art Detektiv, wie Ihr Bruder?" warf ich versuchsweise die Angel aus. Der Teich war immer noch ziemlich trübe.

„Eigentlich nicht. Ich bin ... Lehrer. War Lehrer. An der Universität von New Mexico. Ich hab auch ein bißchen an der JVA unterrichtet – an der Justizvollzugsanstalt", sagte er, den Blick wieder zum Fenster gewandt. Obwohl er mich nicht ansah, konnte ich ihm glaube ich ganz gut folgen. „Eigentlich komme ich aus New York. Ich brauchte ein bißchen Luftveränderung, also zog ich nach New Mexico, aber in der Wüste fühlte ich mich schnell ausgebrannt, und da wollte ich mal hier die Joblage prüfen. Einen Karrieresprung machen. Boone scheint es hier zu gefallen."

„Flat Skunk ist wahrscheinlich ganz anders als True or False, oder wie immer das heißt, wo Sie herkommen."

Er zeigte wieder dieses Gebiß, weiß und gleichmäßig, mit einem winzigen abgeschlagenen Stück an einem der Frontzähne. Wenn man den Leuten immer aufs Gesicht starrt, bemerkt man wirklich alle Details an ihren Mündern.

„Truth or Consequences. So sehr viel anders scheint

Flat Skunk übrigens gar nicht zu sein. Country-Musik im Radio, egal wohin man den Knopf dreht. Hausgemachtes Essen im Café. Cowboyhüte und Pickup-Laster. Kein Vergleich zu New York, natürlich. Wissen Sie, Sie klingen auch nicht so, als ob Sie von hier wären, mit diesem Akzent." Dan Smith zog eine dunkle Augenbraue hoch. „Wo haben Sie den her?"

Aus dem Augenwinkel heraus bemerkte ich Lichtblitze aus der Richtung des Flurs. Ich schnappte meinen Rucksack und steuerte auf die Tür los.

„Gehirnhautentzündung", sagte ich, und sprintete in mein Büro.

4

Als ich auf meine Bürotür zustürzte, sah ich die helle Lampe meines Schreibtelefons dringlich durch die Milchglasscheibe blinken.

Ich grub in meinem Rucksack herum und fand den Schlüssel schließlich ganz am Boden des Abgrunds. Ich rammte ihn ins Schloß, stieß die Tür auf und machte einen Hechtsprung zum Telefon. Aber als ich den Hörer auf das Schreibtelefon gesetzt hatte, war das blinkende weiße Licht schon wieder vom bescheidenen roten Zwinkern des Anrufbeantworters abgelöst worden. „Scheißtelefon", sagte ich laut.

Ich ließ meinen überfüllten Beutel auf den papierübersäten Schreibtisch plumpsen und sank für eine schnelle Antistreß-Karussellfahrt in meinen gepolsterten Drehstuhl, wovon mir allerdings bloß schwindelig wurde. Da war ein Redaktionsschluß, um den ich mich kümmern mußte – das Boone Joslin/Dan Smith-Problem mußte ich wohl oder übel erst einmal auf sich beruhen lassen, und mich wieder meinem eigenen Krimirätsel zuwenden. In der Hoffnung auf eine frische Inspiration durch die Büroumgebung kramte ich die vollgekritzelte Serviette hervor und breitete sie auf einem Froschschenkelrezept aus, das ich für die Samstagsausgabe vorbereitete.

„Ähem." Ich ließ meinen Blick auf der Suche nach irgendwelchen Fingerzeigen auf eine Lösung für mein „locked-room"-Problem durch das Büro schweifen. Aber weder das Farbposter von dem aufgeputzten 57er Chevy, dem mein „Muß mal was dran getan werden"-Auto hoffentlich irgendwann ähnlich sehen würde, noch der Druck von Wayne Thiebauds *Lipstick* (dieses Bild, in dem ein ganz normaler Lippenstift wie ein bedrohliches Geschoß aussieht) halfen mir irgendwie weiter.

Entlang der Wände in meinem Büro, die nicht mit *Far Side*-Cartoons, MAD-Magazin-Bildern und Comictitelseiten geschmückt sind, stehen Bücher zu Themen wie cross-country-radelnden Frauen oder Anhaltern in der Galaxis und Desktop-Publishing-Handbücher für Computersüchtige. Nichts davon verhalf mir zu irgendeiner Eingebung. Selbst meine Sammlung von *Little Lulu*- und *Heckle and Jeckle*-Comics ließ mich heute im Stich.

Das blinkende rote Lämpchen des Anrufbeantworters lenkte mich dauernd von meinen Mordgedanken ab. Nicht zu wissen, wer mich angerufen hatte, brachte mich immer zur Verzweiflung. Mist. Wann erfanden die brillanten Telefonwissenschaftler endlich für Gehörlose einen Anrufbeantworter mit Ausdruckfunktion, den ich mir auch leisten konnte? Ich würde weiter im dunkeln tappen, bis Miah sich endlich dazu entschloß, seinen niedlichen kleinen Hintern zur Arbeit zu bewegen. Nach meiner Uhr war er schon überfällig.

In diesem Moment steckte Lacy Penzance ihren Kopf durch die Tür. Über all der Aufregung, dem Chaos in Boones Büro, dem Zusammentreffen mit Dan Smith, meinem Krimirätsel und dem verpaßten Telefonanruf, hatte ich unseren Termin vergessen. Ich stand auf, und versuchte, das zu überspielen.

„Ms. Penzance, ich habe nur gerade –" Ich blies meine Wangen auf, schüttelte mein Haar und suchte dann auf dem Schreibtisch nach einer Fortsetzung. Heute hatte ich ein echtes Problem damit, Sachen zu Ende zu führen.

Lacy Penzance schien es nicht zu bemerken. Ich blickte

wieder auf die Uhr. Wo war Miah? Bei dieser schmallippigen Frau brauchte ich wirklich einen Dolmetscher.

Sie setzte sich in den gepolsterten Klappstuhl auf der anderen Seite meines Schreibtischs und nahm ihre Sonnenbrille ab. Ich griff nach meinem Kassettenrecorder. Sie schaute darauf, und sah mich dann geradewegs an.

„Keine Aufnahme, bitte. Was ich Ihnen zu sagen habe, ist privat."

Ich versuchte, ihr mein Bedürfnis nach einem Hilfshörer verständlich zu machen, aber sie schüttelte den Kopf. Ich ließ es also bleiben.

„Ich möchte eine Anzeige in Ihrer Zeitung aufgeben – eine anonyme Anzeige. Ich ... ich versuche, meine Schwester ausfindig zu machen. Wir wurden ... getrennt, als wir sehr jung waren, und ich habe gerade erfahren, daß sie möglicherweise irgendwo im Mother-Lode-Gebiet lebt. Man sagte mir, daß Ihre Zeitung im ganzen Goldgräbergebiet erscheint, also besteht die Möglichkeit, daß sie meine Botschaft sehen würde – oder vielleicht sieht es jemand, der sie kennt. Ich habe hier alles aufgeschrieben."

Vielleicht hatte ich ein paar Wörter verpaßt, aber das war das Wesentliche. Sie zog einen Umschlag aus ihrer Handtasche, öffnete ihn, und gab mir ein gefaltetes, lavendelfarbenes Blatt Papier. Ihre feingeäderten, mit protzigen Goldringen geschmückten Hände zitterten leicht. Ich faltete das Blatt auseinander und las die saubere, schnörkelige Schönschrift. Diese Kreise und Schwünge hatte sie bestimmt in der Junior High School ausgiebig geübt.

„Jedwede Informationen über den Aufenthaltsort von Risa Longo bitte unter Chiffre an die *Eureka!*"

Die Anzeige versprach eine Belohnung von 5000 Dollar. Ich blickte zu ihr auf.

„Wieviel macht das dann?“ fragte sie. Sie saß sehr aufrecht und hielt ihre Handtasche mit weißen Fingern gepackt.

„5000 Dollar?“

Sie sah mich verblüfft an. „Entschuldigung. Wieviel?“

„5000 Dollar für Informationen über ihre Adoptivschwester? Sie werden alle möglichen Spinner am Hals haben, wenn Sie das in die Anzeige schreiben. Vor allem in dieser Gegend, hier gehört ja nicht viel dazu, sich vom Goldfieber anstecken zu lassen.“

Sie ließ sich das durch den Kopf gehen, und sagte: „Dann schreiben sie einfach nur ‚Belohnung‘.“ Sie zog ihr Designerportemonnaie aus der Designerhandtasche und öffnete es. Jede Menge Designergrün kam zum Vorschein.

„Also, wieviel?“

Ich hatte immer noch Probleme, zu verstehen, was sie wollte, aber das lag nicht an meinen Ablesekünsten. Vielleicht war sie exzentrisch – war das nicht das typische Bild der einsamen, reichen Witwe?

„Das kostet einen Dollar pro Wort – zehn Dollar Minimum. Das hier sind wahrscheinlich etwa fünfzehn Dollar. Wenn Sie eine größere Blickfanganzeige möchten –“

„Hier haben Sie zwanzig.“ Sie trennte eine frische Banknote von ihren Artgenossen.

„Sie bekommen eine Rechnung. Soll ich Ihnen die Antworten nach Hause schicken, oder –“

„Nein“, unterbrach sie mich wieder, legte das Geld auf den Schreibtisch und steckte ihr Portemonnaie in die Handtasche zurück. „Ich will nicht, daß irgend jemand von dieser Anzeige weiß – nicht einmal der Postbote. Sie wissen doch, wie die Leute hier sind. Jeder kümmert sich um die Angelegenheiten jedes anderen. Ich komme vorbei, um nach den Antworten zu sehen. Kommt es in die Ausgabe von morgen?"

„Sonnabend. Es ist eine Wochenzeitung." Ein echter Fan. „Ich schreibe Ihnen eine Quittung aus."

Sie stand auf, und ich erhob mich ebenfalls. Sie setzte die pfirsichfarben getönte Brille wieder auf, die sie vorher abgenommen hatte, und strich sich eine Haarlocke hinters Ohr, wobei eine kleine, dünne Narbe knapp oberhalb des Ohrs sichtbar wurde. Ich sah mir ihre Augenbrauen an – die gleichen winzigen Linien gleich unterhalb des Brauenbogens. Vielleicht war sie doch nicht mehr Mitte vierzig.

Lacy nahm die Brille wieder ab und wischte die beschlagenen Gläser mit einem Kleenex aus der Box auf meinem Schreibtisch. Ihre Augen waren feucht. Sie setzte die Brille auf und stopfte das Papiertuch in ihre Handtasche. „Ich hoffe, daß die Anzeige etwas nützt –" Sie hielt inne.

Ich wartete, und sagte dann: „Was halten Sie davon, einen Detektiv zu engagieren? Ich meine, das machen doch die meisten Leute, wenn sie jemand finden wollen. Boone Joslin –"

„Joslin habe ich schon vor etwa einer Woche engagiert. Ich habe ihm einen großen Vorschuß gezahlt und seitdem nichts mehr von ihm gehört. Ich habe versucht, Kontakt mit ihm aufzunehmen, aber er ist anscheinend auf einem seiner berüchtigten ‚Urlaube'. Ich habe nicht viel ..."

Sie sagte „viel Zeit", glaube ich, aber es konnte auch „vielleicht" geheißen haben, oder „viel Leid". „Vielleicht" oder „viel Leid" machten natürlich keinen Sinn, aber „viel Zeit" eigentlich auch nicht, wenn ich so darüber nachdachte.

Bevor ich eine weitere Frage stellen konnte, stürzte Deputy Arnold ins Zimmer, mit einem baumelnden Schlüsselbund in der Hand.

„Uups. Entschuldigung. Tut mir leid, daß ich hier so hereinplatze, aber ich hoffte, daß ich Sie hier finden würde, Ms. Penzance. Die hier hab ich gefunden, nachdem Sie weg waren. Müssen Ihnen wohl aus der Handtasche gefallen sein, als ich mit Ihnen zusammengestoßen bin, da drüben im Café. Ich hab versucht, Sie einzuholen, aber der Sheriff hat mich aufgehalten. Und dann waren Sie weg. Ich dachte, die brauchen Sie vielleicht." Er setzte ein heldenhaftes Grinsen auf.

Lacy Penzance nahm dem Hilfssheriff mit einem Lächeln die Schlüssel ab, dankte ihm aber nicht. Sie warf einen letzten Blick auf mich und ging.

Ich sah sie erst bei der Beerdigung wieder.

„BELOHNUNG!"

Ich tippte das letzte Wort von Lacy Penzances Anzeige mit einem schmucken Galleria-Zeichensatz in mein DTP-Programm und fügte als Blickfang ein Bildchen von einem wild mit den Armen winkenden kleinen Mädchen dazu. Es war gar nicht einfach gewesen, Mickey loszuwerden. Er wollte einen Schwatz halten. Ich hatte den Verdacht, daß er die Schlüsselrückgabe extra hinausgezögert hatte, um einen Grund dafür zu haben, hier vorbeizuschauen.

Aber ich war viel zu sehr damit beschäftigt, aus einer gewöhnlichen Barprügelei eine Schlagzeile zu schinden. Irgendein Typ hatte sich geweigert, den Spittin'-Cotton-Saloon zu verlassen, als er „höflich" darum gebeten wurde. Vor hundert Jahren hätte man ihn wahrscheinlich mit einem guten, soliden Strick gefesselt und für seine Missetat am nächsten Baum aufgeknüpft. So etwas kam damals häufiger vor, vor allem in Placerville hier in der Nähe, das einst als „Hangtown" bekannt war. Dort hängen als Touristenattraktion immer noch Puppen von den Dächern der Restaurants und Saloons. Diesmal kam der Typ glimpflich davon. Deputy Arnold hatte ihn nur für eine Nacht in die Ausnüchterungszelle gesteckt.

Flat Skunk scheint augenblicklich in einer Art Pubertätsphase zu sein, es befindet sich im Übergang zwischen zwei Kulturen, der Vergangenheit und der Zukunft. Ungefähr so wie ich als Gehörlose in einer Welt der Hörenden. Skunk kann sich nicht richtig entscheiden, ob es am rustikalen Schwere-Jungs-Image einer altmodischen Goldrauschstadt festhalten soll, oder lieber die 1990er-Version eines hyperniedlichen Neo-Yuppie-Dorfs sein will. Trotz der ganzen Cappuccino-Buden und Manikürestudios, die hier plötzlich aufblühten wie Pickel im Gesicht eines Teenies, wird die alte Goldgräberstadt sich nicht einfach ummodeln lassen, ohne sich wenigstens noch ein paarmal aufzubäumen.

Das nächste Mal wurde mein Vormittag um elf Uhr herum unterbrochen – ein blinkendes Licht am Telefon. Ich nahm den Hörer ab, setzte ihn auf das Schreibtelefon und tippte „HALLO**" in die Tastatur. Die zwei Sternchen heißen soviel wie „du bist dran". Dann las ich die Botschaft, die in leuchtenden Buchstaben zentimeterweise über den LCD-Bildschirm kroch.

„CONNOR MIAH HIER. HAB SCHONMAL ANGERUFEN DU WARST NICHT DA. TUD MIR LEID DAS ICH NICHT DA BIN, ABER COMIX CITY IN WS HAT DEN SGT ROCK DEN ICH GESUCHT HAB. MACHT DIR DOCH NIX? ICH MACH NACHHER DANN LÄNGER. BIN BALT ZURÜCK. OK?**"

Das „WS“ stand für „Whiskey Slide“, aber ich war doch stark versucht, erst einmal seine Rechtschreibung und Interpunktion zu korrigieren, bevor ich antwortete. Ich nahm mir vor, Miah am nächsten Zahltag ein Rechtschreiblexikon und einen Schreibmaschinenkurs zu gönnen. Aber ich war froh, daß er das tragbare Schreibtelefon dabei hatte, das man in Telefonzellen benutzen kann. Auf diese Weise konnten wir jedenfalls Kontakt halten.

Ich schrieb zurück, „OK MIAH, ABER NUR, WENN DU MIR 1 *FOX AND CROW* ODER *LITTLE LOTTA* MITBRINGST – ODER NOCH BESSER *BETTY AND VERONICA* – 1950-1955. DANKE. UND BEEIL DICH, BRAUCH DICH DRINGEND.**“

„NULL PROBLEMO. UND VIELEICHT NOCH EIN *LITTLE LULU*? BIS BALT BIST DER BESTE BOSS DER WELT. ENDE“

Ich beendete das Gespräch ebenfalls mit ENDE und ging wieder an die Arbeit. Es kamen noch einige andere Anrufe, aber nur einer auf dem Schreibtelefon. Die anderen zeichnete ich auf dem Anrufbeantworter auf, damit Miah sie mir später übersetzen konnte. Die Mitteilung auf dem Schreibtelefon, die kurz vor meiner Mittagspause hereinkam, war etwas merkwürdig. Der Anrufer hatte nur „lacy penzance“ geschrieben und dann aufgelegt. Aber mein Redaktionsschluß ließ mir nicht viel Zeit dazu, über dieses kleine Geheimnis nachzugrübeln.

Gegen eins begann mein Magen sich zu melden, also „sicherte“ ich meinen Zeitungstext im Computer und machte Mittagspause. Nachdem ich mein Büro abgeschlossen hatte, machte ich an der Tür nebenan halt, um nach Dan Smith zu sehen. Ich fragte mich, ob er noch irgend etwas über das Durcheinander in Boones Büro herausgefunden, oder vielleicht etwas von Boone selbst gehört hatte. Auf mein Klopfen kam keine Reaktion. Ich drehte den Knauf. Abgeschlossen.

Ich schnappte mir schnell ein Fleischpastetchen in Midoschs kombiniertem Imbiß-Bar-Fischköderladen mit Videothek gegenüber vom Friedhof. Die Touristen fragen immer, wer „Midosch" ist. Ich erzähle ihnen dann gern, daß er ein berühmter Outlaw aus der Goldrauschzeit war – das finden sie toll – aber in Wirklichkeit steht es für „Mir doch scheißegal". Typischer Fall von Südstaaten-Proletenhumor.

Ich sprang auf mein Mountainbike, fuhr freihändig drei Meilen zum Miwok Reservoir und ließ mich unter einer Borstenkiefer nieder, um meinen Lunch zu verzehren. Ich sah den Wellen zu, die ans Ufer schlugen, aß eine kalte, matschige Fleischpastete, die wie die Sporttasche meines Exfreunds roch, und las die Konkurrenzzeitung – den täglich außer am Wochenende erscheinenden *Mother Lode Monitor.* Dieses marktschreierische Käseblatt war im Grunde nichts weiter als eine aufgemotzte Werbung für Restaurants, Hotels und Läden im Goldgräbergebiet. Die *Eureka!* hatte zwar ein kleineres Format, aber viel mehr Stil.

Ich war allein an dem kleinen, abgelegenen Stausee – genau, wie ich es mag – bis auf Sluice Jackson, den zerlumpten alten Goldgräber mit seinem metallverziertem Schlapphut. Die Verzierungen sind in Wirklichkeit Ohrringe, die Sluice herstellt und an die Touristen verkauft, wenn er die Main Street auf und ab schlurft. Im Augenblick war er über einen Lederbeutel gebeugt und brabbelte vor sich hin. Er schaute sich ängstlich um, als er etwas herauszog, das in der Sonne aufblinkte und wie ein kleiner Metallpflock aussah. Bestimmt wieder etwas von seinem alten Goldgräbergerät.

Ich mußte zugeben, daß mich der alte Knabe leicht nervös machte, hauptsächlich, weil ich kein Wort verstand, wenn er etwas zu mir sagte. Aber ich glaube, die meisten Leute verstanden ihn nicht richtig. Manchmal, wenn ich in der Redaktion eine Nachtschicht einlege, sehe ich ihn auf dem Weg zum Friedhof, wo er Gelegenheitsarbeiten verrichtet, wie er sich mit dem Nichts unterhält, als ob er der von Geistern heimgesuchte Cosmo Topper wäre.

Sluice merkte, daß ich ihn beobachtete. Er zog die Riemen seines Rucksacks fester, rieb sich die widerspenstigen Augenbrauen, und machte sich in meine Richtung auf. Ich packte schnell meine Lunchreste ein, warf den Eichhörnchen ein paar Krumen hin, und hechtete zu meinem Fahrrad. Sluice tat mir leid, aber ich war einfach nicht in der Stimmung für eine Brabbelorgie. Es war schon schwierig genug, die Lippen von Leuten zu lesen, die sinnvolle Sätze von sich gaben.

Zu spät. Er watschelte schneller, als ich springen konnte.

„Ich hab's nicht genommen. Ich hab's nicht getan. Ich war's nicht. War's nicht." Er schüttelte seinen Kopf, hielt seinen Lederbeutel fest gepackt, und sprach auf mich ein, als ob ich ihn des Diebstahls bezichtigt hätte.

Ich lächelte schwach und versuchte so auszusehen, als ob ich wüßte, wovon er redete.

„Ich war's nicht", sagte er noch ein letztes Mal, dann drehte er sich um und ging weg. Ich sah zu, wie er den Hügel zur Stadt hinunter ging und immer noch kopfschüttelnd irgend etwas verneinte, und fragte mich flüchtig, was er nicht genommen hatte. Wahrscheinlich wußte er es selbst nicht.

Gegen zehn vor zwei kam ich wieder im Penzance-

Hotel an. Als ich die oberste Treppenstufe erreichte, sah ich Miah im Flur, die Arme voller Comics.

„He, Miah“, rief ich. Ich wedelte mit dem Zeigefinger in der Luft, führte mit dem Buchstaben „F“ des Fingeralphabets – der wie die allgemein übliche Geste für „OK“ aussieht – eine Drehung an meiner Nase aus und klappte dann Daumen und Zeigefinger am Mund auseinander und zusammen. Das war „Wo ist mein *Fox and Crow*?“ in amerikanischer Gebärdensprache.

Er lächelte entschuldigend und schüttelte den Kopf, so daß ihm seine zu lange blonde Tolle in die Augen fiel. Er sagte etwas, das ich aber auf die Entfernung nicht erkennen konnte. Ich machte die Universalgebärde für „Wie?“, indem ich das Gesicht krauszog.

„Moment –“, gelang es ihm mit mühsam unter den Comics hervorwackelnden Fingern zu gebärden. Er verschwand in seinem winzigen Laden und kam wenig später mit ein paar Comics in einer Hand zurück. Mit der anderen gebärdete er.

„Kein *Fox and Crow* – tut mir leid. Ich hab ein paar *Little Lulus* bekommen. Und guck mal hier – ein *Betty and Veronica* von 1956. Willst du den haben?“

Ich nehme mir hier mit ASL, der amerikanischen Gebärdensprache, ein paar Freiheiten heraus. Im wesentlichen werden ein paar überflüssige Wörter ausgelassen, und die Syntax ist anders arrangiert – es ist ein bißchen wie Chinesisch. Aber das war, was er im großen und ganzen ausdrückte. Was er tatsächlich gebärdete, war eher etwas wie „Kein, Fuchs, Krähe, kein. Entschuldigung. Hab paar Lulu – schau! 1-9-5-6 B-E-T-T-Y, V-E-R-O-N-I-C-A. Wow! Du wollen, du?“

Miah ist ganz groß darin, seine Mimik dem Inhalt

anzupassen, was das Verständnis ungeheuer erleichtert – Kopfschütteln, hochgezogene Augenbrauen, solche Sachen. Meistens kann er das, was er will, verständlich machen, und darauf kommt es an. Um die Wahrheit zu sagen, bin ich ein bißchen in ihn verknallt. Er hat diese langen, schlanken, fließenden Finger, die zum Gebärden wie gemacht sind, und nicht nur dazu. Wen kümmert's, daß er erst fünfundzwanzig ist.

Ich müßte bei Miah keine Gebärden verwenden. Meistens kann ich seine Lautsprache gut verstehen, wenn er nicht gerade versucht, sich die Tolle aus der Stirn zu schütteln. Aber wir gebärden vor allem deshalb, damit er mehr Übung bekommt. Gebärdensprachkenntnisse gehörten zu meinem Anforderungsprofil für die Stelle bei der Zeitung, aber es gab in der Gegend nicht sehr viele Leute, die ASL konnten. Miah wollte es lernen, hatte auch schon einen Kurs am Community College belegt, und in den vergangenen sechs Monaten hatte er so große Fortschritte gemacht, daß er in den meisten Situationen für mich dolmetschen konnte. Er war ein Naturtalent.

„Hexe Hazel ist in beiden *Lulus* drin", gebärdete er und zog in einem mißlungenen Versuch, die Gebärde für „Hexe" zu bilden, einen gekrümmten Finger quer über die Nase.

Ich lachte. „Besten Dank. Du hast mich gerade ‚häßlich' genannt." Ich zeigte ihm, wie man den gekrümmten Zeigefinger richtig bewegen mußte, um „Hexe" zu gebärden – von der Nase im Bogen nach vorn, nicht quer übers Gesicht. Er schüttelte den Kopf und sprach ohne zu gebärden: „Verdammt! Die beiden krieg ich immer durcheinander!" Dann machte er die Gebärde für „Spatzenhirn".

Ich schloß meine Bürotür auf und bat Miah, die Telefonnachrichten aufzuschreiben und schon mal mit dem Eintippen der Anzeigen anzufangen, während ich meinen Schreibtisch nach dem blöden Krimirätsel absuchte, das ich auf die Restaurantserviette gekritzelt hatte. Am Stausee war mir eine geniale Idee gekommen, wie ich den High-School-Direktor umbringen konnte, ohne die Tür aufschließen zu müssen, und jetzt war ich bereit, das Ende zu schreiben. Doch die Suche war vergeblich – die Serviette schien sich auf mysteriöse Weise in Luft aufgelöst zu haben. Bis mir einfiel, wo ich sie möglicherweise gelassen hatte.

Ich klopfte an Boone Joslins Bürotür und drehte den Türknauf. Diesmal ging die Tür auf. Ich öffnete sie langsam – als ich das letzte Mal in Boones Büro hineinstürzte, hatte mich ja eine ziemliche Überraschung erwartet.

Aber diesmal war es nicht der Anblick, sondern der Geruch, der mich erstarren ließ.

5

„Ooooh!“ rief ich, und sog noch einmal die Luft ein, als ob es mein letzter Atemzug wäre. „Ist das etwa Sauerteigbrot? Richtiges San-Francisco-Sauerteigbrot hab ich nicht mehr gegessen, seit ich aus der Stadt weg bin! Wo haben Sie das gekriegt?“

Dan Smith kauerte über dem warmen Butterbrot und einem Aktenordner an Boones Schreibtisch und schlug seinen Bleistift in einem rhythmischen Takt auf. Er leckte sich etwas Butter aus dem Schnurrbart, als er hochsah.

Ich wußte, daß das Radio an war, weil ich die Schwingungen einer Baßgitarre oder Trommel in den Fußbodenbrettern spüren konnte.

„Mmmpppfff“, sagte er, glaube ich. Ich weiß nicht, was es heißen sollte. Mit einem Mund voller Sauerteigbrot war wenig zu erkennen. Er spülte den großen Bissen mit einem Schluck Cola hinunter, wischte sich Schnurrbart und Mund mit dem Handrücken und streckte mir den Rest des Brotlaibs entgegen. „Wollen Sie auch?“

Ich versuchte, den Kopf zu schütteln, aber es sah glaube ich nicht sehr überzeugend aus. „Wo haben Sie das her? Bestimmt nicht aus Flat Skunk.“

„Hab auf der Herfahrt in San Francisco übernachtet. Es ist einen Tag alt, aber ich hab's in Boones Mikrowelle aufgewärmt. Schmeckt wie frisch.“ Er legte den aufgebrochenen Laib neben den offenen Aktenordner, und ein leichter Dampf stieg auf, mit einem durchdringenden Aroma. Warmes Brot. Ich gab mir alle Mühe, nicht zu sabbern.

Boones Büro war fast schon eine Zweitwohnung, mit allem Komfort – Mikrowellengrill, Bettsofa, Trimmrad („wie neu, nie benutzt"), tragbarer Fernseher und Videorecorder und eine Nintendo-Spielekonsole. Alles, was ein Privatdetektiv braucht.

Ich kam langsam ins Zimmer herein, momentan durch einen Briefumschlag auf dem Schreibtisch von dem Brot abgelenkt. Er war himbeerfarben und fast von der Akte verdeckt, in der Dan las. Aus dem Umschlag lugten so viele Zwanzig-Dollar-Scheine hervor, daß man mein Büro damit hätte tapezieren können.

„Ich – ich glaube, ich habe hier meine Papierserviette verloren." Mit einer großen Kraftanstrengung riß ich meine Augen von dem Umschlag los und blickte mich im Zimmer um, das inzwischen wesentlich ordentlicher aussah.

„Brauchen Sie ein Taschentuch?" fragte er zögernd und zog ein weißes Stofftaschentuch aus einer tiefen Levistasche.

„Nein, ich hatte auf einer Papierserviette aus dem Café etwas aufgeschrieben. Ich dachte, ich hätte sie bei mir gehabt, als ich heute morgen hier war, und jetzt kann ich sie nicht finden." Bei meiner flüchtigen Suche nach der Serviette fiel mein Blick wieder auf das Geld. Ich sah Dan Smith an.

Er untersuchte kurz seine Taschen und zuckte dann die Achseln. „Tut mir leid. Sieht so aus, als ob hier in letzter Zeit einiges verloren gegangen wäre."

„Keine Nachricht von Ihrem Bruder?" fragte ich, und robbte mich an den Schreibtisch heran, um die Geldscheine genauer studieren zu können.

Er runzelte die Stirn und rieb sich das Kinn. „Gar nichts." Er sah auf den Umschlag, dann zu mir. „Es sind fünftausend Dollar."

Ich nahm den Umschlag in die Hand. Fünftausend Dollar. Das erinnerte mich doch an etwas.

„Wo kommt das her?“ Der Umschlag verströmte einen vertrauten Duft.

„Ob Sie's glauben oder nicht, den hab ich in der Mikrowelle gefunden, als ich mir das Brot heißmachen wollte. Boone hat seine Sachen schon immer an den merkwürdigsten Stellen versteckt, schon seit er ein Kind war und Mama seine Playboy-Sammlung in der untersten Kommodenschublade entdeckt hatte. Das war es wahrscheinlich, was unser geheimnisvoller Besucher finden wollte. Hat er wohl übersehen.“

Ich zog die Stirn kraus. Irgend etwas paßte hier nicht zusammen. Zu viele merkwürdige Dinge waren passiert, seit Dan Smith in Skunk angekommen war.

„Haben Sie den Sheriff verständigt?“

Er kraulte sich wieder den Bart. „Nein. Ich hielt das für keine gute Idee. Ich sagte ja schon, daß Boone es nicht mag, wenn man seine Sachen durchwühlt, schon gar nicht die Bullen. Aber allmählich mach ich mir Sorgen um meinen Bruder. So viel Geld sollte man nicht rumliegen haben. Warum hat er es nicht mitgenommen?“

Ich musterte Dan Smith, der mit einem kräftigen, gebräunten Finger über seinen Schnurrbart hin und her strich. Die Bewegung war irritierend. „Sie glauben, daß das Geld etwas mit dieser Akte zu tun hat, die sie da studieren?“ Ich zeigte auf den Ordner auf dem Schreibtisch.

Er nahm ihn hoch und schloß den Deckel.

„Den hab ich auf dem Fußboden neben dem Aktenschrank gefunden. Es ist nichts drin, nur außen „Whiskey Slide“ auf dem Deckel und drinnen ein Name. Die restlichen Akten scheinen in Ordnung zu sein. Mir sagt das leider nicht sehr viel.“

„Welcher Name?"

Er sah verwirrt aus.

„Welcher Name stand auf der Innenseite?" wiederholte ich nachdrücklicher.

„Lisa ... äh ..." Er öffnete den Deckel. „Risa Longo."

Risa Longo! Die Frau, nach der Lacy Penzance suchte. Die langvermißte Schwester. Hatte Boone sie in Whiskey Slide gefunden?

„Ich finde, Sie hätten den Sheriff rufen sollen", sagte ich, und beobachtete seine Reaktion. Er verzog keine Miene und hatte aufgehört, sich den Bart zu streichen. „Mir ist klar, daß Boone öfter mal für ein paar Tage weg ist, wenn er einen Fall bearbeitet. Aber das hier – das ist etwas anderes. Jemand ist in sein Büro eingebrochen. Man hat sich an einer seiner Akten zu schaffen gemacht. Und dieses ganze Geld ..."

Dans Blick ging plötzlich Richtung Tür, und mir lief es kalt über den Rücken. Ich drehte mich abrupt um.

Miah stand ganz aufgeregt in der Tür.

„Was ist?" gebärdete ich, indem ich meine Handfläche nach oben drehte und die geöffnete Hand kräftig schüttelte.

„Telefon. Jemand –" Er gebärdete, ohne mit dem Mund Worte zu formen, wahrscheinlich, damit Dan ihn nicht verstehen sollte. Aber sein eigenartiger Gesichtsausdruck gab schon die halbe Geschichte preis. „Frau. Name nicht nennen wollen. Sagte, dir sagen, Anzeige schalten – nicht! Klang wie sie weinen, fassungslos, total. Ende, aufgelegt."

Ich drehte mich zu Dan zurück, um zu sehen, ob er irgend etwas davon mitbekommen hatte. Einige der Gebärden waren offensichtlich – Telefon, weinen, aufgelegt – aber er sah noch verwirrter aus als Miah. Das war mir nur recht.

Wir haben eine Abmachung, Miah und ich. Wenn wir vor anderen Geschäftliches besprechen, benutzen wir keine Lautsprache.

„Was ist los?“ fragte Dan.

„Äh, da war ein Anruf für mich. Von … meiner Mutter. Ihr Auto … sie hatte eine Panne, Sie wissen ja, wie das ist.“

Dan blieb regungslos.

„Ich muß gehen“, sagte ich knapp. Ich brach mir ein Stück Brot ab und folgte Miah zurück in mein Büro.

Wahrscheinlich war es Lacy Penzance – sie war die einzige Anzeigenkundin, die der Inhalt ihrer Anzeige aus der Fassung bringen konnte, es sei denn, daß die Frau mit dem vermißten Pudel eine schlechte Nachricht erhalten hatte. Die restlichen Anzeigen bestanden aus der üblichen Mischung von Privatflohmärkten, Gesuchen für Haushaltshilfen, und gewöhnlichen „Verloren“- oder „Gefunden“-Anzeigen. Ich tippte ein Kommando in die Computertastatur und sah Lacys Anzeige auf dem Bildschirm erscheinen.

„Verdammt! Ich hab mir ihre Telefonnummer nicht geben lassen, als sie heute morgen hier war“, sagte ich laut zu mir selbst und wandte mich an Miah. „Versuch's mal im Telefonbuch. Wenn du ihre Nummer nicht findest, ist sie vielleicht im Ordner vom Froschhüpfkomitee. Oder im Freunde-des-Pionierfriedhofs-Ordner. Wenn du sie findest, ruf sie an, und ich sag dir dann, was du ihr sagen sollst.“

Der gute Miah – er hat wirklich einige erstaunliche Talente. Er fand die Nummer heraus, indem er Mickey Arnold im Büro des Sheriffs anrief. Mickey war wie ein älterer Bruder für Miah, wo der Sheriff doch Miahs Vater war und so. Und es schadete auch gar nicht, daß der Hilfssheriff ein bißchen in mich verknallt war. Manchmal war er eine großartige Informationsquelle.

Miah wählte Lacys Nummer, aber es nahm keiner ab. Was hatte sie denn nun für ein Problem, fragte ich mich. Hatte sie Risa Longo selbst gefunden? Wollte sie darum die Anzeige zurückziehen?

Widerstrebend wies ich Miah an, die Anzeige zu streichen, und schrieb Lacy Penzance fürs erste ab.

Um sieben war die Hälfte der Innenseiten druckfertig – überwiegend Anzeigen. Während der nächsten beiden Tage mußte ich die Außenseiten – überwiegend Nachrichten – fertigstellen, ein bißchen Füllmaterial einflicken und dieses verfluchte Krimirätsel beenden, das mittlerweile selbst zum Krimi geworden war. Es wird zwar alles per DTP auf meinem PC gemacht, aber es würde mich den ganzen Donnerstag kosten, die letzten Kopf- und Fußzeilen, Bilder und Fonts einzuarbeiten. Dann mußte ich das Blatt rechtzeitig zum Drucker bringen, damit es Freitag nacht fertig wurde und am Sonnabendmorgen verteilt werden konnte.

Manche fänden das vielleicht langweilig, aber ich liebte jede Minute, die ich bei der Kreation meiner Zeitung am Computer verbrachte. Als gehörlose Schülerin in einer High School für Hörende war ich in erster Linie für einen Bürojob ausgebildet worden. Meine Lehrer waren der Ansicht, daß ich mit meiner Behinderung im Leben wohl nicht mehr erreichen konnte. Aber ich befaßte mich mit Computern, las jedes Handbuch, das jemals über Textverarbeitung und DTP-Programme geschrieben wurde, und konnte beobachten, daß mir diese Kenntnisse den Weg zu einer Reihe interessanter Jobs öffneten. Das, in Verbindung mit einem Collegeabschluß in Journalismus, hatte mir geholfen, den Job bei der *Chronicle* zu bekommen. Ich bin fest davon überzeugt, daß der Computer schon in naher

Zukunft das Leben der Gehörlosengemeinschaft verändern wird.

Ich schnappte mir meinen Rucksack und radelte die halbe Meile nach Hause, gierig aufs Abendessen.

Mein Haus, wenn man es so nennen kann, ist ein umgebautes Restaurant aus den fünfziger Jahren, das früher einmal Claim Jump Diner hieß. Bis zu ihrem Tod vor ein paar Jahren gehörte es meinen Großeltern, Jack und Constance Westphal. Aber der Laden hatte schon länger leer gestanden, bevor ich ihn übernahm. Bei der Renovierung habe ich versucht, den ursprünglichen Stil der *art moderne* so gut wie möglich zu erhalten. Die kleinen Sitznischen und Hokker habe ich in rot-weißem Vinyl neu bezogen, die Theke wieder mit schwarz-weiß meliertem Resopal belegt, und das bröckelnde Linoleum durch schwarz-weiße Fliesen ersetzt.

Alte *Life*-Ausgaben halfen mir sehr bei meinen Einrichtungsideen, und meine Großmutter, die eine Menge von der ursprünglichen Austattung eingelagert hatte. Nur die Küche ist modernisiert, mit dem allerneuesten an Ausstattung – Spülmaschine, Mikrowelle, Espressomaschine. In der Küche hat meine Begeisterung für die Fünfziger dann doch ihre Grenzen.

Sogar im Hinterzimmer, meinem Wohn- und Schlafraum, den man durch eine Schwingtür von der Küche aus betritt, hatte ich den Fünfziger-Jahre-Look beibehalten. Die ganze Bude besteht nur aus dem Diner und diesem kleinen Hinterzimmerbereich, in dem ich lebe, samt winzigem Badezimmer. Ich habe eine Couch mit Druckmuster, die wie eine Disneyversion des Weltraumzeitalters aussieht – die Jetsons wären begeistert gewesen. Auf einem hölzernen Rahmen aus hellem Holz mit auskragenden Lehnen und kräftigen blonden Beinchen liegen vier mit einem Kreismuster bedruckte Kissen. Zwei Ohrensessel flankieren die Couch, mit zwei Beistelltischen aus hellem Holz. Auf dem Couchtisch, der beinahe dazu paßt, steht ein schwerer Aschenbecher aus Marmor, der jetzt als Behälter für die Pralinen dient, die ich aus gesundheitlichen Gründen zu mir nehme. Auf einem Trödelmarkt hatte ich zwei schwarze Stehlampen mit kegelförmigen Schirmen entdeckt, und eine alte Fernsehtruhe von RCA Victor, deren Eingeweide ich durch einen modernen Zenith-Bildschirm mit Untertitelfunktion ersetzt habe. Noch habe ich ihn nicht verwirklichen können, aber mein Traum ist es, den Diner als Zufluchtsort für die Schok-Moklosen Flat Skunks wiederzueröffnen. Auf lange Sicht wollte ich meine Zeit auf meine beiden Leidenschaften, die *Eureka!* und das Koffein, verteilen.

Ich öffnete die Tür und wurde stürmisch von einer weiteren Leidenschaft begrüßt, meinem Begleithund Casper, einer cremefarbenen Huskyhündin, die für mich „hört" und auf Gebärdensprache reagiert, wenn sie gerade in der Stimmung ist. Nach einer Tobestunde auf allen Vieren genehmigte ich mir eine Magenfüllung Reste, die ich mit ihr teilte, und ein heißes Schaumbad mit Fliederduft, das ich alleine nahm. Ich zog ein langes Oversize-T-Shirt an und ließ mich mit einem eisgekühlten Sierra-Nevada-Bier auf die Couch fallen. Einen Moment dachte ich an Dan Smith, rief dann meinen Exfreund mit dem Schreibtelefon an, kam aber nicht durch, und kippte dann das Bier herunter, um die Einsamkeit zu lindern. Das letzte, woran ich mich erinnerte, war, daß ich auf der Couch Jimmy Stewart dabei zusah, wie er aus seinem Fenster zum Hof nach einem Mörder spähte.

Als ich am nächsten Morgen von den blinkenden Lichtern der Frühstücksnachrichten aufwachte, mit Knoten in Hals, Armen und der ganzen Seite, sah ich geradewegs auf unseren ureigenen Sheriff Elvis Mercer, der in einer Totale von Flat Skunks Pionierfriedhof mit dem Arm winkte.

Ich setzte mich auf, guckte nach der Uhrzeit – 7:35 – und versuchte, die Untertitel zu lesen, die über den Bildschirm tanzten, aber ich bekam nur noch das Ende mit.

„Das war Robert Goll für die Channel-Five-Nachrichten."

Als der Beitrag abrupt mit einem Standbild endete, stand ich senkrecht. Ein äußerst lebloser Körper lag auf einer Bahre neben einem wartenden Krankenwagen. Und ein Bild im Bild zeigte einen Schnappschuß vom Gesicht des Opfers.

Es war Lacy Penzance.

6

Lacy?

Ich grub wie wild zwischen den Couchkissen nach der Fernbedienung, fand sie unter meinem linken Fuß und zappte auf der Suche nach einem weiteren Bericht durch die Programme. Kanal drei und fünf brachten quasselnde Münder, bedeutungsschwere Augenbrauen und reichlich Fotos von Lacy Penzance, aber keiner der beiden Sender war um diese Tageszeit untertitelt.

Was war mit ihr passiert? Gestern hatte ich sie gerade noch gesehen, und jetzt war sie – tot? Oh Gott! Sie hatte mich um Hilfe gebeten ... es war gar nicht auszudenken!

Nur ein paar Augenblicke später ging mir auf, daß ich diese Story in meiner Zeitung bringen konnte – wenn ich nur schnell genug im Sheriffsbüro war. Zum Teufel mit der Kolumne über Froschfrikassee. Das hier war eine richtige Story, die echte, handfeste Art von Story, die ich schon immer hatte schreiben wollen. Aber mußte es ausgerechnet diese sein? Der Tod Lacy Penzances, die durch den Tod ihres Mannes doch in letzter Zeit schon genug Kummer gehabt hatte. Ich hätte mich gerne mit einem netten Sexskandal begnügt, oder der Sprengung eines Drogenrings. Das hier war nicht einfach eine Story. Hier ging es um ein Menschenleben. Um einen Tod.

Ich sauste den Flur entlang, um mich schnell fertig zu machen, bürstete Haar und Zähne, wusch mir das Gesicht und trug das Notwendigste an Feuchtigkeitscreme und Schminke auf. Relativ sauber und erstaunlich frisch durchwühlte ich dann den Stapel frischer Wäsche nach dem richtigen Outfit für das Büro des Sheriffs. Ich zog ein Paar braune Jeans über und suchte, bis ich einen langärmeligen, beigen Baumwollpullover gefunden hatte, der mir das lässige Selbstbewußtsein einer Enthüllungsreporterin zu vermitteln schien. Ich schlüpfte in meine schwarzen Converse-All-Stars-Turnschuhe und einen schwarzen Blazer, schnappte mir ein paar Muffins und eine Safttüte aus dem Kühlschrank, goß Casper die Hundefutterausgabe eines Eier-mit-Schinken-Frühstücks in den Napf und sprang auf mein Rad.

Der am dichtesten bevölkerte Ortsteil in Flat Skunk ist der Pionierfriedhof, wobei die Bewohner unter der Erde den Lebenden eindeutig an Zahl überlegen sind. Seine vier Quadratkilometer sind als historische Stätte eingetragen und ziehen fast so viele Touristen an wie die ausgelaugten Goldminen und boomenden Cowboy-Bars.

Ich radelte durch die Stadt und fuhr langsam am Friedhof vorbei, wo die Fernsehbilder aufgenommen worden waren, hielt mich aber an die gelbe Absperrung mit der Aufschrift „Polizei – Kein Durchgang“. Menschenmenge und Fernsehteams hatten sich aufgelöst, nur ein paar Einwohner standen noch am Rand, mit Fingern zeigend, flüsternd und kopfschüttelnd.

Ich machte kehrt und fuhr zurück zum Büro des Sheriffs am anderen Ende der Stadt.

Das Sheriffsbüro in Flat Skunk, eher so etwas wie ein Außenposten, befindet sich in einem alten Ziegelgebäude, in dem früher einmal eine Metallprüfstelle war. Sheriff Mercer benutzt den vergitterten Teil auf der einen Seite als provisorische Zelle für die paar Gauner und Kriminellen, die wir hin und wieder haben – meistens Trunkenbolde.

Auf der anderen Seite ist ein großer Raum, den drei Schreibtische einnehmen: der des Sheriffs, Deputy Arnolds, und einer für die Einsatzbearbeiterin. Niemand war im Büro, als ich die Tür öffnete und mich selbst hereinbat, aber nach dem Zigarettengeruch, der noch in der Luft hing, mußte jemand in der Nähe sein.

Ich holte die Vollkornmuffins und den Orangensaft aus meinem Rucksack, setzte sie auf den Schreibtisch des Sheriffs und rief seinen Namen. Dann suchte ich die Oberfläche seines Schreibtischs nach Informationen ab, die mich höchstwahrscheinlich gar nichts angingen. Ich erspähte zwei Einbruchsprotokolle, zweimal tätliche Bedrohung, einmal Alkohol am Steuer und eine Handvoll Visitenkarten der örtlichen Fernsehstationen.

Nichts über Lacy Penzance.

Ich hob noch ein paar Unterlagen an und entdeckte die Polaroidfotos in einem großen braunen Briefumschlag. Mit einem Mal wurde der Zigarettengeruch stärker, ich riß also schnell meine Hände von dem Stapel weg und drehte mich mit einem gekünstelt lässigen Lächeln, um Sheriff Mercer zu begrüßen.

„Hi, Sheriff." Ich setzte mich auf die Ecke des Schreibtischs und bemühte mich, nicht schuldbewußt auszusehen. Er kam aus dem Waschraum und war noch dabei, sein Holster umzuschnallen und das Hemd in der Hose zu verstauen. Eine Zigarette baumelte absturzgefährdet in seinem Mundwinkel und nachdem er endlich eine Hand frei hatte, grüßte er mich mit einem Winken.

Der Sheriff hatte glatte, unbehaarte und ordentlich manikürte Hände; ganz anders, als man es bei einem Menschen erwartet hätte, der doch im Dienst ständig richtig zur Sache gehen, jede Menge Karateschläge austeilen, oder ein ganzes Arsenal kräftiger Schußwaffen abfeuern müßte. Das hier waren Bürohände, die Berichte schrieben, Telefongespräche annahmen, und Opfern von Fahrraddiebstählen beruhigend auf die Schulter klopften.

„Wußte nicht, daß du hier bist!" sagte er, während er die Zigarette aus dem Mund nahm und in einer Tasse kaltem Kaffee auf dem Schreibtisch des Hilfssheriffs auslöschte. Er strich seine widerspenstigen Augenbrauen glatt, wischte sich etwas aus dem Mundwinkel und begann dann, auf seinem Schreibtisch in dem Papierstapel herumzusuchen.

In der kurzen Zeit, die ich in Flat Skunk war, waren Sheriff Mercer und ich Freunde geworden, aus einer ganzen Reihe von Gründen. Zum einen brauchte ich Informationen für die wöchentliche Polizeikolumne, die er bereitwillig preisgab, solange ich seinen Namen richtig schrieb.

Zum zweiten hatte ich seinem Sorgenkind einen Job als Redaktionsassistent gegeben, und Sheriff Mercer wußte diese Erleichterung seiner Pflichten als alleinerziehender Vater sehr zu schätzen. Drittens brachte ich manchmal mein Mittagessen in die Station, und wir teilten uns eine Pastete oder ein Corned-Beef-Sandwich, während wir uns über unsere Lieblings-Polizeiserien im Fernsehen, Krimischriftsteller oder Eishockeyteams unterhielten – „Und diese Sharks, was hältst du denn von denen!"

Und viertens hatten wir beide einen ernsthaften Computertick. Wir tauschten die neuesten Programme aus und schickten uns gegenseitig Witze per E-Mail. Ich schickte ihm alberne Kriminalgeschichten, und er schickte mir alberne Zeitungsüberschriften. Es war so eine Art Wettbewerb. Er lag in Führung, drei zu eins.

„Ich hab deinen Namen gerufen. Hast mich wahrscheinlich nicht gehört." Ich goß Orangensaft in seinen angeschlagenen Kaffeebecher mit dem Aufdruck „Fünfzig ist gar kein Alter für einen Baum". Die Koffeinreste im Becher gaben dem Orangensaft die Farbe gebrannter Tonerde.

„Ich war auf der Toilette." Er nahm einige Papiere vom Schreibtisch auf, und tätschelte sich Kinn und Nacken, als er dabei sein Spiegelbild im Fenster erhaschte. „Findest du, daß ich, na ja, ein bißchen zulege?"

„Du siehst gut aus. Vor allem im Fernsehen – ich hab dich gesehen."

„Hast die Neuigkeit wohl auch schon gehört, wie sämtliche Einwohner von Calaveras County?"

Ich zuckte die Achseln. Ich hatte gelernt, nicht allzu erpicht zu erscheinen, wenn ich aus jemandem Informationen herausholen wollte, der sie eigentlich nicht weitergeben durfte. Da schlage ich dann immer die „wen interessiert's schon"-Strategie ein. Bestimmt durchschaute er das völlig, aber er ließ es sich nicht anmerken. Das ist so ein Spiel, das wir spielen.

„Es ist wirklich ein Schock", stimmte ich zu. „Ich kann gar nicht glauben, daß Lacy Penzance tot ist. Erst gestern hab ich sie noch gesehen. Was ist denn passiert?"

„Mickey hat den Fernsehbericht auf Video mitgeschnitten. Ich sah um die Augen irgendwie ein bißchen aufgedunsen aus." Er tippte mit dem Finger auf die Augensäcke.

„Nein. Du bist toll rübergekommen. Ganz natürlich und gelassen. Sehr professionell." Ehrlich gesagt war mir überhaupt nicht aufgefallen, wie er gewirkt hatte. Ich hatte ja nur das Ende mitbekommen. Aber in letzter Zeit hatte er darüber geklagt, daß er alt würde, und es konnte ja nicht schaden, ihm zu erzählen, was er gern hören wollte.

Der Sheriff war Mitte fünfzig und im großen und ganzen gut in Schuß, wenn man von einem beginnenden Altersbäuchlein und leicht gebeugten Schultern absah. Um die Ohren herum und in den wild wuchernden Augenbrauen hatte er eine Spur von Grau. Von seinem weichen, regelmäßigen Mund konnte man gut ablesen, wenn er nicht gerade rauchte, Kaugummi kaute, oder den Muffin aß, den er sich eben eingeworfen hatte.

„Ich muß wirklich weniger von diesen Muffins essen. Mein Cholesterin ist schon wieder zu hoch." Er setzte sich an den Schreibtisch, griff mit einer Hand einen Stapel Papier und aß den restlichen Muffin auf, ohne ihn auch nur anzusehen.

Der Sheriff ist nicht der typische machomäßige Gesetzeshüter. Er ist geduldig, mitfühlend, fleißig, fair und sogar ein bißchen neurotisch in bezug auf seinen Beruf, und auch auf sein Äußeres und sein Privatleben. Er kauft psychologische Ratgeber, die ihm helfen sollen, mit seiner Scheidung fertig zu werden. Er geht zu einem Therapeuten, der ihm hilft, an der Beziehung zu seinem Sohn zu arbeiten. Und er geht auf Single-Veranstaltungen am Community College, in der Hoffnung, der richtigen Frau zu begegnen.

Sein einziger echter Fehler ist die schlechte Angewohnheit, Wörter abzukürzen. Wenn er ein Wort verkürzt oder nur Initialen benutzt, wird's für mich wirklich schwierig.

„Du siehst im Fernsehen zehn Pfund leichter aus, bestimmt."

Er gab sich Mühe, nicht zu lächeln. Jetzt wurde es aber Zeit, Überflüssiges beiseite zu lassen und Tacheles zu reden. Ich setzte mich in den Stuhl ihm gegenüber und lehnte mich mit über der Brust verschränkten Armen zurück.

„Sheriff, was ist mit Lacy Penzance passiert?"

„Wissen wir nicht genau. Etwas merkwürdige

Umstände. Bevor wir den Bericht von der Patho kriegen, wissen wir gar nichts. Sag nicht, daß du darüber etwas für deine Zeitung schreiben willst. Das ist nicht dein üblicher Kram."

Ich lockerte meine Frisur auf und versuchte nonchalant auszusehen. „Möglich. Aber ich hab's allmählich satt, nur hin und wieder einmal eine überfahrene Kröte zu melden. Ich dachte, ich könnte mir die Sache mal näher ansehen, vielleicht kann ich dem Ganzen ja eine persönliche Färbung geben. Man hielt doch viel von ihr in der Stadt, oder?"

Sheriff Mercer zuckte die Achseln, nahm noch einen Schluck Orangensaft und einen Bissen von einem zweiten Muffin, und sprach dann mit dem Essensklumpen in einer Wange. Er war so gut wie unverständlich, aber ich drehte mein Hörgerät auf voll und bekam jedenfalls die grobe Stoßrichtung mit. Das Dumme mit der Gehörlosigkeit ist, daß man den Sprechenden ununterbrochen ansehen muß. Dabei gleichzeitig so auszusehen, als ob einen die Unterhaltung nur am Rande interessiert, ist ziemlich schwierig. Dieser dauernde Blickkontakt sieht für die meisten Hörenden sehr konzentriert aus.

„Tja, es sieht so aus – und ich meine wirklich ‚sieht so aus' – als ob Lacy Penzance Selbstmord begangen haben könnte. Mitten auf dem Grab ihres Ehemanns."

„Was?" Mein Pokerface war völlig vergessen. „Das kann ich – das kann nicht –" Ich konnte nur noch stumm den Mund auf und zu klappen.

Sheriff Mercer spülte den Muffin mit einem riesigen Schluck Saft herunter und machte sich ein paar Notizen.

„An diesem Punkt der VU – vorläufigen Untersuchung – bezeichnen wir es vorsichtig als Selbstmord, und ich meine wirklich vorsichtig. Sie wurde auf dem Grab ihres

Ehemanns gefunden, todschick angezogen, sozusagen, mit einem Messer im Bauch. Es gab keinerlei Anzeichen für einen Kampf. Sie könnte sich die Wunde selbst beigebracht haben."

Ich lehnte mich zum Sheriff hinüber, meine Hände an den Rand der Schreibtischplatte geklammert. „Aber Sheriff! Eine Frau ersticht sich nicht, wenn sie sich umbringen will! Sie nimmt Tabletten. Sie vergiftet sich mit Abgasen. Vielleicht springt sie von einer Brücke. Aber sie nimmt weder eine Pistole noch ein Messer. Das weißt du doch."

Er tätschelte sich wieder das Kinn. „Ich weiß ja, ich weiß. Aber anscheinend war sie blau – betrunken. Sie hatte eine ganze Wolke von Alkohol um sich. Die Patho wird uns mehr sagen."

„Aber trotzdem, wie kannst du glauben, daß es Selbstmord war, wenn –"

Er sah mich zum ersten Mal direkt an, seitdem wir uns gesetzt hatten. „Da war ein Brief."

Ich fiel völlig entgeistert in meinen Stuhl zurück. „Ein Abschiedsbrief?"

Er nickte mit ernster Miene. „Anscheinend war sie über den Tod ihres LAG sehr verzweifelt."

„LAG?" Da mußte ich passen.

„Lebensabschnittsgefährte. Ist das jetzt nicht der p.c.-Ausdruck? Reuben, ihr Männe. Vielleicht hat sie ein paar Mai Tais zuviel gekippt, einen Spaziergang zum Friedhof gemacht und beschlossen, ihm nachzufolgen. Vielleicht hat sie sich hingesetzt, ein paar Abschiedszeilen geschrieben und nett drapiert, und sich dann ein Messer in den Bauch gerammt. Schwer zu sagen, aber der Brief ist jedenfalls merkwürdig. Wenn die Patho die AA-Ergebnisse reingereicht hat, wissen wir mehr."

„AA?"

„Aufschneiden und Analysieren. Die Obduktion."

Bei dem Wort Obduktion durchfuhr es mich heiß. Lacy Penzance sollte aufgeschnitten werden und – ich schüttelte das Bild ab, das da drohend in meinem Geiste aufstieg. Oh Gott, die arme Frau. Erst auf dem Bildschirm zur Schau gestellt, und dann noch diese endgültige Verletzung der Intimsphäre.

„Und der Brief?" fragte ich. „Was stand da drin?"

„Darüber kann ich erst etwas sagen, wenn die nächsten Verwandten informiert worden sind. Falls sie welche hat."

Das blinkende rote Licht des Telefons lenkte den Sheriff ab, und ich atmete erst einmal tief durch und versuchte mir darüber klar zu werden, wohin all diese beunruhigenden Informationen führten. Gestern hatte Lacy Penzance in meinem Büro gesessen und um Hilfe bei der Suche nach ihrer langvermißten Schwester Risa Longo gebeten. Heute war sie tot, anscheinend durch Selbstmord. Vermutlich hatte sie sich auf dem Friedhof erstochen.

Nach allem, was ich von ihr wußte, entsprach das überhaupt nicht ihrem Stil. Zunächst einmal, welche Frau würde ein Messer benutzen, um Selbstmord zu begehen, wo Tabletten doch so viel sanfter und angenehmer sind? Warum sollte sie es an einem so öffentlichen Ort tun, eine so zurückhaltende Frau wie sie? Und warum hatte sie sich die Sache mit der Zeitungsanzeige anders überlegt, wenn sie ihre Schwester doch so dringend finden wollte? Die ganze Sache ergab keinen Sinn. Der Sheriff hatte natürlich Erfahrung in diesen Dingen, und er war nicht dumm, aber –

Der Sheriff legte den Hörer auf und wandte sich wieder zu mir.

„Sheriff, Lacy Penzance kam gestern in mein Büro. Sie

wollte eine Anzeige in der Zeitung schalten ..." Ich hielt inne. Sie hatte nicht gewollt, daß ich irgend jemand etwas davon sagte. Durfte ich das Geheimnis verraten, jetzt wo sie tot war?

„Wofür? Wollte sie ihr Auto verkaufen oder so was?"

„Nein. Eher ein Gesuch als ein Angebot. Sie ... suchte nach etwas. Sheriff, könnte ich mich vielleicht auf dem Friedhof etwas umsehen?"

Der Sheriff plusterte sich ein bißchen auf und versuchte, offiziell auszusehen. „Sorry, C.W. Ich hab da eine Schranke, und ohne Begleitung kommst du da nicht durch."

Er meinte wohl eine Art von Polizeiabsperrung. „Habt ihr den Tatort denn nicht schon untersucht?"

„Vorläufig, ja, aber wir brauchen vielleicht noch mehr. Ich würde dich ja hinbringen, aber ich habe heute morgen schrecklich viel Papierkram zu erledigen. Bis wir etwas von der Patho hören, ist der Friedhof tabu. Später vielleicht." Er blickte suchend auf dem Schreibtisch herum. Ich zeigte auf den Umschlag mit den Schnappschüssen. Der Sheriff warf mir einen mißtrauischen Blick zu und breitete die Fotos auf dem Schreibtisch aus.

Es war nicht einfach, sie anzusehen. Aber andererseits waren sie auch etwas unwirklich. Lacy sah beinahe so aus, als ob man sie in Pose gesetzt hätte, wie sie da vor dem Grabstein lag. Auf den Bildern war nur wenig Blut zu sehen – nur ein kleiner Fleck an der Stelle, wo ihre Hand neben dem Messer in ihrem Unterleib lag. Der andere Arm hing schlaff an ihrer Seite. Ihre Beine waren gespreizt, eine ziemlich undamenhafte Haltung für eine Frau, die so viel Wert auf Erscheinungsformen gelegt hatte.

Der Sheriff sammelte die Bilder auf und tat sie wieder in den Umschlag. Ich stand auf und ging zur Tür. Ich wurde das Gefühl nicht los, daß Lacys Körpersprache eigenartig war, selbst für eine Tote. Als ich zurückblickte, um mich zu verabschieden, erhaschte ich gerade noch den Schluß einer Bemerkung.

„Wie bitte?“ sagte ich.

Er klopfte sich den Bauch. „Danke für die Muffins. Was für 'ne Sorte war das – Baumrinde?“

„Vollkorn. Sehr gesund. Kein Fett, kein Zucker, kein Salz.“

„Kein Geschmack“, sagte er, und ging wieder an die Arbeit.

Ich schloß die Tür und sah Mickey Arnold auf das Büro zukommen. Der Mund des Hilfssheriffs war so geformt, als ob er an einem Strohhalm lutschte. Wahrscheinlich pfiff er, wenn ich auch nicht wirklich wußte, was Pfeifen eigentlich genau ist. Jemand hat es mir mal so erklärt, daß man Luft ausstößt und dadurch einen hohen Ton erzeugt. Half aber auch nicht. Und sieht einfach blöd aus.

„Hallo, Mickey. Ich wollte grade zum Friedhof. Bist du schon da gewesen?“

Mickey lächelte und gebärdete „guten Morgen“, so steif wie ein Arthritiskranker in einer heftigen Brise, aber ich wußte den Versuch zu schätzen. Ich erwiderte den Gruß und holte dann mein Mountainbike von der Hauswand.

„Ich dachte, du könntest mir vielleicht sagen, was da deiner Ansicht nach passiert ist. Ich wollte was darüber für die Zeitung schreiben. Vielleicht kann ich der Sache einen interessanten Blickwinkel geben, weißt du, zum Beispiel, wie ein Hilfssheriff einen ungewöhnlichen Tod in einer Kleinstadt untersucht.“

Mickey war für den großen Schlag gegen den Drogenhandel verantwortlich, über den ich kürzlich in der *Eureka!*

berichtet hatte. Er hatte die Penryn-Brüder beim Hasch-Anbau im Badezimmer erwischt.

„Klar, gern“, sagte er und stellte sich etwas gerader hin. Dann warf er einen Blick auf den Stationseingang und die Schultern sackten wieder etwas. „Laß mich nur besser kurz abklären …“

„Okay, aber sei gewarnt. Der Sheriff hat heute nicht gerade die beste Laune. Er hat einen Riesenstapel Papierkram auf dem Schreibtisch, den er verteilen will.“

Mickey überlegte einen Moment mit gespitztem Mund und folgte mir dann, als ich mein Rad die Straße entlangzuschieben begann. Ich drehte mich um, schenkte ihm mein schönstes Lächeln, und ließ ihn aufholen.

„Ist gut, ein paar Minuten hab ich schon. Aber du darfst nichts anfassen. Und paß besser auf, wo du hintrittst. Der Gerichtsmediziner hat gesagt, da wären vielleicht noch Spuren, die wir noch nicht gefunden haben, also können wir nicht einfach überall herumtrampeln …“

Sein Unterkiefer bewegte sich unaufhörlich weiter, während wir auf den Pionierfriedhof zusteuerten. Ich habe keine Ahnung, worüber er da faselte. Ich war zu tief in Gedanken versunken, um aufzupassen.

7

Am Friedhof waren immer noch ein paar verstreute Schaulustige, aber die Medienautos waren weg. Bestimmt waren sie alle eifrig auf dem Weg nach Sacramento, um ihr Videomaterial für die Abendnachrichten zu schneiden. Wie sich wohl Flat Skunk der Öffentlichkeit präsentieren würde, wenn es erst einmal von den Schnittexperten kreativ „verpackt" worden war?

Das war wirklich genau das, was uns noch gefehlt hatte. Diese Art von Publicity würde bloß eine Armee von Spinnern und Verrückten auf den Plan rufen. Wenn ich sonst schon nichts erreichte, konnte ein ehrlicher und gründlicher Bericht über Lacy Penzances Tod in der *Eureka!* zumindest ein Gegengewicht zum Sensationsjournalismus der Regenbogenpresse und Talkshows bilden.

Flat Skunk ist eine interessante Stadt. Das sah ich jedesmal wieder, wenn ich von einem Ende zum anderen wanderte. Als der Hilfssheriff und ich auf den Friedhof am Ende der Stadt zusteuerten, betrachtete ich unwillkürlich wieder die rustikalen Ladenfronten, die vor Jahrzehnten von jemand, der möglicherweise Hollywood-Ausstatter war, gebaut wurden. Reuben Penzance wollte, daß seine Stadt Aussehen und Atmosphäre des alten Goldgräbercamps behalten sollte, das sie einmal gewesen war. Er hatte einen Kulissenbauer engagiert, der die Gebäude durch falsche Fassaden, Anbindestangen für Pferde, hölzerne Fußwege und mit Ziegeln gepflasterte Straßen „authentisch gestalten" sollte. Hinter den Westernfassaden verbargen sich ganz normale Bauten, die durch die oberflächliche Show den Blicken entzogen wurden.

Ich schaute zu Mickey hinüber und stieg mitten im Satz wieder ein, als wir uns dem Friedhof näherten.

„... und weißt du, warum ich deine Krimirätsel so mag, Connor?"

„Weil du Polizist bist?" bot ich an.

Mickey schüttelte verneinend den Kopf und untermalte seine Erklärung mit bedeutungslosen Gesten. „Ich mag sie, weil zuerst immer keiner ein Motiv für das Verbrechen hat. Dann fängt man an, die Geheimnisse der Leute zu entdekken und stellt fest, daß *jeder* von ihnen einen Grund hatte, das Opfer umzubringen. Geheimnisse. Darum mag ich sie. Nichts ist so, wie es scheint. Darum mag ich auch die Polizeiarbeit." Er beendete seine Rede mit nach oben gerichteten Handflächen und einem kindlich-offenen Grinsen auf dem Gesicht.

„Danke, Mickey. Freut mich, daß sie dir gefallen. Mein nächster wird glaube ich eine Parodie auf Dick Lupoffs Comic-Killer. Jemand stiehlt eine wertvolle Ausgabe von *Little Lulu.*"

„An *Little Lulu* kann ich mich auch noch erinnern! Diese Comics hab ich einfach geliebt!" Er blieb unvermittelt stehen, als ob ihn unser gemeinsames Interesse ganz überwältigt hätte.

„Meine Lieblingsbände waren die mit Hexe Hazel", sagte ich.

„Ja! Die war toll. Hat Little Lulu immer erschreckt. Mensch, Connor, wir haben wirklich eine Menge gemeinsam."

Ich lächelte und ging weiter. Hat Little Lulu immer erschreckt. Ha! Little Lulu konnte gar nichts erschrecken.

Nicht einmal Tubby. Ich schaute zurück, und wollte gerade zu einer Erwiderung ansetzen, aber Mickey hatte sich weggedreht. Anscheinend rief er der mageren Menschenmenge am Friedhof etwas zu, jedenfalls fuchtelte er mit den Armen und schüttelte den Kopf.

Es waren überwiegend Kinder auf Skateboards, Rollerblades und Fahrrädern, ein paar ältere Frauen, die redeten, mit Fingern zeigten und nickten, und ein paar von den guten alten Jungs, kauend und spuckend. Auf einem kleinen Hügel entdeckte ich den alten Sluice Jackson, der ein paar Büsche außerhalb der Polizeiabsperrung beschnitt. Er fixierte uns mit seinen Triefaugen, als wir uns der Schranke näherten.

Deputy Arnold sagte den Kindern mit reichlich offiziösem Getöse und Wichtigtuerei, daß sie abhauen sollten. Sie ignorierten ihn und gafften weiter die Polizeiabsperrung oben auf dem Hügel an. Mickey tat mir ein bißchen leid – man zollte ihm einfach nicht den gleichen Respekt wie dem Sheriff. Aber er war ein pflichtbewußter Polizeibeamter, der seinen Job ernst nahm, und das respektierte ich. Ich fand nur, daß er die Dinge etwas lockerer sehen könnte.

Ein Kind, zehn oder elf vielleicht, rannte aus einer Ecke des abgezäunten Friedhofsteils heraus. Als der Junge den Hilfssheriff sah, ließ er sich zu Boden fallen, um sich zu verstecken.

„Komm da raus, Brian Hurley, sonst steck ich dich in den Knast“, rief der Hilfssheriff mit angespanntem Gesichtsausdruck und wedelnden Armen. Brian Hurley stand auf und ging zu seinen Freunden, die ihn wie einen Helden empfingen. Dann zogen sie alle die Straße hinunter, um seinen Triumph zu feiern, daß er die Polizeiabsperrung durchbrochen hatte, ohne verhaftet zu werden.

„Blöde Kinder", sagte Mickey, und stopfte sein Hemd fester in die Hose, um wieder Haltung zu gewinnen. „Das Gebiet da ist voll von Beweismaterial, und Giftsumach wächst da auch. Die werden sich morgen ganz schön kratzen." Voller Mitgefühl kratzte sich der Hilfssheriff selbst heftig den Arm und stieg dann als erster den Hügel hinauf.

Der vordere Teil des Parks war völlig anders als der ältere Teil des Geländes hinter der Hügelkuppe, auf dem die Erstsiedler ihren letzten Siedlungsplatz gefunden hatten. Der Pionierfriedhof hatte seine Karriere als traditionelle Begräbnisstätte für die Neunundvierziger und ihre Familien begonnen, mit großen Grabsteinen, kunstvollen Verzierungen und poetischen Grabsprüchen. Die Erdhügel waren uneben, die Steine angeschlagen und zerbrochen, verwittert und verfärbt, und die Grabstellen waren so verschieden wie die bretterverkleideten Häuser in Flat Skunk. Hier konnte man die stumme Historie wiedererwecken, wenn man nur richtig hinhörte. Ich blieb stehen, um eine Grabinschrift zu lesen, bevor ich Mickey auf den Hügel folgte.

Hier ruht ein treulich sorgend Weib,
Als Mutter zärtlich immer.
Von Pein und Müh'n ist sie befreit,
Gab eine andre nimmer.

Die alte Pionierkirche, die ursprünglich die Bürger von Flat Skunk willkommen geheißen hatte, war schon seit langem abgerissen. Mickey zufolge hatte man, nachdem French McClusky das Grundstück für seine Memory-Kingdom-Kette gekauft hatte, die riesige ungenutzte vordere Fläche in einen modernen Gedächtnispark mit weiten Rasenflächen und untadelig in Schuß gehaltenem Gelände umgewandelt, samt Bänken, Kinderspielplatz und Picknicktischen. Im neueren Teil gab es flache Marmorplatten statt der aufrechten Grabsteine des älteren Teils. Das hier war ein Park für Lebende und Tote. Wenn man von weitem darauf schaute, konnte man fast gar nicht sehen, daß es ein Friedhof war.

Wir gingen den Hügel hinauf zu einem Abschnitt im älteren Teil der Begräbnisanlage, auf dem man die Polizeiabsperrung errichtet hatte. Mickey duckte sich unter der Schranke durch und hielt sie dann für mich hoch. Ich folgte ihm in die stumme Stadt.

„Da drüben ist das Penzance-Familiengrab", sagte Mikkey. „Paß auf, wo du hintrittst. Eigentlich haben wir alles untersucht, aber man weiß ja nie."

Wir gingen vorsichtig auf Zehenspitzen an der Reihe der kornischen Toten entlang. Fast die Hälfte der Einwohner von Flat Skunk stammte ursprünglich aus dem englischen Cornwall. Der Rest war eine bunte Mischung europäischer und asiatischer Abstammung. Eins hatten die Erstsiedler alle gemeinsam: die Gier nach Gold.

Septimus Penzances Grabmal stand im Zentrum, ein dunkler, verwitterter Obelisk von über zwei Metern Höhe, mit vom Wetter weichgezeichneten Ornamenten auf allen vier Seiten. Der Rest der Familie lag um ihn herum, umschlossen von einer niedrigen Steinbalustrade.

„Baby Penzance, geboren 26. September 1864, gestorben 28. September 1864" lag in eine marmorne Wiege geschmiegt. „Blenda Penzance, unsere geliebte Tochter" war 1898 kurz vor ihrem dritten Geburtstag gestorben. Die Familiengräber waren voll von Kindern, die die harten Lebensbedingungen oder ansteckenden Krankheiten der Zeit nicht überlebt hatten.

Reuben Penzances Grab am Rande der Grabanlage trug den traditionellen aufrecht stehenden Granitstein. Er war frisch und noch nicht von Alter, Wetter oder Vandalismus gezeichnet, aber der dunkle Fleck an seinem Fuß, der wohl Blut sein mußte, machte mich schaudern. Daneben stand Lacys Stein, nur mit Name und Geburtsdatum bezeichnet, das letzte Datum offen gelassen. Sie hatte ihn wahrscheinlich zusammen mit dem für ihren Mann gekauft – Design, Beschriftung und Abnutzungszustand waren genau gleich.

„Hast du mal *Friedhof der Kuscheltiere* gelesen, dieses Buch von Stephen King?" fragte der Hilfssheriff, als er sich umsah, und durchbrach so die beschauliche Stimmung. „Dieser Teil hier erinnert mich immer daran. Unheimlich, weißt du."

Mickey winkte Sluice Jackson, der aufs Geratewohl um einen Baum herum grub, und hockte sich dann neben den Grabstein. Ich hockte mich ebenfalls hin, um von seinem Mund ablesen zu können. So nah am Grab fiel mir ein eigenartiger Geruch auf, so ähnlich wie der weiße Kleber, den ich im Kindergarten immer essen wollte. Oder war es das Zeug, das wir im Naturwissenschaftsunterricht benutzten – Formaldehyd? Allmählich ging meine Phantasie mit mir durch. Hatte ich so vielen Fröschen das Rückenmark durchbohrt, daß ich in Verbindung mit Tod immer an diesen Geruch denken mußte?

„Hier hat man sie gefunden …?" gab ich ihm einen Anstoß, und ließ ihn annehmen, daß ich viel mehr wußte, als ich tatsächlich tat. Das ist eine gute Strategie, um an Informationen zu kommen.

Mickey ließ seine Augen über den Blutfleck schweifen. „Ja, um sieben heute morgen ungefähr, von dem kleinen Clemetson, der auf seinem Schulweg immer die Abkürzung über den Friedhof nimmt." Mit einer Kopfbewegung deutete er auf die andere Seite des Hügels. „Hat ihn zu Tode erschreckt, kann ich dir sagen. Kam in unser Büro gesaust wie ein tollwütiger Skunk und schrie ‚Da ist eine Leiche auf dem Friedhof. Da ist eine Leiche auf dem Friedhof.' Immer wieder." Mickey fuchtelte mit den Händen wie ein verängstigtes Kind. „Also sagte ich ‚Ja klar, und ich bin der Kaiser von China', und ..."

Mickey lachte, bemerkte dann aber meinen verständnislosen Gesichtsausdruck und zuckte die Achseln. „Na ja, jedenfalls war der Sheriff noch nicht da, also zerrt mich Craig, das ist der Junge, hierher, und tatsächlich, da liegt Lacy Penzance an diesem Grabstein, ihre Hand auf einem kreisrunden Blutfleck, und das Messer –" Deputy Arnold rieb sich die Stirn, als ob er versuchte, das Bild weg zu reiben. „Also hab ich den Sheriff angefunkt."

„Sheriff Mercer sagte, daß es vielleicht Selbstmord war."

Mickey hob beide Augenbrauen. „Ja, wahrscheinlich ..." Er blickte zu Sluice hinüber und hob das Kinn.

„Was glaubst *du* denn?" bohrte ich nach, mit einer Betonung auf „du".

Mickey schaute von Sluice weg und sah mich an. Er sprach langsam, bedächtig. „Ich weiß nicht. Sie hatte ein Messer im Bauch. Das ist keine normale Art, Selbstmord zu begehen, egal ob Mann oder Frau. Aber es ist möglich. Ihre eine Hand war so an ihre Seite gefallen, als ob sie das Messer losgelassen hätte, nachdem sie es benutzt hatte. Weißt du, es erinnert mich ziemlich an eins von deinen Krimirätseln."

Ich dachte an die Polaroidfotos, die ich im Sheriffsbüro gesehen hatte. „Also hast du auch deine Zweifel."

Er rieb sich wieder die Stirn, die von der intensiven

Zuwendung schon ganz rot wurde. „Ich finde, wenn sie Selbstmord begehen wollte, warum dann hier? Warum mit einem Messer? Aber wenn sie jemand umgebracht hat, warum sollte er das auf dem Grab tun? Wie hat er sie hierher gebracht? Es gibt keine Schleifspuren oder so was. Und wer sollte Lacy Penzance umbringen wollen? Wie gesagt, es erinnert mich an eins deiner Krimirätsel."

Er schwieg, kratzte sich wieder den Arm, und betrachtete das Gelände. Ich drängte ihn weiter. „Kannst du mir zeigen, wie sie aussah, als du sie gefunden hast? Ihre Körpersprache, meine ich?"

Mickey setzte sich zur Demonstration auf ein Grab in der Nähe. Er brauchte ein paar Sekunden, bis er sich in Position gebracht hatte. „Sie lag etwa so." Er lag quer über dem Grab, Beine gespreizt, eine Hand auf dem Boden, die andere an der Seite und den Kopf zur Seite geneigt.

Ich versuchte mir Lacy Penzance in dieser unbeholfenen, gar nicht damenhaften Haltung vorzustellen. „Was hatte sie an?" fragte ich. Ich erinnerte mich nur an Rock und Bluse.

„Einen schwarzen Rock. Ziemlich eng. Er stand offen, da so." Er zeigte auf den Raum zwischen seinen Knien. "Und oben so eine Art Pullover – rosa, mit einem schwarzem Muster wie kleine Kreise. Massen von Schmuck – alles Gold. An einem Ohr fehlte der Ohrring. Ist noch nicht gefunden worden. Kein Mantel, obwohl es gestern nacht ziemlich kühl war. Sie hat sich das Messer mitten durch den Pullover gerammt. Hat ihn nicht mal angehoben."

„Was für ein Messer war es?"

Mickey überlegte einen Moment, seine Augen schweiften zu Reuben Penzances Grab hinüber, wie um das Bild wieder heraufzubeschwören. „Es war ein extra feines, nicht so eins, das man aus der Fernsehwerbung bestellen kann. Ihr Hausmädchen hat mir heute morgen ihre Küchensachen gezeigt. Da fehlte so ein ähnliches Messer aus einem Set, das sie in einem Block auf der Arbeitsplatte stehen hatte. Ich denke, es war ihr eigenes."

Er stand auf, schüttelte seine Hosenbeine aus und klopfte die Rückseite seiner Jeans ab. „Ich denke, wir sollten uns noch einmal schnell umschauen. Man weiß ja nie. Ich hab so das Gefühl, das wir vielleicht etwas übersehen haben."

„Kann ich den hier anfassen?" fragte ich und zeigte auf Reubens Grabstein. Er war von einer Patina aus weißem Puder und roten Staub überzogen.

Mickey nickte. „Da sind die Fingerabdrücke schon genommen worden."

Ich fuhr mit der Hand über die Inschrift. Der Stein war kalt, hart, und beunruhigend neu. Nach dem eingemeißelten Datum war Reuben Penzance letzten Oktober gestorben. Er war zweiundfünfzig.

Während Mickey den Tatort absuchte, versuchte ich mich daran zu erinnern, was ich über Reubens Tod wußte. Ich hatte gehört, daß es auf einem Jagdausflug mit dem alten Sluice passierte. Die Leute erzählten, Penzance sei aus dem Boot gefallen und ertrunken. Der Sheriff meinte, sie hätten den Fall geprüft und entschieden, daß es ein Unfall war. Und Jilda sagt, daß Sluice Jackson, der einzige Überlebende, seitdem nicht mehr er selbst ist.

Ich sah den Hilfssheriff mit den Armen winken, um meine Aufmerksamkeit zu erregen. „He, Connor, ich muß zurück. Hab nichts gefunden. Ich glaube nicht, daß der Ohrring hier ist", sagte er mit übertriebenen Lippenbewegungen. Ich fand es furchtbar, wenn er das machte. Er sah dann wie ein Affe aus.

„Und was passiert jetzt?“ fragte ich, als wir zur Straße zurückgingen.

„Wir warten auf den Pathologie-Bericht. Danach sollten wir schlauer sein. Aber es würde mich nicht wundern, wenn sie es als etwas anderes als Selbstmord bezeichnen.“ Er blieb abrupt stehen und sah mich an. „Das war jetzt inoffiziell, Connor. Noch gibt es keine Story. Bloß Vermutungen. Ich will nichts davon in der *Eureka!* lesen, bis wir genaueres wissen.“

„Keine Sorge“, sagte ich, obwohl ich diese Phrase nicht leiden konnte. Das hatte mein Exfreund immer gesagt, wenn er sich um ein Thema drücken wollte. Aber Unverbindlichkeit kam mir gerade sehr gelegen.

„Na, ich muß weg. Vielleicht können wir später zusammen Kaffee trinken? Oder ich könnte diesen Film ausleihen, *Gottes vergessene Kinder*, und ihn heute abend bei dir vorbeibringen. Mit einer Pizza?“

Gottes vergessene Kinder? Das war ein guter Film, aber es war wirklich nicht der einzige Film, den sich Gehörlose anschauen möchten. Wenn ich Asiatin wäre, hätte er mir wahrscheinlich einen Film mit Jackie Chan oder Bruce Lee ausleihen wollen.

„Ja, vielleicht. Ruf mich an.“ Ich lächelte matt und winkte ihm zum Abschied. Er gebärdete „Auf Wiedersehen“ – mit einem ungelenken Schlenker in der Luft – und steuerte die Straße hinunter zum Büro des Sheriffs.

Ich schaute zum Friedhof zurück, wartete ein paar Minuten, bis Mickey außer Sichtweite war, und beschloß dann, mir das Gebiet um die Polizeiabsperrung herum noch einmal genauer anzusehen. Sie schloß nur eine kleine Fläche ein, der Rest war frei, so daß Familien und Freunde herumwandern und ihre verstorbenen Lieben besuchen konnten. Ich ging den Pfad hinunter, durch den neueren Teil, und tauchte dann tiefer in die Vergangenheit ein. Je weiter ich ging, desto älter und verfallener wurde der Friedhof.

Ich besuchte noch einmal meine Urgroßmutter, Sierra Westphal, deren Andenken ein bescheidener Stein inmitten ihrer Pionierfamilie ehrte. Sie lag neben ihrem Ehemann William und nicht weit von ihren Söhnen, Cullin, Cosmo und Jackson Westphal. Sie war sechsundachtzig Jahre alt geworden und im August 1915 gestorben. Eigenartigerweise hatte sie nur einen Monat länger gelebt als ihr Mann. Die Inschriften auf den Zwillingsgräbern waren schwer zu lesen, durch die Elemente gealtert, aber das altertümliche Gedicht, das man auf Sierras Stein gesetzt hatte, konnte ich immer noch entziffern:

Hier ruht MUTTER,
Aufgestiegen.
Uns ist nur
Die Lieb' geblieben.

Ich ging an etlichen anderen Steinen vorbei und fragte mich, wer wohl an Pocken, Cholera, Typhus, Tuberkulose und anderen lange ausgestorbenen Krankheiten gestorben war; wen ein gebrochenes Herz ins Grab gebracht hatte; wessen Leben durch Gier, Betrug, Eifersucht oder Rache unsanft beendet wurde und wer aus unbekanntem Grund gestorben war.

Vandalen waren im Laufe der Jahre gekommen und gegangen und hatten Flat Skunks Erbe demoliert, bis schließlich French McClusky das Beerdigungsgeschäft übernommen hatte. Er stellte die Freunde des Pionierfriedhofs auf die Beine, einen gemeinnützigen Verein, der Zeit und Geld aufwandte, um diesen historischen Ort zu erhalten. Lacy Penzance war mit Sicherheit auch in diesem Komitee gewesen.

Die Freunde hatten viele der verfallenen Denkmäler wieder aufgebaut, abgeschlagene Stellen und Risse ausgebessert, und das Gelände vorsichtig vor Unkraut und Erosion gerettet. Aber auch so waren viele der Gedenksteine, die doch für die Ewigkeit gedacht waren, auf dem besten Wege dazu, selbst zu Staub zu werden.

Darcy Muff Sutton
Gestorben an dünnen Kleidern
und fehlenden Schuhen.
17. April 1889, im Alter von 16 Jahren

Ich folgte dem kopfsteingepflasterten Pfad durch die Geschichte, neugierig, wie es wohl gewesen sein mochte, vor über hundertfünfzig Jahren im Goldgräbergebiet zu leben.

Der Erinnerung an
Major Jeffrey D. Knight
geweiht, der durch einen versehentlich
abgegebenen Schuß seines Hilfssheriffs starb.
14. April 1878.

Links liegen ließ ihn Mutter,
Und seine Frau ihn schlug,
Respektlos war'n die Kinder,
Da hatte er genug.
Lebewohl Leonidas W. Smiley

Es ruhet eine Frau allhier,
Ihr Herz, es brach vor Not.
Zu früh starb der Geliebte ihr,
Nun ist sie selber tot.

Ein Name war nicht angegeben. Ob Lacy Penzance auch an gebrochenem Herzen gestorben war? Voller quälender Fragen über die nächste Bewohnerin des Pionierfriedhofs wandte ich mich von den düsteren Gedenktafeln ab.

8

Ich stieg auf mein Rad und fuhr die kurze Strecke zum Hotel. Die Mainächte waren noch recht kühl, aber der Morgen begann bereits, die Stadt aufzuwärmen, und die Sonne warf einen schrägen Lichtschein auf die Main Street. Der Namensgeber der Stadt durchzog wie üblich die Morgenluft mit seinem Duft.

Allmählich begann ich zu begreifen, daß Lacy Penzance tatsächlich tot war, und bekam ein ungutes Gefühl. Ich wollte mehr über diese zurückhaltende aber wohltätige Frau wissen, nicht nur für meine Zeitungsstory. Ich wurde das Gefühl nicht los, daß ich ihr irgendwie etwas schuldig war.

Ich erklomm die Hotelstufen, immer zwei auf einmal, und kam in den Flur hinein. Boone Joslins Tür stand halb offen, als ich vorbeiging. Langsam stieß ich sie ganz auf.

Dan saß mit dem Gesicht zum Fenster, das auf die Straße hinausging, und hatte seine abgewetzten Cowboystiefel auf die Schreibtischplatte gelegt. Er schlug wieder einen Takt mit seinem Bleistift und wackelte rhythmisch mit den Füßen. Ich schaute zum Radio hinüber und sah die „On"-Lampe leuchten.

„Hi", sagte ich leise. Mußte wohl zu leise gewesen sein. Er rührte sich nicht. „Hallo?!" probierte ich es noch einmal.

Dan drehte sich um, zog die Füße vom Tisch und stoppte sein Bleistiftschlagzeug. „Connor! Hi. Wie geht's?"

Ich zuckte unentschlossen die Achseln und fragte mich, ob er die Neuigkeit schon erfahren hatte. „Was hören Sie denn da?" fragte ich.

Ich konnte zwar verschiedene Musikarten nicht am Klang unterscheiden, aber ich kannte sie vom Ruf her. Ich stelle immer fest, daß die Art von Musik, die Leute hören, viel über sie aussagt. Die meisten Menschen hier in der Gegend hören am liebsten Country-und-Western-Lieder, und schwärmen für Clint Black, Garth Brooks, Dwight Yoakam und solche Leute. Über Countrymusik sagte mein Exfreund immer, was für ein Glück ich hätte, das nicht hören zu müssen. Er hörte nur Jazz. Da habe ich gelernt, daß es auch Musik-Snobs gibt.

„Musik", sagte Dan.

Ich verdrehte die Augen.

„Heißt Zydeco. Aus Louisiana. So ungefähr wie –"

„ ... eine Kombination aus Soul, Country, Polka und Frankopop."

Er warf mir einen „Woher wissen Sie das?"-Blick zu. „Sie kennen sich bei Musik aus?"

Ich zuckte wieder die Achseln. Es war immer besser, nicht alles zu verraten. „Haben Sie schon etwas von Ihrem Bruder gehört?"

Dan trommelte wieder mit dem Bleistift auf den Tisch, diesmal in doppeltem Tempo, und schüttelte den Kopf.

„Haben Sie das von Lacy Penzance gehört?" fragte ich.

„Ist das die Frau, die sich auf dem Friedhof umgebracht hat?" Der Bleistiftrhythmus verlangsamte sich.

„Ja. Woher haben Sie's gehört?"

„Die Kellnerin im Café hat's mir erzählt. Wie heißt sie? Jilly oder so? Sie sagte, die Frau hätte sich auf dem Grab ihres Ehemanns erstochen."

„Und warum hat sie Ihnen wahrscheinlich auch erzählt?"

"Sie wäre unglücklich über den Tod ihres Mannes gewesen oder so. Hätte einen Brief hinterlassen."

Wofür, fragte ich mich, sollte man in dieser Stadt eigentlich eine Zeitung machen? Jeder wußte alles, bevor es auch nur im Druck erschienen war. Vielleicht konnte ich auch Lacys Konfektionsgröße erfahren, oder wo sie Muttermale hatte, wenn ich ein bißchen mehr Zeit im Nugget Café verbrachte.

Ich zog den Klappstuhl heran und setzte mich ihm gegenüber. „Finden Sie es nicht irgendwie eigenartig, daß sie sich angeblich selbst umgebracht haben soll, wo sie doch –“ Ich hielt inne. Vielleicht sollte ich lieber nicht zu viel sagen. Schließlich hatte mich Lacy ins Vertrauen gezogen. Daß sie tot war, hieß noch lange nicht, daß ich jetzt ihre Geheimnisse austratschen konnte.

„Wo sie doch was?“ fragte Dan. Der Bleistift stand still. „Sie glauben, da steckt mehr dahinter?“ fügte er hinzu.

Ich wand mich ein bißchen auf meinem Stuhl und versuchte, eine bequeme Haltung zu finden. „Nein, ich finde es bloß einfach merkwürdig, mitten in der Nacht auf dem Grab seines Mannes auf dem Stadtfriedhof Selbstmord zu begehen, das ist alles. Vor allem, wo doch –“ Ich bremste mich wieder. „Na ja, also ich würde das nicht tun. Aber ich bin ihr auch nicht sehr ähnlich.“

Dan lächelte. Es war ein irritierendes Lächeln. Ich runzelte die Stirn und stand auf.

„Ich sollte an die Arbeit gehen.“

Ich drehte mich um und ging auf die Tür zu. Ein zusammengeknülltes Papier landete vor mir an der Wand. Die Leute schmeißen ständig mit Papierbällen nach mir. Ich drehte mich wieder um – Dan grinste breit vor Stolz über diesen cleveren Einfall, meine Aufmerksamkeit zu erlangen. Ich hob das Wurfgeschoß auf.

„Connor, ich will nach Whiskey Slide fahren, um zu

sehen, ob ich Boone finden kann", sagte Dan, und ließ das Lächeln fallen. „Ich könnte mir vorstellen, daß er da für einen Fall hingefahren ist. Ich bin vielleicht eine Weile weg. Dachte, Sie wüßten das vielleicht gern."

Ich sagte nichts, beschloß aber im Stillen, daß es höchste Zeit war, etwas mehr über Dan Smith herauszufinden. Dann preßte ich den Papierball in meiner Hand fest zusammen, hob den Arm und warf ihn zurück. Volltreffer. Mitten ins Herz.

Mit der Erfindung des Schreibtelefons kamen wir Gehörlosen in puncto Ferngespräche endlich aus dem Mittelalter heraus. Wir haben erst seit den letzten zwanzig, dreißig Jahren das Telefon benutzen können, zuerst mit Hilfe der Schreibtelefongeräte, und dann über Computer. Davor mußten wir auf so mühsame Methoden wie Briefeschreiben zurückgreifen, oder Nachbarn und Freunde als Telefonnothelfer einsetzen. Unsere Hoffnung für die Zukunft wäre ein Schreibtelefon oder Computer in jedem Haus und Büro. Aber ich glaub's noch nicht so ganz.

Glücklicherweise haben die meisten Regierungsstellen inzwischen Schreibtelefone, und die, die keine haben, kann man über die kalifornische Schreibtelefonvermittlung erreichen, die Telefongespräche dolmetscht. Die Justizvollzugsanstalt von New Mexico besaß ein Schreibtelefon, wie ich feststellte, nachdem ich das Gerät eingeschaltet, den Hörer in die Halterung gelegt und die Nummer gewählt hatte. Nach einer kurzen Pause begannen Buchstaben über das Leuchtdisplay zu wandern.

„Justizvollzugsanstalt. Sgt. Bruce Taylor.**"

Man kann es oft merken, wenn ein Hörender ein Schreibtelefon benutzt. Die Gehörlosen verwenden meistens eine der Gebärdensprache angepaßte Sprachform, lassen Grammatik Grammatik sein und benutzen Abkürzungen. Hörende tippen eher korrekt, so als ob sie einen Geschäftsbrief schrieben. Ich passe mich immer meinem Gesprächspartner an.

„Hier ist Connor Westphal von der Zeitung *Eureka!*, Calaveras County, Kalifornien. Wir interviewen hier einen Bewerber für die Polizeistreife und hätten gern ein paar Referenzen überprüft. War ein Daniel Webster Smith kürzlich bei Ihnen beschäftigt?**"

Ich tippte so schnell ich konnte und versuchte, mich kurz zu fassen, aber das Schreibtelefon ist doch immer ein recht langsames Verfahren und braucht oft vier- bis fünfmal länger als ein „normaler" Anruf. Und wegen dieser Verzögerungen sind die Gespräche ziemlich teuer.

„Moment bitte..."

Der Cursor blinkte für ein paar Sekunden, dann erschienen die nächsten Digitalbuchstaben.

„Daniel Webster Smith hat 8 Jahre hier gearbeitet, bis Juni letzten Jahres. Seine Berufsbezeichnung war ‚Dozent, Justizvollzugsanstalt'.**"

Dozent. Was er wohl den Häftlingen beigebracht hatte, fragte ich mich.

„Könnten Sie mir sagen, was für Kurse er gegeben hat?**"

Wieder eine Pause. „Jura, laut Personalakte.**"

Jura? „Ist er Anwalt?**"

Pause. „Hier steht ‚Dozent'. Das ist alles.**"

„Gibt die Akte einen Grund für seine Kündigung an?**"

Und wieder eine Pause. „Hat nicht gekündigt. Hier steht ‚Beschäftigungsverhältnis aufgelöst. Interessenkonflikt.'**"

„Steht da irgend etwas über nächste Angehörige, oder wer im Notfall zu benachrichtigen ist?**“

„Nichts.**“

Ich dankte dem Sergeant und beendete das Gespräch.

Dan Smith war aufgrund eines Interessenkonflikts aus seinem Job an der Justizvollzugsanstalt entlassen worden. Was für ein Konflikt?

War dieser Typ nun Boones Bruder oder nicht? Ich versuchte mir die beiden Seite an Seite vorzustellen, aber der Kontrast war einfach zu groß. Dan war groß, gut gebaut, mit Armen, die man am liebsten fotografieren und sich an die Wand hängen würde. Boone war klein geraten und bestand überwiegend aus Bauch, mit behaarten Armen und hochroten Händen. Dan hatte einen gepflegten blondgefleckten Bart, trug seine Haare ein bißchen zu lang für eine Anstellung im Strafvollzug, und seine blauen Augen leuchteten wahrscheinlich im Dunkeln. Boone hatte eine ganze Kinnsammlung anstelle des Barts, einen Kopf wie eine Kristallkugel, und rotgeränderte grüne Augen, die sich vor allem zur Weihnachtszeit gut ins Dekor einpaßten.

Geschwister. Meine Gedanken wanderten zu Lacy Penzance und der Schwester, die sie mit der Zeitungsanzeige finden wollte. Risa Longo. Wer war sie? Sollte man sie nicht über den Tod ihrer Schwester informieren, auch wenn sie gar nicht wußte, daß sie eine Schwester hatte? Und wo war sie?

Ich setzte den Hörer wieder auf das Schreibtelefon und rief bei Sheriff Mercer an, der auch ein Schreibtelefon hatte.

Nach einigen Augenblicken erschien „C.W.?**“ auf meinem Display. Er mußte mich wohl am Klingeln erkannt haben. Oder ich war die einzige Gehörlose, die ihn anrief.

„Hi, Sheriff. Hab eine Frage an Dich. Kennst du jemand, der Risa Longo heißt?**"

„LOngo. JA. WOher weißt uD von ihr?**"

Ich überging die Frage, wie auch seine Tippkünste. Der Apfel fällt nicht weit vom Stamm. „Was kannst du mir über sie sagen?**"

„Ich bin mir niecht sichr, ob cih sollte." Es gab eine Pause. Ich wartete. „Ich kann bloß sagen, daß dsa der Name ist, der auf die Rückseite einer VIsitenkarte in LAcy Penznaces Handtasche geschrieben war. RIsa LOngo. ALso, willst du mir sagen, wer das ist?"

Ich fand seine Art zu tippen einfach wunderbar – hier ein paar Buchstaben zu wenig, da ein paar zuviel, die Shifttaste wieder zu lange gedrückt gehalten. Ich wartete auf die Sternchen, in der Annahme, daß er wieder eine Pause machte. Der Sheriff vergaß das „du bist dran"-Signal gerne. Nach ein paar Sekunden gab ich auf und tippte selbst weiter.

„Bin nicht sicher, Sheriff. Habe bloß kürzlich ihren Namen gehört. Was für eine Visitenkarte war das? Stand noch etwas anderes darauf?**"

„DAs war alles. ES war eine Visitenkarte vom MEmory KIngdom. WGDDA? Wer ist diese Longo?**"

WGDDA. Was geht dich das an. Eine seiner liebsten Abkürzungen. „Ich weiß es noch nicht. Memory Kingdom – die Filiale in Flat Skunk?**"

„Whiskey Slide. WAs ist es, das Du mirr nicht erzälst, Connor Westphal? Spucks aus. ODer sollte ich sagen, tipp's aus?**"

„Ach nichts. Ich versuche bloß, eine anständige Story über Lacys Tod für die Zeitung zu schreiben. War sonst noch etwas in ihrer Handtasche?**"

„BLoß eine Handvoll Make-up, eine Ticketrolle für den Froschhüpfwettbewerb, paar weitere Visitenkarten, bissschen Geld, Frauensachen, du weißt schon. Das ist es so ziemlich.**"

„War auf die anderen Visitenkarten etwas draufgeschrieben?**"

„NEin. 1 von einem dr. Reed NIemi in Whiskey slide. 1 von Dr. Enid SChantz hier in der Satdt. 1 von einer Dr. KRistin Larsen in Sac. 1 von Beaus Pension. Aber nichs auf den Rückseiten. Wrum geht es hier?**"

„Ich weiß nicht genau. Ich sag's Dir, wenn sich irgend etwas ergibt. Danke für die Infos. ENDE"

„COnn..."

Ich legte auf, bevor er weiterschreiben konnte. Ich war einigermaßen verwirrt. Risa Longos Name war auf eine Visitenkarte der „Memory Kingdom"-Filiale in Whiskey Slide geschrieben. Die Stadt, in der Dan Smith seinen Bruder suchen wollte. Den Bruder, den Lacy engagiert hatte, um ihre Schwester zu finden. Die Stadt, deren Name auf dem leeren Aktenordner notiert war.

Risa Longo und das Memory Kingdom?

Vielleicht war Risa Longo auch tot. Vielleicht hatte Lacy Penzance irgendwie herausgefunden, daß ihre Schwester gestorben war – hatte eine Todesanzeige oder so etwas in einer der Zeitungen gesehen, und sie dann über das Bestattungsinstitut in Whiskey Slide ausfindig gemacht. Vielleicht hatte Lacy der Schmerz, ihre einzige Verwandte verloren zu haben, überwältigt und –

Mensch, Connor, jetzt spinn' hier nicht 'rum. Lacy bringt sich doch nicht wegen einer Schwester um, die sie noch nie gesehen hat. Aber irgendwie hatte ich trotzdem das Gefühl, daß die Schwester etwas mit ihrem Tod zu tun hatte. Und mein einziger Anhaltspunkt war das „Memory Kingdom"-Bestattungsinstitut in Whiskey Slide.

Bis zum Mittag grübelte ich unaufhörlich über all diese kleinen Hinweise nach. Wieso betraf mich das denn nun eigentlich? Ich war natürlich neugierig. Schließlich bin ich Zeitungsreporterin. Und wenn ich etwas herausfinden konnte, das nicht schon die ganze Stadt wußte, wäre das eine interessante Story. Ach zum Teufel, geben wir's doch zu. Ich liebe eben Geheimnisse.

Aber vor allem hatte ich das Gefühl, etwas unerledigt gelassen zu haben. Gestern hatte ich Lacys Anzeige angenommen. Ein paar Stunden später hatte ich sie im Fernsehen gesehen – tot.

Ich räkelte mich, schüttelte mein Haar in Form, bog die Finger nach oben, um etwas von meiner Anspannung loszuwerden, und stellte fest, daß mich dieses ganze Grübeln hungrig gemacht hatte. Zeit für die Mittagspause. Ich ließ einen Zettel für Miah zurück und machte Zwischenstation im Nugget für ein Schinkensandwich und ein helles „Sierra Nevada".

Auf dem Weg las ich die Dienstagsausgabe des *Mother Lode Monitor* auf, um die Konkurrenz unter die Lupe zu nehmen. Ich war halbwegs über die Straße, als ich Mickey Arnold mit einer neuen Motorrad-Cop-Sonnenbrille aus dem Gold Dust Drugstore kommen sah. Er wollte wohl gern wie ein harter Cop aussehen, aber das Preisschild, das von einem Bügel baumelte, dämpfte den Effekt ziemlich.

„Deputy Arnold", grüßte ich zurückhaltend, als ich sein Gesicht aufleuchten sah. Er war ein netter Kerl, aber ich wollte ihm keine falschen Hoffnungen machen. Er war einfach nicht der Typ, mit dem man am Kamin Zungenküsse tauschen möchte. Aber er hatte durchaus seine netten Seiten – die Leidenschaft für seine Arbeit, seine linkische Flirttaktik, und eine echte Liebe zu seiner Heimatstadt.

Der Möchtegern-Terminator winkte, als er mich sah, nahm die Brille ab und zwirbelte sie zwischen den Fingern, während er nervös an seinem Holstergurt nestelte. Aber er war mit dem Zwirbeln wohl koordinationsmäßig überfordert und zwirbelte die Brille zu Boden.

Nachdem er schnell wieder Haltung angenommen hatte, fingerte er unbeholfen „Hi, Connor“ und gebärdete „Was gibt's Neues?“ Dann begann er zu sprechen. „Irgendwas Neues für deine Story herausgefunden?“

„Nicht viel. Ich fülle die Seiten mal wieder mit denselben alten Kamellen – Grundsteinlegungen, Wohltätigkeitsveranstaltungen, Froschporträts, Selbstmorde auf dem Friedhof. Das Übliche eben.“

Mickey lachte, mit so einer ruckenden Bewegung, die mich immer an eine Katze erinnert, die einen Haarklumpen auszuwürgen versucht. Er strich ein paar mit Gel behandelte Haare zurück, die sich aus seiner zurückgeklebten Frisur gelöst hatten.

„Danke für die Friedhofsführung heute morgen. Gibt's schon was Neues über Lacy?“ fragte ich, so harmlos wie ich konnte. Ich Schlimme, ich.

„Nicht viel.“ Er warf einen Blick über seine Schulter und kam näher zu mir heran, als ob uns jemand hören könnte. „Der Bericht von der Pathologie ist gekommen. Sie glauben nicht, daß sie durch das Messer getötet wurde.“ Er sah sehr zufrieden mit sich aus.

„Wirklich! Dann hattest du also recht! Was glauben sie denn, was es war?“ Ich lehnte mich auch vor, obwohl es überflüssig war. Deputy Arnold blickte sich wieder nach Spionen um. Kein KGB weit und breit.

„Tja, das ist jetzt ganz inoffiziell, du kannst es also noch nicht in der Zeitung bringen, aber die Patho konnte es nicht feststellen. Sie sagen, es wäre ein ..." Er zückte blitzschnell ein winziges Notizbuch, schlug ein paar Seiten um und las sein Gekritzel. „... ein langer, dünner, scharfer Gegenstand gewesen."

„Aber kein Messer."

Mickey schüttelte den Kopf und spitzte dramatisch den Mund.

„Was glaubst du, was es war?" versuchte ich ihn auszuholen.

Er bemühte sich, lässig auszusehen, indem er eine Schulter fallen ließ und die Hand ans Holster legte. „Also, ich denke mir, aber das ist bloß so eine Theorie von mir – sie wurde auf dem Friedhof gefunden, stimmt's? Es war nicht viel Blut da, nur dieser dunkle Fleck auf ihrer Bluse, und ein bißchen auf dem Grabstein, nicht wahr? Ein Mensch hat ungefähr fünf Liter Blut in sich, weißt du. Und der Gegenstand, der sie tötete, war lang und scharf –"

„Wie eine Eishacke?"

Er schüttelte den Kopf. „Ich glaube nicht. Etwas dickeres, eher wie ... " Er blickte sich wieder um. „ ... wie eine Stricknadel, oder vielleicht eins dieser Dinger, die sie im Krankenhaus benutzen – ein Katheter. Aber –" Er preßte die Lippen zusammen und artikulierte die Worte dann so gepreßt, daß seine Lippen ganz weiß wurden. „Der Sheriff ist sich ziemlich sicher, daß es kein Selbstmord war."

„Was ist mit dem Brief, den man gefunden hat?" fragte ich und lehnte mich noch näher zu ihm. Ich hasse mich, wenn ich meinen weiblichen Charme spielen lasse. Aber eine Frau muß eben tun, was zu tun ist.

„Ich hab ihn gefunden, übrigens", sagte er bescheiden.

„Aber egal, der klang jedenfalls irgendwie unecht, weißt du. All dieses Zeug über – na, das sollte ich lieber nicht sagen. Du weißt schon."

Nein, verdammt noch mal, ich wußte es nicht! Na los, Deputy, spuck's aus!

Ich wartete, aber er sagte nichts mehr zu diesem Thema. „Ich muß wieder zur Arbeit. Gehst du am Wochenende zum Festival, bißchen Frösche probieren?"

Es war hoffnungslos. „Würde ich keinesfalls verpassen wollen", seufzte ich, und stieg auf mein Rad.

Mickey deutete auf sein Auge und dann auf mich. Eine primitive Gebärdenfassung von „Wir sehen uns dann". Ich mußte lächeln.

„Oh, Klasse!" sagte ich, als ich zurück im Büro die Schlagzeile der Konkurrenz überflog.

FRIEDHOFSFUND SCHOCKT SKUNK

Wieder mal eine Hammerzeile der meisterhaften Wortschmiede beim *Mother Lode Monitor*. Sie hatten sogar ein Foto. Der Sheriff sah wie ein Volltrottel aus.

Der Artikel war voll von Schwulst, falscher Grammatik und Übertreibungen, aber er hatte der *Eureka!* jedenfalls sehr effektiv einen Knüller abgenommen. Wie hatten sie es bloß geschafft, die Story so schnell zu drucken? Als Autorin war Harmony Blaine angegeben.

> Lacy Penzance, die bekannte Philanthropin und Witwe des ehemaligen Bürgermeisters von Flat Skunk, Reuben Penzance, starb gestern anscheinend an einer Messerwunde auf dem örtlichen Pionierfriedhof.

Ihr Leichnam wurde um 7.05 Uhr heute morgen von dem zehnjährigen Craig Clemetson auf seinem Weg zur Schule entdeckt und sofort an Deputy Mickey Arnold im Sheriffsbüro von Flat Skunk gemeldet.

Ursprünglich als selbst beigebrachte Messerwunde eingeschätzt, haben die Nachforschungen der Autorin ergeben, daß vielleicht eine zweite Waffe Penzances Tod verursacht haben könnte, und so die Selbstmordtheorie in Frage stellt.

Zum augenblicklichen Stand von Sheriff Elvis Mercers Untersuchung sind noch keine Verdächtigen genannt worden. Der Sheriff geht einer Reihe von Hinweisen nach.

Verdammt! Von einem popeligen Käseblatt ausgestochen. Ich knüllte die Zeitung zusammen und warf sie in den Müll. Es war Zeit für einen netten kleinen altmodischen Zeitungskrieg.

Ich machte einen Zwischenstop in Miahs Comicladen am Ende des Flurs. Miah sah von seiner Sonderausgabe von *Batman: Robins Tod* auf und gebärdete „Was ist los?“, indem er eine geöffnete Hand waagerecht in der Luft schüttelte.

„Miah, ich muß für eine Weile nach Whiskey Slide und bin wahrscheinlich erst spät zurück. Diese Story über Gourmet-Froschgerichte muß heute noch fertig werden. Könntest du das vielleicht für mich übernehmen?“

Ich gebärdete in mittlerem Tempo und bewegte auch die Lippen, damit er mich besser verstehen konnte. Er schien jedes Wort mitzubekommen. Ich kann es immer sehen, wenn Anfänger meine Gebärden nicht verstehen. Sie nikken dann bloß rhythmisch mit dem Kopf und schauen mich am Ende ausdruckslos an.

Miah strich sich mit dem Zeigefinger von unten nach oben übers Kinn, „Na klar“, und schüttelte dann den Kopf, während er „Problem“ gebärdete. „Kein Problem“ also.

Da ich bei ihm noch etwas gut hatte, gab ich ihm noch zwei Artikel auf – einen über das Frosch-Theaterstück von Mrs. Stadelhofers vierter Klasse, und einen über die Geschichte des Froschfestivals in Calaveras County. Zur Beschwichtigung versprach ich ihm aber, in Whiskey Slides „Comic Central“-Laden nach ein paar Ausgaben von *Dark Man* und *The Stranger* Ausschau zu halten.

„Übrigens, jemand hat angerufen, während du weg warst, hat aber aufgelegt, als ich mich gemeldet hab. Ist zweimal passiert“, sagte Miah mit illustrierenden Handbewegungen.

Ich antwortete mit Mimik – ein Stirnrunzeln.

„Oh“, fuhr er fort. „Und dieser Typ, der in Boones Büro wohnt, hat dir eine Nachricht hinterlassen. Liegt auf deinem Schreibtisch.“

Ich ging in mein Büro zurück und hob Dans Nachricht vom Tisch auf.

„Connor, habe vergessen, Sie um einen Gefallen zu bitten. Würden Sie meine Katze füttern, während ich weg bin? Futter ist in der Mikrowelle. Danke. Dan.“

Ich warf den Zettel in den Mülleimer, sammelte noch ein paar Sachen zusammen und machte mich auf den Weg.

9

Es traf mich völlig unerwartet.

Ich war schon halb zu Hause, wie wild auf meinem Mountainbike radelnd und bestimmt der dämonischen Nachbarshexe im *Wizard of Oz* ziemlich ähnlich, als direkt vor mir ein roter Miata auf die Straße geschossen kam.

Ich griff nach der Lenkstange – ich war freihändig gefahren, eine Kunst, die ich schon früh gelernt hatte, damit ich mich während des Radelns mit meinen Mitfahrern in Gebärden unterhalten konnte –, riß den Lenker herum, um den Zusammenstoß zu verhindern, und landete fast im Graben. Das kleine Schlagloch, das ich dabei übersah, ließ mich dann leider doch noch unsanfte Bekanntschaft mit dem Straßenbelag machen.

Ich bekam die Lenkstange in den Brustkorb und landete in einem Knäuel aus Rad, Armen und Beinen auf dem roten Schotter. Ein paar Sekunden lang lag ich am Boden und schnappte nach Luft wie ein Fisch auf dem Trockenen. Als ich wieder sprechen konnte, sagte ich nur ein einziges Wort, eins, das ich nicht in meiner Zeitung drucken könnte.

Was ich für Straßenbelag gehalten hatte, entpuppte sich als rote Lehmerde mit kleinen Felseinschlüssen. Ich rappelte mich mühsam auf, bürstete die scharlachrote Patina von meinem ehemals beigefarbenen Pullover und braunen Jeans, und begutachtete den Schaden.

Auf den ersten Blick sah es so aus, als ob ich mein Zweirad nach Hause fahren könnte, solange ich nicht auf dem verbogenen Sattel sitzen mußte und mich nicht daran störte, mit einem nach hinten verdrehten Lenker zu steuern. Ich klemmte mir das Vorderrad zwischen die Beine, drehte die Lenkstange Stück für Stück wieder in die richtige Position und prüfte Felgen und Räder auf weitere Schäden. Die beiden geplatzten Reifen entschieden die Sache endgültig. Ich würde nicht auf meinem Fahrrad nach Hause fahren.

Bis jetzt hatte ich keine Schmerzen gespürt, außer einem beklemmenden Gefühl in der Brust von der Wucht des Aufpralls und einem leichten Brennen auf den Beinen. Aber jetzt begann es in meinen Knien zu pochen, also sah ich doch noch einmal kurz nach dem Rechten. Durch die frisch aufgeschlitzten Jeans schauten ein paar scharlachrote Kniescheiben, die im Sonnenlicht glänzten. Zwei hellrote Kreise, mit darübergestreuten kleinen dunklen Punkten. Ich bückte mich, und ein Blick aus der Nähe bestätigte meine schlimmste Befürchtung. In meinen blutigen Knien steckten winzige Schottersteinchen.

„Fuck!“ war nur das erste in der langen Reihe von Wörtern, mit denen ich den Blödmann beschimpfte, der das alles angerichtet hatte. Danach kamen noch jede Menge kreative Ausdrücke, die ich als Kind im Gehörlosen-Ferienlager aufgeschnappt hatte.

Das Auto, inzwischen nur noch eine Staubwolke am Horizont, war aus dem Parkplatz der „Mark Twain Slept Here“-Frühstückspension herausgekommen, einer der beliebtesten Übernachtungsgelegenheiten im Mother Lode. Ich brauchte dringend frisches Wasser und ein paar dicke Pflaster, sonst würde ich es nie bis nach Hause schaffen. Ein bißchen schwindelig und außer Atem lehnte ich das Rad an den nächsten Baum und humpelte die kurze Treppe zur

Eingangstür des Gasthauses hinauf. Ich versuchte nicht daran zu denken, wie ich mich erst fühlen würde, wenn der Betäubungszustand abklang.

Das viktorianische Herrenhaus mit drei Giebeln und zehn Zimmern, in dem jetzt Hochzeitsreisende, Vertreter und stadtmüde Geschäftsleute übernachteten, war früher einmal das Elternhaus von Reuben Penzance gewesen. Von seinem Großvater Septimus erbaut, war es auf seinen Großvater und später seinen Vater übergegangen. Laut Reiseführer war das Haus schließlich verkauft worden, als Reuben in der Grundschule war und die Penzance-Familie weiter Wohlstand anhäufte.

Der schmiedeeiserne Zaun rund um das Grundstück trug eine Bronzeplakette mit einer Beschreibung der Architektur und dem Erbauungsjahr, 1853. Wenn man bedenkt, daß das Gold erst 1848 entdeckt wurde, hatte der alte Penzance nicht gerade lange gebraucht, bis er sein erstes Traumhaus beisammen hatte.

Jetzt war das Haus zwischen den Murrays-Kiefern in „Mark Twain Slept Here Inn" umbenannt worden, nach der populärsten historischen Größe des Mother Lode, der dort tatsächlich eine Nacht als Gast bei den Penzances verbracht hatte. Das Herrenhaus war mittlerweile mit wohl einem Dutzend Farbschichten überzogen – im Moment ein irritierendes Rosa mit lavendelfarben und blau hervorgehobenen Stuckornamenten. „Süß" war gar kein Ausdruck. Disneys Aschenputtel hätte gut und gern eine Version dieser Scheußlichkeit zum Ball tragen können.

Ich überlegte, ob ich an eine der Eingangstüren klopfen sollte. Beide wurden von einem Goldgräberpaar aus buntlackiertem Metall geziert, die bei meinem letzten Besuch im Mark Twain noch nicht da waren. Aber dann entschied ich mich angesichts des „Willkommen"-Schilds über der Tür und der „Willkommen"-Fußmatte doch für den Drehknauf.

Die Tür führte in eine gemütliche Diele, in die Beau Pascal, der augenblickliche Besitzer, zusätzlich einen Sekretär mit Rolladenfront hineingestellt hatte. Ich läutete die Portiersglocke und legte meine Handfläche auf den Sekretär, um die Schwingung des Schalls zu fühlen. Es war mir schon einmal passiert, daß ich fünfzehn Minuten lang an einer Tür schellte, bis der Bewohner zufällig die Tür aufmachte und mir sagte, daß die Klingel abgeschaltet sei.

Ich studierte ein Wandarrangement von Goldgräberpikkeln, -pfannen und sonstigen Werkzeugen, da prallte ein zusammengeknüllter Klebezettel von meinem Kopf ab wie ein riesiges Spuckekügelchen, und dann noch ein zweiter und ein dritter.

„Sie haben hier ein ernstes Termitenproblem, Mister", sagte ich und schaute zu dem Urheber der Geschosse hoch. Über dem Treppengeländer im ersten Stock lehnte ein schlanker Mann mit beginnender Glatze in einem Bloomingdale's-T-Shirt. So über Kopf hing sein dünnes Haar in zarten, spinnwebartigen Flusen herunter.

„Hey, Connor. Wie geht's?" Ganz sicher bin ich nicht, ob es das war, was er sagte, immerhin hing er kopfüber von der Galerie. Eine ziemlich schwierige Ableseaufgabe.

Ich hatte Beau kennengelernt, als ich zuerst in Flat Skunk ankam. Ich brauchte eine Wohngelegenheit, bis ich meine Bude in Ordnung gebracht hatte, und wir schlossen einen Handel. Er hatte die Pension gerade erst wiedereröffnet und konnte für seinen Start gut Werbung gebrauchen, also gab er mir im Tausch gegen verbilligte Anzeigen in der *Eureka!* ein Zimmer zum Rabattpreis.

Beau kam in einer Art Twostep die Treppe heruntergesprungen. Dem Mann ging anscheinend nie die Energie aus. Wahrscheinlich war er kaffeesüchtig.

„Willst du doch endlich diesen Höllendiner aufgeben, der deine ganzen Ersparnisse geschluckt hat, Connor? Willst du wieder hier einziehen, bis sie die Apartments drüben in Whiskey Slide fertig gebaut haben?"

Die spitzen Bemerkungen über mein Haus waren eine Dauerfrotzelei zwischen uns, die alte „Mein-Haus-ist-besser-als-dein-Haus"-Geschichte. Er tapezierte gerade neu, dadurch hatte er im Moment die Nase vorn.

„Ein fast unwiderstehliches Angebot, aber ich werde den Diner nicht kampflos räumen. Bis jetzt habe ich die Elektroleitungen, die Wasserrohre und den Schwamm kleingekriegt." Ich schaute auf meine Knie hinunter. Das Brennen fühlte sich an wie tausend Nadeln.

Beau folgte meinem Blick. „Puh! Sieht aus, als hättest du den letzten Kampf verloren, Connor! Was ist passiert? Hast du dich mit deinem Rad auf die Nase gelegt? Ich hab dir ja gesagt, daß du die Hände am Lenker behalten sollst. Aber du mußt ja immer angeben!"

Er zog einen kleinen Erste-Hilfe-Kasten unter dem Sekretär hervor, untersuchte den Schaden aus der Nähe und zog eine Grimasse.

„Irgend so ein Idiot ist genau vor mir aus deinem Parkplatz rausgefahren, als ich nach Hause fuhr."

„Tja, sieht so aus, als ob ich amputieren muß", sagte Beau und schwang mit einem rücksichtslosen Grinsen eine gefährlich große Schere. „Die Hose, meine ich. Hoffentlich hast du die aus dem Ausverkauf."

Eine halbe Stunde und einige Schnippelei später hatte ich eine abgeschnittene 50-Dollar-Jeans mit dunkelroten

Fransen an. Für die Operation setzte mich Beau im Badezimmer auf den Toilettendeckel mit meinen Füßen auf einem antiken Stuhl. Auf einem Papierhandtuch lag ein kleiner Haufen winzige Felsstückchen. Das Mercurochrom auf meinen Knien zeigte noch keine Wirkung, ebensowenig wie das flüssige Betäubungsmittel, das mir Beau aus seiner Minibar, einem alten Goldgräberschubkarren, angeboten hatte. Meine Knie taten höllisch weh, von Händen und Ellbogen und der rechten Schulter ganz zu schweigen

„Du hättest Krankenpfleger werden sollen", sagte ich Beau nach der Behandlung bei einem zweiten Glas frischgepreßtem Orangensaft. Ich nahm ihn mit etwas Whiskey gegen den Schmerz.

Beau grinste. „Ich wollte immer Schönheitschirurg werden. Dann könnte ich mich selbst ein bißchen operieren und meine Nase jedesmal anpassen, wenn wieder ein neuer Look ‚in' ist. Es war doch hoffentlich in deinem Sinne, daß ich deine Knie eben beim Ausgraben der Felsblöcke etwas geliftet hab. Michael Jackson würde vor Neid erblassen."

Während ich meinen Saft mit Schuß austrank, unterhielten Beau und ich uns über Lacy Penzances Tod. Er hatte natürlich davon gehört – es war das Thema des Tages. Was mich an etwas erinnerte, das der Sheriff vorhin gesagt hatte.

„Beau, Sheriff Mercer erwähnte, daß Lacy eine Visitenkarte vom Mark Twain in ihrer Handtasche hatte. Hast du ihr die gegeben?"

Beau preßte die Lippen zusammen und sagte dann, „Nein. Soweit ich weiß, ist sie nie hier gewesen. Die Tür ist tagsüber natürlich immer offen, und jeder kann reinkommen. Vielleicht hat sie eine Karte für jemand mitgenommen, der die Gegend besuchen wollte, als ich grade nicht da war."

„Was für Gäste hast du im Moment?“

Beau zog sein Gästebuch aus dem Rolladensekretär. „Die McDonalds sind schon ein paar Nächte hier. Die kommen aus San Francisco, wollen mal ihre Ruhe haben. Dann sind da zwei Frauen aus Denver im Roaring-Camp-Zimmer, die hier Ferien machen, Lucke und Richards. Die Familie Jacobs hat zwei Zimmer – das Red-Light-Zimmer für das Ehepaar und das Claim-Jumper-Zimmer für die beiden Jungs. Die sind wegen des Froschfestivals am Wochenende hier. Letztes Jahr haben die Jacobs-Jungen in zwei Kategorien gewonnen: bester Name für einen Frosch – Ribbet. Und das niedlichste Kostüm – sie hatten einen kleinen Superman-Anzug gemacht. Dann hab ich einen einzelnen Mann im Miner-Zimmer. Russell heißt er. James Russell. Der ist übrigens gerade weggegangen, kurz bevor du kamst –“

„Roter Miata, stimmt's?“ sagte ich und sah, wie ihm die Zusammenhänge dämmerten.

„Genau! War das der Blödmann, der dich angefahren hat?“ fragte Beau. „Er sieht gut aus. Zieht sich an wie einer dieser Typen in der Armani-Werbung, weißt du. Leider hab ich nicht viel von ihm gesehen. Bleibt meistens in seinem Zimmer und geht dann spät abends weg. Aber du weißt ja, daß ich auf den geheimnisvollen Typ stehe“, sagte er mit einem schelmischen Grinsen.

Ich bilde mir zwar ein, daß mich ein paar Männer in der Stadt attraktiv finden, aber Beau gehört jedenfalls nicht dazu. Als Schwuler war er in der Machoatmosphäre von Flat Skunk zunächst nicht gerade wahnsinnig beliebt. Aber nachdem die Leute ihn jetzt kennengelernt hatten, änderte sich das anscheinend. Die Stadtbevölkerung wurde allmählich etwas toleranter gegenüber denen, die ihre Stetsons andersherum trugen. Beau und ich hatten einiges gemeinsam; wir fühlten uns beide etwas abseits vom Mainstream.

Ich erhob mich zum Gehen und krümmte mich leicht unter dem dumpfen Schmerz, der fast überall eingesetzt hatte. „Es ist mir egal, wie süß er ist, halt dich von ihm fern, wenn du radfährst. Er ist ein echter Verkehrsrowdy."

Ich dankte Beau für die medizinische Versorgung und nahm sein Angebot, mich nach Hause zu fahren, dankbar an. Er trug mein übel zugerichtetes Rad zu meiner Haustür, während ich ihm vorsichtig aus dem Pickup folgte wie eine alte Dame mit Arthritis, Osteoporose und Hämorrhoiden. Beau weigerte sich zu gehen, bis ich versprochen hatte, am Sonntag zum Frühstück zu kommen – Blaubeerscones, Broccoliquiche und Espresso mit Himbeeraroma.

Das war ein leicht gegebenes Versprechen. Beau macht ein Frühstück zum Reinsetzen.

Ich zog meine Schlüssel aus der Tasche und schloß auf. Flat Skunk ist noch nicht die Art von Stadt, in der man seine Türen abschließen muß, aber als gehörlose Ex-Großstadtpflanze mit gesundem Mißtrauen schließe ich mein Haus, mein Auto und mein Rad automatisch ab. Ich stieß die Tür auf, hob die Post auf, die durch den Schlitz auf den Boden gefallen war, und wartete darauf, von Casper angefallen zu werden.

Aber als ich die Dinertür hinter mir schloß, überkam mich ein komisches Gefühl, eine merkwürdige Art von Déja-vu. Nicht so, als ob man etwas schon einmal erlebt hätte, sondern als ob irgend etwas ganz Vertrautes anders war als sonst.

Casper erschien gleich darauf, nachdem sie sich endlich durch ihre Hundeklappe gezwängt hätte, aber sie war nicht so überschwenglich wie sonst. Ich gab ihr einen leichten Klaps, ging durch den Diner in mein Hinterzimmer und sah mich langsam in dem kleinen Wohnbereich um. Da war nichts, woran ich es festmachen konnte, aber irgend etwas löste einen halb unterbewußten Alarm aus, als ich die neue Post auf den Couchtisch legte. Die Post von gestern lag immer noch da, wo ich sie gestern hingelegt hatte – aber anders.

Ich nahm den obersten Umschlag hoch und guckte vorsichtig hinein. Das Couponheft war unversehrt, Gott sei Dank. Ich prüfte den nächsten Umschlag und den dritten, eine Rechnung vom Computer-Software-Versand und ein Brief von meinem alten Chef. Nichts fehlte. Alles in Ordnung. Bis auf den Stapel selbst.

Ich habe diese Angewohnheit, Sachen zu arrangieren. Muß ich wohl von meinem Vater geerbt haben, der war auch so ein Ordnungsfanatiker. Wenn ich meine Post durchsehe, sortiere ich die Umschläge nach Größe und lege sie auf den Tisch, den größten Umschlag nach unten und den kleinsten obenauf. Für mich ist das logisch.

Die Post von gestern war unordentlich, große und kleine Umschläge durcheinander. Das hätte ich der Post nie angetan.

Ich ging langsam durchs Zimmer und suchte nach weiteren Anzeichen dafür, daß sich jemand darin zu schaffen gemacht hatte. Ich schaute nach meiner Krimskramsschublade beim Telefon und zog sie langsam und dramatisch auf, wie in einem Horrorfilm, wenn das junge Mädchen eine Schublade öffnet und dann ihre Katze herausspringt oder so. Keine Katze, und in der Schublade war immer noch Krimskrams.

Ich steuerte die Kommode an, in der ich meine Wertsachen verstecke. Der Sheriff hatte mir einmal gesagt, daß die unterste Schublade eins der häufigsten Verstecke für Geheimnisse ist. Wenn man nach etwas suchte, war das die erste Stelle, an der man nachschauen sollte. Ich hatte meine Sachen in der obersten Schublade.

Sollte ich jemals einen Autounfall haben, wäre meine Mutter sicher sehr beruhigt, zu wissen, daß die Schublade mit meiner Unterwäsche sauber und ordentlich ist. Slips links, BHs rechts, Nylonstrümpfe in der Mitte, und die sexy Sachen hinten, nur falls ich sie noch mal wieder brauchen sollte. Unter dieser Masse von Seide und Spitzen bewahrte ich meine Wertsachen auf – hauptsächlich Liebesbriefe von meinem Exfreund und eine Sammlung kleiner goldener Anhänger in der „Ich liebe dich"-Handform, die ich von meinem ersten gehörlosen Freund bekommen hatte.

Es gab überhaupt keinen Zweifel. Irgendein perverser Irrer hatte in meiner Dessous-Schublade herumgefummelt. Ein Paar von meinen schärfsten Spitzenhöschen lag in der BH-Abteilung.

Ich grub nach den Liebesbriefen – alle noch da, aber nicht in der richtigen Reihenfolge. Und jemand hatte sie gelesen – das konnte ich daran sehen, wie sie in die Umschläge zurückgesteckt worden waren.

Mich schauderte. Wer zum Teufel hatte seine Finger in meiner Wäsche gehabt? Und warum? War der Eindringling vielleicht sogar immer noch da? Ich hatte plötzlich ein Kribbeln im Nacken.

10

Aus dem Augenwinkel heraus sah ich eine Bewegung, schnellte herum und schrie. Arme Casper. Sie muß sich fast zu Tode erschrocken haben.

Ich klopfte mir ans Bein – die Gebärde für "Komm her, Mädchen" – und rief sie so aus dem Flur zurück. Sie kam zaghaft, mit vorsichtig zwischen den Beinen wedelndem Schwanz. „Alles in Ordnung. Glaube ich jedenfalls“, sagte ich, und gebärdete gleichzeitig, „braver Hund“.

Casper reagiert auf ungefähr fünfzig Gebärden. Sie ist zwar kein offiziell ausgebildeter Hörhund, aber ich habe sie seit dem Tag, an dem ich sie als Welpe bekommen habe, selbst trainiert. Ein plüschiger weiß-cremefarbener Sibirischer Husky mit hellblauen Augen. Die erste Gebärde – „Bleib“ – lernte sie innerhalb von zwei Stunden. Jetzt reagiert sie auf so einfache Gebärden wie „Warten“, „Aus“, „Komm her“, „Leg dich“, „Tür“ und „Futter“, aber auch auf schwierigere wie „Wo?“, „Horch“, „Ruhig“, „Hol mir“ und „Was ist das?“

Im Augenblick teilte sie mir durch ihr Verhalten mit, daß ich sie mit meinem Schrei erschreckt hatte. Da waren wir schon zwei. Ich war mir immer noch nicht sicher, ob ich Grund hatte, mich zu fürchten. Aber inzwischen, dachte ich mir, hätte ein Eindringling sich bestimmt irgendwie bemerkbar gemacht, wenn einer im Haus gewesen wäre.

Mit einer halbmeterlangen Pfeffermühle aus Holz bewaffnet durchsuchte ich vorsichtig alle Kammern, Nischen und Schränke, fand aber nichts. Mit zwei bandagierten Knien, etlichen dekorativen blauen Flecken, höllischen Kopfschmerzen und verdoppelter Pulsfrequenz war ich wirklich nicht in der Stimmung für diesen neuesten Übergriff.

Aber jemand hatte von meinem Tellerchen gegessen, und das machte mir nicht nur Angst, es machte mich ausgesprochen wütend.

„Sheriff …", tippte ich, nachdem ich meine Behausung einer zweiten, genaueren Durchsuchung unterzogen hatte. „Jemand ist bei mir eingebrochen, als ich heute morgen weg war. Kannst Du herkommen und Fingerabdrücke nehmen oder was immer Ihr macht, um Einbrecher zu fangen?**"

„COnnoor? WAs sagst DU da?**"

Wieder seine typischen kreativen Anschläge.

„Sheriff", tippte ich langsamer, in der Hoffnung, daß das vielleicht helfen würde. Meine Finger zitterten auf der Tastatur. „Jemand ist in meinen Diner eingebrochen. Meine Sachen sind …" Ich hielt inne. Der Cursor zwang mich, ein Wort zu finden: „… durcheinander. Kannst Du Dir das ansehen kommen?**"

„Jemand ist eingebrochen? Wie? IRgendwas weggekommen? BIst Du sicher, daß der Täter weg ist?**"

Ich holte tief Luft und tippte weiter. „Ja, jemand ist eingebrochen. Ich weiß nicht, wie er reingekommen ist. Ich schließe immer ab. Fehlen tut eigentlich nichts – bis jetzt. Jedenfalls glaube ich nicht …"

Wieder eine Pause, während der Cursor erwartungsvoll blinkte wie ein strenger Lehrer, der ungeduldig mit dem Fuß wippt, bis er eine angemessene Antwort auf seine unverständliche Frage bekommt. Ich hatte keine Ahnung, was das Ekel gewollt hatte – oder ob tatsächlich etwas fehlte. Und ich war mir nicht wirklich sicher, daß er weg war.

„COonnor? Bist Du noch da?“ hakte der Sheriff ein.

“Ja, ich bin noch da. Ich bin mir ziemlich sicher, daß wer immer das war nicht mehr hier ist. Ich glaube nicht, daß etwas gestohlen wurde, aber ein paar von meinen Sachen sind … nicht in Ordnung.**“

Es gab eine lange Pause an seinem Ende der Leitung. Der Pulsar blinkte mich hektisch an, so schnell wie mein hämmerndes Herz.

„Nicht in Ordnung? was meinst Du genau? DUrchwühlt? BEscädigt? ZErstört? AUf den Kopf gestellt? was?**“

Mir wurde klar, daß ich wohl langsam etwas merkwürdig klang. „Nein, eigentlich ist im Gegenteil alles ganz ordentlich. Es ist nichts kaputt oder beschädigt. Aber – es ist nicht so, wie es war.**“

Wieder gab es eine lange Pause, bevor der Sheriff sich meldete. Sein Zögern ging mir allmählich auf die Nerven.

„ok. DEine Sachen sind durcheinander. HAst Du die Tür offfen gelassen? Oder ein fesnter? VIelliehct war der HUnd an den Sachen.**“

„Sheriff, ich lasse NIE die Tür offen! Und ich glaube nicht, daß Casper sich sehr für meine Post oder meine Unterwäsche interessiert. Es ist alles … na, eben … anders!**“

„Anders. ok. Was hat der Störenfried dennn nun gemacht?**“

Ich tippte etwas kräftiger und hoffte, daß er meinen Ärger am anderen Ende spüren konnte. „DER STÖRENFRIED IST MEINE POST DURCHGEGANGEN! MEINE BRIEFE LIEGEN JETZT ANDERSHERUM ALS ICH SIE HINGELEGT HATTE. UND ER HAT MEINE … MEINE UNTERWÄSCHE DURCHWÜHLT!**“

Noch eine lange Pause. Sheriff Mercer amüsierte sich wahrscheinlich prächtig. Und bestimmt erzählte er es gerade Mickey und der Einsatzbearbeiterin, und wer immer sonst zufällig im Büro war.

„Bleib auf dem Posten. Ich kommme, um mir Deine UNterwäsche anzushehen, wemn ich hier fertig bin. Kann aber ein paar Stunden dauern, wenn es kein Notfall ist. HAb hier gerade einen anderen dringenden Anruf und Stapel von Formularen für die Patho, die ich erstmal erledigen muß, bevor ich mch mit versuchter Postumsortierung und schändlichen Anschlägen auf Unterwäshce befasen kann. BIst Du sicher, daß jemand da war? Könnnte es nicht sein, daß DU es heute morgen so eillig hatttest, in die Redaktion zu kommen, daß DU den Diner nicht abgeschlossen, oder die SAchen selbst in Unordnung gebracht hast?**"

Er nahm die Sache anscheinend nicht besonders ernst. Vielleicht halfen mehr Ausrufezeichen. „NEIN, SHERIFF!!! ICH WEISS, WENN ETWAS NICHT STIMMT! JEMAND WAR HIER! KANNST DU NICHT JETZT KOMMEN?**"

„Ich komme sobald ich kann. Vielleicht kann ich MIkkey vorbeischicken, wenn er kommt."

„Ich kann aber nicht lange warten. Ich muß heute nachmittag geschäftlich nach Whiskey Slide. Und ich will nicht einfach die Tür offen lassen." Bei der Vorstellung, den Hilfssheriff oder den Sheriff ohne Anstandswauwau in meinen Calvins herumkramen zu lassen, wurde mir ganz anders.

„Roger. Wir tun, was wir können. ENDE"

Ich verabschiedete mich ebenfalls. Inzwischen war mein Ärger über den Sheriff größer als die Angst vor dem Eindringling. Ich ging zum Schrank, um mich umzuziehen, und schaute mich vor jedem Schritt vorsichtig um, nur für alle Fälle. Ich zog meinen Lieblingsjeansrock und ein weißes Baumwolltop aus dem Stapel frischer Wäsche neben meinem Schlafsofa, und dachte dann über etwas nach, das der Sheriff gesagt hatte. Die Eingangstür war nicht beschädigt, aber vielleicht war irgendwo ein Fenster aufgestemmt worden.

Ich prüfte die vorderen Fenster im Diner, dann die Fenster im hinteren Wohnbereich. Alle gesichert. Barfuß kletterte ich in meinem winzigen Badezimmer in die Wanne und prüfte das kleine Rauchglasfenster darüber. Abgeschlossen.

Ich stieg wieder aus der Wanne und fühlte etwas Sandiges unter meinen nackten Zehen. Ich hob einen Fuß an und klopfte ihn ab: feine rote Tonerde rieselte wie Schneeflocken zu Boden.

Dreck in meiner Badewanne. *So* dreckig war ich normalerweise nicht, wenn ich ein Bad nahm.

Ich stieg wieder in die Wanne und untersuchte den feinen Staub, dann richtete ich mich auf und sah noch einmal nach dem Fenster. Das Fenster war definitiv abgeschlossen, genau, wie ich es am Morgen hinterlassen hatte. Aber jemand hatte die dünne Staubschicht auf dem Sims weggewischt.

So sauber war ich nun auch wieder nicht. So früh in der Woche wischte ich nie Staub. Um ehrlich zu sein, wischte ich überhaupt nie Staub.

Ich ging aus der Hintertür, untersuchte Caspers Hundeklappe und ging dann zum Badezimmerfenster herum. Es waren zwar keine verräterischen Fußabdrücke im roten Lehm unter dem Fenster, aber ein weißer Mohn und eine gelbe Gauklerblume wirkten etwas zerdrückt. Und die Erde rundherum sah ungewohnt glatt aus.

Ich untersuchte das Fenster auf irgendwelche Spuren.

Das Glas machte einen unberührten Eindruck, und der Holzrahmen und das Sims ebenso.

Nichts.

Keinerlei Anzeichen für einen Einbruch. Der Diner war fest verschlossen. Ich zog mich fertig an und öffnete das Medizinschränkchen, um meine Bandagen zu erneuern. Eine fast leere Schachtel Kinderpflaster versteckte sich hinter einer Flasche Sonnenmilch mit Piña-Colada-Duft. Ich nahm mir ein halbes Dutzend Pflaster heraus und stellte die Schachtel neben die Sonnenmilch zurück. Gerade wollte ich die Schranktür wieder schließen, als ich plötzlich stutzte.

Es heißt ja immer, daß Medizinschränkchen viel über ihre Besitzer aussagen. Es wird niemand überraschen, daß ich in meinem alles sauber aufgereiht aufbewahre, die großen Sachen hinten, die kleinen vorn. So wie meine Post.

Etwas fehlte. Zwischen der Reinigungsflüssigkeit für mein Hörgerät und dem Wasserstoffperoxyd war eine Lücke. Wer immer in mein Schränkchen eingedrungen war, hatte eine kleine Flasche weiter nach hinten gestellt, um den Zwischenraum zu tarnen. Aber ich konnte mich beim besten Willen nicht erinnern, was da gestanden hatte. Und es jagte mir eine Gänsehaut über den Rücken.

Nachdem ich mich vergewissert hatte, daß mein Diner wieder sicher war, zog ich mich fertig um, stopfte ein Paar blaue Jeans, ein rotes Rugbyhemd und ein Paar Turnschuhe als bequeme Ersatzkleidung in den Rucksack und schnappte mir meinen Reporter-Notizblock und eine Handvoll Visitenkarten.

Ich dachte daran, meinen Exfreund anzurufen, bevor ich ging, um ihm von dem Ruhestörer zu erzählen, damit er sich ein bißchen Sorgen um mich machen sollte. Aber mir war klar, daß das bloß ein Vorwand war, und ich fühlte mich verwundbar. Mit einem letzten Blick durch den Diner und einem Fluch auf den unbekannten Eindringling machte ich mich auf den Weg zu meinem Chevy und nach Whiskey Slide.

Whiskey Slide ist eine halbe Stunde Autofahrt entfernt, wenn man den Highway 49 nimmt, und sogar länger, wenn man sich statt dessen für die kleineren Straßen entscheidet und jeden Goldgräberkrähwinkel auf der Strecke mitnimmt. Ich nahm die lange Route. Ich fuhr gerne, und so viele Gelegenheiten hatte ich nicht, meinen Oldtimer auszuführen.

Über die Ortsnamen kann man sich prächtig amüsieren, aber ansonsten waren die meisten alten Camps nur noch trockene Flußläufe oder große Gruben in der Landschaft. Die frühen Siedlungen wie Lousy Ravine, Humbug, Poverty Hill, Bogus Thunder, Poker Flat und You Bet waren inzwischen kaum mehr als staubige Ortsschilder am Straßenrand.

Mein persönlicher Liebling, Git-Up-And-Git, trug immer noch stolz ein altes verwittertes Wasserrad zur Schau, aber das Gelände bestand größtenteils aus einer Reihe von aufgegrabenen Hügeln, die wie überdimensionale Begräbnisstätten aussahen. Die ganze Stadt wirkte wie ein einziger großer Friedhof.

Whiskey Slide hatte es dagegen geschafft, Einfall und Abzug der Argonauten zu überleben. Genau wie Flat Skunk war es zu einem Touristenmekka voller Kitschboutiquen und Goldwäscherattraktionen für Wochenendtrecker geworden, nur in einem viel größeren Maßstab.

Mit mehr Fläche und Einwohnern als Flat Skunk bot

Whiskey auch zusätzliche Annehmlichkeiten: einen anständigen Billigklamottenmarkt, einen Computerladen und ein gutes mexikanisches Restaurant. Von Zeit zu Zeit lohnte es die Fahrt.

Ich bog in eine Tankstelle mit Köderverkauf ein und tankte noch einmal voll, bevor ich mir eine Telefonzelle suchte, in der es noch ein intaktes Telefonverzeichnis gab. Unter *L* wie Longo fand ich nichts zwischen Samuel Longnecker und Zachary Longueville. Mist. Weiter mit Plan B.

Whiskey Slide ist eine der Handvoll von Städten im Mother Lode, die keinen Briefträger haben. Bei einer so kleinen Einwohnerzahl haben die Leute einfach ein Postfach und machen täglich den Weg aufs Postamt, um ihre Post abzuholen.

Ich ging ins Postamt hinein, machte den Postkartenautomaten ausfindig und steckte zwei Vierteldollar in den Schlitz. Voilà! Instant-Briefpapier. Ich suchte eine mit einem alten Goldgräber aus, der ein Nugget von der Größe eines Zahns hochhielt. Sehr passend, denn der eine oder andere Eckzahn fehlte ihm.

Ich schrieb einen klischeehaften Feriengruß auf die freie Fläche – „Mir geht es prächtig! Wünschte, Du könntest auch hier sein!“, unterschrieb und adressierte die Karte an Risa Longo, mit einer Postfachnummer in Höhe meines Alters.

„Ich bin mir nicht sicher, ob die Postfachnummer stimmt“, sagte ich dem Schalterbeamten, als ich ihm meine fingierte Korrespondenz überreichte. „Könnten Sie das bitte einmal nachprüfen, nur für alle Fälle?“

Er murmelte etwas, während er auf einen großen Umschlag hinunterschaute, den er für einen vorigen Kunden zuklebte.

„Wie bitte?“ sagte ich und lehnte mich vor.

Er wiederholte seine Frage, aber ich konnte ihn immer noch nicht verstehen. Ich sah ihn ausdruckslos an, schüttelte den Kopf und tippte auf mein Ohr.

Er sah auf, schaute mich einen Moment an und nickte dann. „Sie sind taub?“

Ich lächelte, als er mir einen Notizblock entgegenschob.

„Wenn Sie deutlich sprechen und mich dabei ansehen, kann ich von ihren Lippen ablesen.“

Er begann wieder zu sprechen, mit übertriebenen Mundbewegungen und ganz langsam, als ob ich ein Kind wäre, das gerade erst die Sprache lernt.

„Longo? Mal sehen“, sagte der gepflegte Mann im mittlerem Alter und kratzte sich mit seinem Kleinfingerring die Augenbraue. Er sah eine abgewetzte Liste in einer Plastikhülle durch und schüttelte den Kopf, was eine Handvoll loser Halsfalten in Wallung versetzte. „Ich glaube, es ist vierundfünfzig. Vierundfünfzig. Vierundfünfzig. Ja, genau, hier ist es. Da lagen Sie ganz schön daneben. So, da haben wir's“, sagte er, strich die siebenunddreißig durch und schrieb statt dessen die korrekte Nummer hin.

Ich dankte dem Mann für seine unschätzbare Hilfe und suchte mir dann draußen einen gemütlichen Platz unter einem Baum, in der Hoffnung, daß ich Risa Longo noch nicht verpaßt hatte. Ich zog einen zerfledderten Dick-Francis-Krimi hervor und las mit einem Auge im Buch und einem auf dem Postamt. Eine Reihe von Leuten ging ein und aus, aber keiner davon sah wie Lacy Penzances Schwester aus.

Ich war schon bis zu der Stelle gekommen, wo der Pferdetrainer umgebracht wird, als eine Frau in einem seidenen Overall an mir vorbeistrebte und ins Postamt ging. Sie war ungefähr in Lacys Alter, aber das war auch die einzige Ähnlichkeit, soweit ich das aus der Entfernung feststellen konnte. Diese Frau war eher pummelig und klein, mit kurzgeschnittenen dunklen Haaren und unberingten Händen. Wie bei allen vorigen Postbesuchern beobachtete ich sie so unauffällig wie möglich von meinem Aussichtspunkt aus und rückte dann näher heran, um die Postfachreihen besser sehen zu können.

Vierundfünfzig. Volltreffer. Es war Longo.

Ich drehte mich um und fischte für den alten „ich-mach-mich-bloß-schön"-Trick meine Puderdose heraus, während die Frau ihre Post abholte. Über den Deckel hinwegschielend beobachtete ich, wie sie an einem Tisch anhielt, den Stapel durchsortierte und fast die Hälfte mit unbewegtem Gesicht in den Papierkorb warf. Als sie auf meine Postkarte stieß, stutzte sie, las, drehte sie zweimal hin und her, sah sich im Raum um und runzelte die Stirn. Ich tat, als ob ich in meinem Rucksack nach Kleingeld für den Briefmarkenautomaten suchte. Klingelte es bei dem Namen, mit dem ich unterschrieben hatte – Lacy Penzance? Oder war Lacy Penzance dieser Frau unbekannt? Ich konnte Risa Longos verdutzten Gesichtsausdruck nicht deuten.

Mit einem weiteren Blick zur Tür steckte sie die Karte in eine Fernsehzeitschrift, stopfte die übrige Post in ihre riesige Tragetasche und verließ das Postamt. Ich war direkt hinter ihr.

Hinter meinen Chevy geduckt sah ich, wie sie zu ihrem auf der anderen Straßenseite geparkten BMW ging. Dann zog sie noch einmal die Postkarte aus der Zeitschrift, runzelte wieder die Stirn, steckte sie zurück und stieg ins Auto.

Eins wußte ich genau. Sie würde bald eine ordentliche Collagenbehandlung für diese ganzen Stirnfalten brauchen.

11

Einen Verdächtigen zu verfolgen sieht im Film immer ganz einfach aus. Man springt ins Auto, hält etwas Abstand, und zu guter Letzt kommen beide am gleichen Ort an.

Aber die Fahrtrichtung einer lebendigen Person zu erahnen, die ihren Blinker nicht benutzt, zu schnell fährt und drei Autos vor dir ist, ist ungefähr so leicht wie Ablesen.

Beim Ablesen trifft man die Wörter vielleicht zu dreißig bis fünfzig Prozent. Der Rest ist Raten. Ich kann die meisten Wörter erahnen, die den Leuten über die Lippen kommen, also bin ich wohl eine gute Ableserin. Aber mitten im Touristenverkehr hinter Mr. und Mrs. Hinterwäldler war ich nicht so gut darin, zu raten, welche Richtung Risa Longo jetzt plötzlich eingeschlagen hatte.

Als Mr. Hinterwäldler vor mir in die Eisen ging, um Mrs. Hinterwäldler das Mark-Twain-Denkmal zu zeigen, während ich versuchte, die neue Route meiner Verdächtigen in den Griff zu bekommen, fuhr ich auf ihn auf. Es ist eine verbreitete falsche Vorstellung über Gehörlose, daß wir als Ausgleich für den Hörverlust einen sechsten Sinn, so eine Art ESP besäßen. Ich nicht. Aber ich bin versichert.

„Scheiße", fluchte ich, und schlug mit der Hand aufs Lenkrad. Es mußte wohl hörbar gewesen sein, denn Mrs. Hinterwäldler drehte sich um und sah mich angeekelt an. Meine Wortwahl hatte sie wohl verletzt. Oder vielleicht war es auch die kleine Delle, die ich in ihren übergroßen, kotzgrünen Lincoln eingekerbt hatte.

Jedenfalls war die Beule in seiner Stoßstange mit bloßem Auge kaum zu sehen, während sich die Front meines klassischen zweifarbigen 57er Chevys ziemlich häßlich verändert hatte. Während die Hinterwäldlers und ich Versicherungsdaten austauschten, bekam ich mit, wie die Mrs. zu ihrem Mann sagte, „Ich wußte gar nicht, daß Taubstumme Auto fahren dürfen."

Wir schoben mein Auto an den Straßenrand, nachdem wir den Verkehr auf der zweispurigen Straße aufgestaut und eine nette, gaffende Menge angesammelt hatten. Dank der neuen Radstellung, die der Aufprall verursacht hatte, mußte ich den Weg bis zur nächsten Werkstatt drei Häuserblöcke weiter zu Fuß zurücklegen, um die Reparatur klar zu machen. Der Mechaniker im Dienst sagte, kein Problem, Kleinigkeit, und ich dankte ihm überschwenglich und setzte mich, um die Wartezeit mit ein paar weiteren Kapiteln meines Krimis zu überbrücken. Da lächelte Ed, der Typ im Blaumann, und schüttelte den Kopf.

„Was? Sie können es doch nicht reparieren?" fragte ich.

„Doch, können wir schon, aber vor morgen wird er nicht fertig sein. Wir müssen ein Teil aus Sonora kommen lassen. So alte Chevy-Teile haben wir nicht am Lager. Verkaufen wollen Sie ihn wohl nicht?"

Ich sagte nein, danke, und ging zu meinem Wagen zurück, um ein paar Sachen herauszuholen. Was nun? Gerade hatte ich meinen Rucksack herausgezogen und die Tür geschlossen, als mich jemand von hinten an der Schulter anfaßte. Ich fuhr zusammen und ließ die Tasche fallen.

„Ich hab fast einen Herzschlag gekriegt! Wissen Sie denn nicht, daß man sich an eine Gehörlose nicht anschleicht?" Ich hasse es, wenn das passiert. Und es passiert dauernd.

Dan lehnte an der rot-weißen Flosse meines abgestellten Chevys. Er trug ein blaues Arbeitshemd, das zu seinen Augen paßte, Jeans, die wie angegossen saßen, und seine gegerbten ledernen Cowboystiefel.

„Ärger mit dem Auto?" fragte er grinsend. Ich betrachtete den Frontschaden und schilderte ihm die Unfähigkeit der kamerabeladenen Hinterwäldlers.

„Was machen Sie hier eigentlich?" fragte er. „Verfolgen Sie mich?"

„Nein. Ich hab hier zu tun. Aber mein Auto ..." Ich warf einen hilflosen Blick auf das, was im Moment wie ein Haufen Oldtimer-Schrott aussah.

„Wie wär's mit einem Bier?" Er wies mit dem Kopf auf die Eichenholztür und bunten Glasfenster der „He's Not Here"-Bar auf der anderen Straßenseite.

Ich kämmte mir schnell mit zehn Fingern die Haare, wischte mögliche Mascaraschatten unter meinen Augen weg und folgte ihm in dieses beliebte Erfrischungslokal. Dan steuerte einen kleinen Baumstammtisch in einer dunklen Ecke an, aber ich entschied mich für einen am Fenster. Da konnte ich besser ablesen und vielleicht Risa Longo erhaschen, falls sie wieder über die Hauptstraße kreuzte.

„Was möchten Sie?" fragte Dan, auf halbem Weg zwischen Tisch und Bar. Ich bestellte ein Sierra Nevada, und Dan kam mit zwei beschlagenen Flaschen und Gläsern zurück. Keiner von uns beiden goß das Bier ins Glas.

„Also dann. Was machen Sie hier?" fragte Dan noch einmal, mit einer Oberlippe voller Bierschaum. Ich leckte mir unwillkürlich selbst die Lippen, worauf er lächelte. „Und wo ist meine Katze? Sie haben sich ja als großartige Tierpflegerin erwiesen."

„Ihrem Fellknäuel geht's prima. Ich hab sie bei Miah gelassen, mit ausführlicher Pflegeanweisung und der Adresse eines guten Anwalts für die Schadensersatzklage, falls er in Ihrer Abwesenheit zu Tode gekratzt wird." Ich nahm einen Schluck Bier und versuchte, auf eine tiefsinnige Äußerung zu kommen. „Dachte mir schon, daß Sie mir hier über den Weg laufen würden." Wahnsinnig tiefsinnig.

„Das passiert leicht", sagte er, nachdem er einen kräftigen Zug aus der Flasche genommen hatte. Er hatte die irritierende Angewohnheit, über den Flaschenrand zu lecken, bevor er trank. „Noch so eine Kleinstadt mit nur einer Hauptstraße. Sind sie auf der Suche nach einer Story für Ihre Zeitung?"

Ich beschloß, ihm die Wahrheit zu sagen – oder jedenfalls einen Teil davon. Ich traute ihm immer noch nicht ganz, vor allem nach meinem Gespräch mit der Justizvollzugsanstalt in New Mexico. Aber das wenige, das er bis jetzt gesagt hatte, stimmte offenbar. Und was ich mitzuteilen hatte war nichts, das er nicht genauso gut im Nugget hören würde. Ich erzählte ihm von Lacys Suchanzeige nach ihrer vermißten Schwester, denn es machte keinen Sinn, das noch länger für mich zu behalten. Und ich erzählte ihm von dem Namen, der auf der Rückseite der Visitenkarte vom Bestattungsinstitut gestanden hatte.

„Und da dachten Sie, Sie kommen hierher und versuchen, Lacys Schwester zu finden? Warum?"

„Ich weiß nicht. Dachte, es würde vielleicht etwas zu der Story beitragen, an der ich arbeite. Vielleicht gibt es einen Zusammenhang zwischen Lacys Suche nach ihrer Schwester und ihrem Tod. Der Sheriff glaubt nicht mehr an Selbstmord, auch wenn es wie einer aussehen sollte." Ich wartete auf irgendeine erstaunte Reaktion.

„Weiß ich", sagte er schlicht.

„Sie wissen das? Was wissen Sie?"

„Daß es vielleicht kein Selbstmord war. Alle sprechen davon."

„Das paßt. In Flat Skunk gibt es keine Geheimnisse." Der Barkeeper stellte eine Portion Salzbrezeln hin und fragte, ob wir noch eine Runde haben wollten. Ich dankte. Dan nickte. „Ich habe irgendwie das Gefühl, daß ich ihr etwas schuldig bin", sagte ich.

„Wieso?"

„Ich glaube, sie brauchte irgendwie meine Hilfe. Sie wirkte so verzweifelt, wollte unbedingt ihre Schwester finden. Ich war nicht besonders … entgegenkommend."

Dan steckte sich ein Brezelende in den Mund und knabberte es auf wie ein Streifenhörnchen, in kleinen Bissen, bis es verschwunden war.

„Und wie sieht's bei Ihnen aus? Irgendwas Neues von Boone?" fragte ich.

Dan nahm noch einen großen Schluck Bier. „Nicht viel. Außer vielleicht dem Barkeeper hier hat ihn keiner gesehen. Er sagte, daß vor drei oder vier Tagen ein Typ hier für ein paar Bier hereingekommen ist, der wie Boone aussah. Seitdem hat er ihn nicht mehr gesehen, und kann sich auch sonst nicht an viel erinnern. Keiner, mit dem ich gesprochen habe, weiß irgendwas."

„Sie sollten besser den Sheriff anrufen."

„Hab ich. Der weiß auch nichts."

„Was wollen Sie jetzt tun?"

„Ich habe eine Vermißtenanzeige aufgegeben. Und ansonsten werde ich mich einfach noch etwas länger umschauen. Und Sie?"

Ich sah auf die Uhr. Es war schon fast fünf. Das Auto würde nicht vor morgen fertig sein. Ich konnte entweder den Bus nach Hause und wieder zurück nehmen, mir ein Auto leihen oder mieten, oder abwarten, morgen mein Auto abholen und noch einmal versuchen, Risa Longo zu folgen. Und hoffen, daß meine Zeitung nicht während meiner Abwesenheit zusammenklappte. Ich konnte Miah anrufen, daß er mich vertreten sollte – da war massenhaft Arbeit zu erledigen. Und vielleicht konnte er das Extrageld gebrauchen.

„Ich muß ein paar Anrufe erledigen. Wollen Sie mir helfen? Ich hab mein tragbares Schreibtelefon im Auto gelassen."

„Sie meinen, ich soll am Telefon für Sie reden?"

„Genau."

Dan kippte sein restliches Bier hinunter und folgte mir zum Münzapparat in der Ecke bei den Toiletten. Ich gab ihm meine Büronummer für das Gespräch mit Miah.

„Nimmt keiner ab", sagte er. „Anrufbeantworter. Wollen Sie eine Nachricht hinterlassen?"

Ich nickte und streckte die Hand nach dem Hörer aus. „Hat's schon gepiept?" Dan wartete einen Moment und gab mir dann den Hörer.

„Miah, hier ist Connor. Ich stecke in Whiskey Slide fest. Könntest du für mich ein paar Sachen erledigen?" Ich gab ihm die Anweisung, Dans Katze zu füttern, und meinen Hund zu Hause – mit der notwendigen Information zum gut versteckten Schlüssel – und bat ihn dann, ein paar Artikel fertigzustellen, die gesetzt werden konnten, und die Texte für den Druck vorzubereiten. Das hatte er alles schon einmal gemacht, es sollte also kein Problem sein – hoffte ich. Dann legte ich auf, wählte den Sheriff an, und gab Dan den Hörer zurück. Nach ein paar Sekunden begann er zu sprechen.

„Hi, äh, hier ist, äh – ich rufe für Connor Westphal an." Er hörte auf zu sprechen und sah mich an.

„Sagen Sie ihm, daß ich hier feststecke und erst morgen zurück sein werde. Wie steht's mit meinem Haus?"

Dan wiederholte alles in seinen eigenen Worten, hielt inne, legte die Hand über die Sprechmuschel und sagte zu mir: „Er sagt, er weiß nicht, wie Ihr Diner von innen aussieht, aber niemand sonst in der Gegend hat einen Einbruch gemeldet. Sagte, er würde heute abend noch mal da vorbeifahren und morgen nachsehen, wenn Sie wieder da sind."

Noch eine Pause, dann: „Ich bin in der Warteschleife."

Ein paar Sekunden vergingen, bevor Dan wieder etwas sagte. Dann runzelte er die Stirn und deckte wieder die Sprechmuschel ab. „Er fragt mich, wer da spricht."

„Wahrscheinlich ist er verwirrt, weil ich nicht mein Schreibtelefon benutze. Bitten Sie ihn, nach meinem Hund zu sehen, wenn er da draußen ist." Dan gab die Nachricht an den Sheriff weiter, und dolmetschte dann seine Antwort für mich.

„Er sagt, er sei kein Hundesitter. Sagt, Sie füttern diesen Hund mit besserem Fressen, als er selber bekommt. Und daß Ihr Hund ihn nicht mag. Fragt, was Sie in Whiskey Slide machen. Sie sollen schnell zurückkommen, bevor etwas Schlimmes mit Ihrer Unterwäsche passiert. Und wer zum Teufel da für Sie spricht."

Dan zog den Hörer von seinem Ohr weg. „Connor, ich –"

Ich unterbrach ihn. „Sagen Sie ihm danke. Ich werde ihm Sonntag ein schönes Essen kochen. Irgendwas cholesterin- und fettarmes. Sagen Sie ihm, daß der Typ, der für mich dolmetscht … ach, egal. Sagen Sie einfach tschüs."

Dan übermittelte die Nachricht, wahrscheinlich leicht überarbeitet, und legte auf. „Worum ging's da jetzt?"

„Erzähl ich Ihnen beim Abendessen. Wo wohnen Sie? In diesem Gästehaus auf dem Weg in die Stadt – Breakfast in Bed?"

„Nein, im Black Bart Motel. Das ist billiger und es hat eines dieser Essen-Sie-soviel-Sie-wollen-Buffets gleich nebenan. Wollen Sie hier übernachten?"

Ich entschied, daß das wahrscheinlich das beste war. Dan bot an, im Black Bart anzurufen und ein Zimmer für mich zu organisieren. Während er das tat, machte ich mich im Waschraum frisch und fragte den Barkeeper nach einer Empfehlung fürs Abendessen. Nach Vollstopfen am Buffet war mir heute nicht, und der Gedanke an mexikanisches Essen paßte auch irgendwie nicht. Ich hoffte auf eine Empfehlung für irgendein günstiges italienisches Restaurant in der Nähe.

„Zimmer mit Aussicht für fünfundfünfzig Piepen", sagte Dan, als er sich anschickte, die Rechnung zu bezahlen. Ich zog mein eigenes Portemonnaie heraus und ließ ein paar Scheine auf dem Tisch. „Keine Haustiere, kein Zimmerservice, kein Kabelfernsehen, aber sie haben Badewannen mit Löwenfüßen und einen Süßigkeitenautomaten in der Halle. Und am Buffet gibt's Brathähnchen."

Ich verzog das Gesicht, und er merkte es. „Leichte Fettuccine Primavera hören sich wohl für Sie nicht gut an?" fragte ich. „Knoblauchbrot? Ein schöner, frischer Salat? Zabaglione zum Nachtisch?" Ich hoffte, daß die bloße Beschreibung seine Meinung ändern würde.

„He, ich bin doch ein halber Italiener", sagte er und unterstrich seine Aussage mit aufeinander gedrückten Daumen und Zeigefingern, genau wie Marlon Brando in *Der Pate*. „Dann gehen Sie mal vor."

Die *fettuccine carbonara* von Hasta Be Pasta brauchen sich vor Mama Leone und Alfredo di Roma nicht zu verstecken. Die Pasta war perfekt, der Wein berauschend und die Konversation anregend. Zwar erfuhr ich nicht viel mehr von dem zugeknöpften Dan Smith, aber ich schaffte es jedenfalls, ihm meine ganze Lebensgeschichte zu erzählen. Irgendwie hatte er ein Talent dafür, mich zum Reden zu bringen. Er wäre ein großartiger Reporter geworden.

„Wie ist es denn so, gehörlos zu sein?"

„Echt cool", sagte ich scherzhaft.

Er lachte, und das Vergnügen breitete sich über sein ganzes Gesicht aus. „Sie wissen doch, was ich meine."

„Ich bekomme keine grauen Haare deswegen. Ich bin daran gewöhnt und finde nicht, daß es so ein großes Problem ist. Etwas frustrierend manchmal, aber eher unbequem als eine Behinderung."

„Woher können Sie so gut sprechen?"

„Meine Eltern haben mich auf ‚Regelschulen' geschickt, zusammen mit den hörenden Kindern, und ich habe jede Menge Sprechunterricht bekommen. Bis ich vier war, war ich ja hörend, und hatte schon ein paar Jahre Lautsprache gehört und benutzt. Das hat geholfen."

„Und die Gebärdensprache?"

„Die habe ich gelernt, als ich älter wurde und mich mit anderen gehörlosen Kindern im Ferienlager und im Gehörlosenverein herumgetrieben habe. Meine Eltern wollten, daß ich zur Welt der Hörenden gehören sollte, aber meistens kam ich mir da ziemlich ausgeschlossen vor. Als ich später Gebärdensprache lernte, gehörte ich dann aber auch nicht richtig zur Gehörlosengemeinschaft. Ich hänge irgendwie zwischen den Welten."

„Aber Sie kommen doch so großartig zurecht."

„Ich denke schon. Meine Eltern haben zwar nie wirklich verstanden, was es heißt, gehörlos zu sein, aber sie haben mir geholfen, daran zu glauben, daß ich alles erreichen konnte, was ich will. Die Vorstellung gefiel mir."

„Bringen Sie mir doch eine Gebärde bei."

Ich nickte und zeigte ihm einen einfachen Satz, den man mit zwei „V"-Händen bildet.

Er wiederholte ihn ein paarmal und fragte dann, „Was heißt das?"

„‚Einen schönen Tag noch'", sagte ich mit einem Lächeln.

Er gebärdete den Satz zu der Kellnerin, als sie uns die Rechnung brachte. Gut, daß sie nicht gehörlos war. Ich glaube, es hätte ihr nicht gefallen, mit „Verpiß dich" angeredet zu werden.

Mein Kopf drehte sich etwas vom Wein, als ich ihn auf mein Kissen in dem nach dem Banditen Joaquin Murietta benannten Zimmer fallen ließ. Gegen Ende des Abends hatte ich etwas Probleme damit gehabt, die Worte von Dan Smiths interessanten Lippen abzusehen. Aber ich hatte überhaupt kein Problem damit, von ihnen zu träumen.

Der Morgen kommt früh im Goldgräbergebiet, vor allem, wenn man am Abend vorher eine halbe Karaffe vom roten Hauswein gekippt hat. Ich machte mich für einen Kaffeestoß und ein bißchen Essen-Sie-soviel-sie-wollen-Toast zum Frühstücksbuffet auf. Dort fand ich Dan über dem *Mother Lode Monitor* und einem leergeputzten Teller, auf dem anscheinend Hangtown Fry gewesen war.

„Irgendwelche Schlagzeilen?" fragte ich, als er die Zeitung zusammenfaltete.

„Sonderaktion in Norma Jeans ‚Wer hat Ihnen die Haare gemacht'-Salon drüben an der Jail Street. Dauerwelle zum halben Preis. Und ‚Prospector's Hardware' hat herabgesetzte Schubkarren, wenn man eine Ladung Dünger kauft."

„Danke für die Mitteilung", grummelte ich und versuchte, mich mit schwarzer Flüssigkeit wiederzubeleben. Ich goß etwas Milch dazu und warf eine Hershey-Schokopraline aus einer Schale mit Süßigkeiten in die Tasse, um mir einen Schok-Mok zu improvisieren. Ich sah auf die Uhr und spülte meinen Toast mit dem Gemisch hinunter, das wie Motorenöl schmeckte. Was hätte ich nicht für eine Starbucks-Filiale gegeben.

„Na, ich muß los", sagte ich. „Ich will Risa Longo nicht verpassen. Die Post macht um neun auf. Und ich muß noch mein Auto holen. Bleiben Sie noch?"

„Ja. Ich muß noch ein paar Sachen überprüfen. Aber am Nachmittag werde ich wohl wieder in Flat Skunk sein, wenn sich hier nichts ergibt."

„Ich auch. Heute nachmittag ist Lacys Beerdigung, die will ich nicht verpassen. Aber langsam mache ich mir wirklich auch Sorgen um Boone. Sie müssen herausfinden, was mit ihm passiert ist."

Dan sagte eine Weile nichts. Ich nahm meine Tasche und stand auf. Als ich mich zu ihm drehte, um mich zu verabschieden, sprach er schon.

„Wie bitte?"

„Ich sagte, ich fand's schön gestern. Es war ein netter Abend."

Ich lächelte. Ich hatte glaube ich schon verstanden, was er gesagt hatte. Ich wollte es ihn einfach noch einmal sagen sehen. Als ich zum Abschied winkte, gab er mir die „Verpiß dich"-Gebärde. Hoffentlich glaubte er immer noch, daß das „schönen Tag noch" hieß.

Ich war gerade mit meinem „fast-wie-neu-dank-Visa"-Oldtimer-Muskelprotz vor der Post vorgefahren, als mein Blick auf den Laden „Party On" auf der anderen Straßenseite fiel.

Ich hatte keine Lust, wieder einen ganzen Tag lang auf mein Opfer zu warten, also verschwand ich rasch in dem Geschäft. Ein paar Minuten später hatte ich einen Strauß heliumgefüllte Ballons erstanden und war auf dem Weg zum Zeitungsbüro von Whiskey Slide am Ende der Straße.

„Entschuldigen Sie“, sagte ich zu der Frau am Empfangsschalter. „Könnten Sie mir sagen, wo eine Frau namens Risa Longo wohnt? Ich soll diesen Ballonstrauß zu ihrem Geburtstag abgeben und hab die Adresse verloren. Sie ist doch bestimmt Abonnentin.“

Die Frau blickte mich von oben bis unten an. Ich bemühte mich sehr, nach Ballonlieferantin auszusehen.

„Tut mir leid, wir können keine Kundenadressen herausgeben.“

Ich zuckte die Achseln, wünschte ihr einen schönen Tag und ging zum nächsten Laden weiter. Einer dieser Läden würde doch bestimmt eine Adresse und eine lockere Datenschutzpolitik haben. Beim siebten Geschäft hatte ich Glück. Risa Longo war Stammkundin in der „Naughty Lingerie“-Boutique.

„Sie wohnt draußen an der Buzzard Road. Aus der Stadt raus, links, und dann der Straße folgen, bis Sie an der Buzzard Road ankommen. Sie wohnt ganz am Ende.“

Ich dankte der Frau überschwenglich, kaufte mir eine unwiderstehliche Seidengarnitur und gab die Ballons einem kleinen Jungen, sowie ich außer Sichtweite war. Gerade, als ich rückwärts aus meiner Parklücke setzte, sah ich Risas Auto.

Soviel Mühe, um sie zu finden, und dann klopfte sie mir praktisch auf die Schulter.

Ich fuhr direkt hinter ihr die Hauptstraße hinunter, wild entschlossen, sie nicht zu verlieren. Es war nur wenig Verkehr und ich hatte keine Mühe, an ihr dran zu bleiben. Ich folgte ihr eine kurvige Straße entlang, bis wir gut zehn Minuten außerhalb der Stadt waren. Sie bog in eine Sandstraße mit einem handgemalten, mit kleinen blau-weißen Blumen verzierten Straßenschild mit der Aufschrift „Buzzard Road“ ein. Ich fuhr rechts ran und sah zu, wie sie das Auto um eine Kurve und außer Sichtweite steuerte.

Es war Zeit für Plan C.

12

Plan C war genau meine Kragenweite. Zur Haustür gehen, klingeln und lügen. Der schwierige Teil war, sich einen Vorwand auszudenken. Dafür brauchte ich den ganzen Weg bis zur Tür.

Als Journalistin habe ich massenweise Erfahrung damit, mich an Orten einzuschmeicheln, wo ich nicht hingehöre. Da ich nie das Gefühl hatte, irgendwohin zu gehören, fällt mir das leicht. Wenn ich die Haltung, Mimik und Gesten der Leute annehme, unter denen ich mich bewege, kann ich mich in finanziell belastete Krankenhäuser, geschlossene politische Sitzungen, schlecht geführte Schulen, verdächtige Ämter und sogar gezinkte Bingoveranstaltungen für Senioren einmogeln.

Mein DTP-Programm liefert die I-Tüpfelchen für meine Chamäleon-Nummer. Ich bin inzwischen so etwas wie eine Expertin darin, mit meinem kleinen PC fingierte Briefköpfe, falsche Visitenkarten und offiziell aussehende, aber von A bis Z gefälschte Dokumente zu erstellen. Mit über fünfhundert Schriften und zweitausend Grafiken kann ich Geburtsurkunden, Broschüren und sogar persönliche Briefwechsel zusammenschwindeln, die völlig authentisch aussehen.

Immer noch mit dem Jeansrock und dem nicht mehr ganz so weißen Top bekleidet, ging ich auf Risas Eingangstür zu. Ich zog eine Visitenkarte aus der Sammlung in meiner Brieftasche und schlug eine offiziell aussehende Dokumentenseite auf meinem Kunstleder Clipboard auf.

Das Haus war ein längliches, ausuferndes Gebäude aus Luftziegeln, hinter Manzanitasträucher mit roter Rinde geschmiegt und von einer großen Rasenfläche umgeben. Auf der kreisförmigen Auffahrt stand der beigefarbene BMW, den ich aus der Stadt verfolgt hatte, und versperrte mir die Sicht auf den Eingang. Der Kofferraumdeckel stand offen. Ich lugte hinein und sah etliche volle Einkaufstaschen.

Gerade langte ich nach der Klingel, da flog die geschnitzte Eichentür auf, und die Öffnende und ich bekamen beide einen Schreck.

„Guter Gott! Haben Sie mich erschreckt!" Die Frau schlug sich mit der Handfläche auf ihre üppige Brust. Sie trug ein langes Oberteil mit V-Ausschnitt und enge Steghosen in Babyblau. Leger aber edel, jugendlich doch dezent.

„Entschuldigung!" sagte ich, während mein rasendes Herz sich wieder beruhigte. „Ich wollte gerade klingeln. Ich bin ... Connor Westphal. Von der Agentur?"

„Oh, wir wollen das Haus nicht verkaufen." Sie kam aus der Tür heraus, um weitere Einkäufe hereinzuholen, aber ich stand ihr im Weg und rührte mich nicht von der Stelle.

„Ich bin keine Immobilienmaklerin. Hat Ihnen denn niemand Bescheid gesagt, daß ich kommen würde?" Ich schlug mein Notizbuch auf. „Sie sind doch Risa Longo, nicht wahr?" Wenn ich einfach weiter redete, würde sie keine Zeit zum Nachdenken haben.

Die Frau runzelte die Stirn, legte eine Hand auf die Brust und wich etwas zurück. „Niemand hat mich wegen irgendeiner Agentur angerufen. Was für eine Agentur?"

„Adoptionsberatung", sagte ich und blätterte weiter durch meine Notizen für das Froschfrikassee. Glücklicherweise waren sie für keinen außer mir zu entziffern. „Ich vertrete eine Klientin, die als kleines Kind adoptiert wurde. Sie sucht seit einigen Monaten nach –" ich sah in meinen Unterlagen nach, „nach ihrer Adoptivschwester, und Ihr Name wurde uns als mögliche Informationsquelle für den Verbleib der Schwester genannt."

Ich zog meine gefälschte Visitenkarte heraus und gab sie ihr. Darauf stand „Calaveras Beratungen. Connor Westphal". Diese allgemein gehaltene aber fiktive Firma hatte mir schon bei verschiedenen Anlässen gute Dienste geleistet. Auf der Karte standen auch eine falsche Telefonnummer, Faxnummer, E-Mail- und Postadresse.

Ich sah auf, um das Gesicht der Frau zu lesen, aber es war ausdruckslos. Kein Zucken, Zwinkern oder Kräuseln auf der ganzen Leinwand. War ich als Adoptionsberaterin nicht überzeugend, oder hatte sie auch ein Hörproblem?

„Es ist mir klar, daß das ein sensibles Thema ist, und daß Sie vielleicht jemand anderes Privatsphäre schützen wollen, aber um meiner Klientin willen muß ich Sie fragen. Es ist ihr sehr wichtig, mehr über ihre Abstammung herauszufinden. Sie ... möchte gern ein Kind bekommen und ... braucht eine Anamnese."

„Ich weiß nichts von irgendeiner Adoption. Wer ist diese Person, die sie vertreten?" Ihre Augenbrauen bildeten eine Art Haken auf ihrer Stirn – eine schräg nach unten, die andere nach oben. Zum Glück konnte ich ihre rotumrandeten Lippen leicht ablesen, wenn mir das Gesicht schon nichts verriet.

„Das darf ich nicht sagen. Tut mir leid. Die Wahrheit ist – ich hoffe, daß ist jetzt kein großer Schock für Sie – meine Klientin deutete an, daß sie möglicherweise ihre biologische Schwester sein könnten."

„Was?!" Die Frau schlug sich wieder auf die Brust, so

daß über dem tief ausgeschnittenen „V“ ein roter Fleck entstand. „Ich adoptiert? Sie machen Witze!“ Sie lachte voller Amüsement über diese absurde Vermutung. „Früher habe ich immer gehofft, daß ich adoptiert wäre, jedesmal, wenn ich mit meinen Eltern Streit hatte. Aber seit meiner Teenagerzeit habe ich mir nicht mehr vorgestellt, eine Waise zu sein. Es tut mir leid, aber ihre Klientin irrt sich.“

Ich tat, als ob ich in meinem Notizbuch etwas für die nächste Frage nachsehen müßte. Das gab mir etwas Zeit zum Nachdenken.

„Wäre es möglich, daß Sie vielleicht als Kleinkind adoptiert wurden, so daß Sie es gar nicht wußten, und daß Ihre Eltern es Ihnen nie gesagt haben?“

„Nein, ausgeschlossen.“ Das Lächeln verschwand. Ihr Gesicht begann, Irritation zu zeigen – zusammengepreßte Lippen, deutlicheres Stirnrunzeln, steifer Hals.

„Wie können Sie da so sicher sein?“

„Ich bin es eben.“

„Aber –“

„Hören Sie. Mein Vater hatte Krebs. Ich war einer der wenigen Menschen, die für eine Knochenmarkspende in Frage kamen. Unsere Werte im Kompatibilitätsstest waren sich so ähnlich wie nur möglich. Er ist definitiv mein Vater. Und falls Sie glauben, daß meine Mutter nicht meine wirkliche Mutter ist, na, dann kommen Sie mal mit. Ich werd’s Ihnen zeigen.“

Risa Longo öffnete schwungvoll die Tür und führte mich in ein abgesenktes Wohnzimmer, das mit einer eklektischen Sammlung von Erinnerungsstücken vieler Reisen vollgestopft war. Geld macht vielleicht nicht glücklich, aber man kann damit jede Menge Nippes kaufen. Sie zeigte auf ein üppig geschnitztes Elfenbeinregal, auf dem sich einige

Fotografien mit asiatischen, afrikanischen und südamerikanischen Kunstobjekten mischten.

„Schauen Sie", sagte sie, und hielt mir ein älteres Bild von sich selbst entgegen. Dann nahm sie das Bild einer anderen Frau hoch, die glatt als ihre Zwillingsschwester durchgegangen wäre. Keine von beiden ähnelte Lacy Penzance.

„Das hier bin ich mit meinem ersten Mann, das wurde vor zehn Jahren aufgenommen. Er ist letztes Jahr gestorben. Und das hier ist meine Mutter, als sie ungefähr genauso alt war wie ich damals. Und jetzt sagen Sie mir, ich wäre adoptiert."

Sie hatte recht. Ich konnte es nicht. Sie hatten beide die gleichen hängenden Lider, die gleiche gemeißelte Nase, die gleichen aufgeworfenen Lippen und das gleiche Kitschromandekolleté.

Ich stellte die beiden Fotos vorsichtig zurück. Lacy Penzance hatte gesagt, daß sie ihre adoptierte Schwester finden wollte. Aber Risa Longo war offensichtlich nicht mit ihr verwandt. War sie ein Verbindungsglied zu Lacys wirklicher Schwester? Oder war Lacy aus Risas Familie heraus adoptiert worden?

„Hatten Sie irgendwelche Geschwister, Ms. Longo? Könnte es sein, daß meine Klientin vor oder kurz nach Ihrer Geburt von Ihren Eltern zur Adoption freigegeben wurde?"

Risa Longo schüttelte den Kopf. Ihre Brust wogte mit. „Meine Mutter hatte drei Fehlgeburten, bevor ich geboren wurde. Sie wollte unbedingt ein Kind haben. Es hat zehn Jahre gedauert, bis sie mich endlich bekamen. Sechs Monate später ist meine Mutter gestorben. Wer ist denn diese Klientin, die sie vertreten? Vielleicht kann ich Ihnen irgendwie weiterhelfen, wenn Sie mir ihren Namen sagen."

Was hatte ich schon zu verlieren? Die Angelegenheiten meiner Kundin vertraulich zu behandeln, stand jetzt wirklich nicht mehr zur Debatte.

„Ihr Name war Lacy Penzance. Haben Sie –?“

Ich brauchte keinen Kurs in Mimikinterpretation, um ihre unwillkürliche Reaktion zu verstehen. Bevor ich meinen Satz noch beenden konnte, war die Frau sichtlich blaß geworden, ihr Mund verzog sich zu einer Grimasse und ihre Augen wurden schmal. Ihre Hände begannen zu zittern. Sie griff nach ihren Ellbogen, als ob sie sich gleichzeitig zu schützen und beruhigen versuchte.

„Wer sind Sie? Was wollen Sie? Ich weiß nichts über diese Lacy Penzance, aber wüßte wirklich gern, was eigentlich los ist. Sind Sie von der Polizei?“

„Nein, Ms. Longo. Ich bin nicht von der Polizei. Und ich kann Ihnen wirklich nicht viel sagen. Ich versuche nur, Lacy Penzances Schwester zu finden. Damit wurde ich sozusagen beauftragt. Wußten Sie, daß Lacy tot ist?“

„Ja“, sagte sie sanft. Sie blickte zur Seite und schüttelte den Kopf, als ob sie ihr Gehirn lockern wollte.

„Zuerst hieß es, es sei ein anzweifelbarer Selbstmord. Aber der Sheriff vermutet …“ Ich führte den Satz nicht zu Ende. Statt dessen fragte ich, „Hat die Polizei Sie kontaktiert?“

Sie schüttelte wieder den Kopf und sah mich immer noch nicht an.

„Wenn Sie irgendeine Verbindung zu ihr hatten, werden sie vielleicht mit Ihnen reden wollen. Sie … sie wurde möglicherweise ermordet.“

„Was?“ Die Frau war zusehends mehr erschüttert. Sie sank auf eine seidenbezogene Ottomane. Ich setzte mich auf den Stuhl gegenüber. „Sie war gerade erst hier … ich –“

Risa Longo drehte ihren Kopf zur Seite und ich bekam den Rest des Satzes nicht mit.

„Was haben Sie gesagt?" Ich rückte mit dem Stuhl nach, so daß ich ihre Lippen sehen konnte.

„Sie war hier, vorgestern, am Abend. Ich wußte nicht, wer sie war, als sie vor der Tür stand. Sie wollte mir ihren Namen nicht sagen. Sagte nur, daß sie mir einige Fragen stellen müßte. Sie war fürchterlich aufgeregt und machte lauter absurde Anschuldigungen."

„Daß sie Ihre Schwester war?"

„Nein! Nichts in der Art! Sie fragte nach meinem Mann."

Ich blinzelte. „Ihrem Mann? Was wollte sie denn? War sie –"

„Sie wollte ein Bild von ihm sehen. Ich wußte nicht, wovon sie sprach, aber sie schien völlig außer sich zu sein. Ziemlich wirr sogar. Sie flehte mich an, ihr ein Foto von Larry zu zeigen."

„Und haben Sie es ihr gezeigt?"

„Ich hatte es nicht vor. Sie machte mir ein bißchen Angst. Mein Mann ist viel unterwegs, und ich bin hier meistens allein. Als ich ihr die Tür vor der Nase zuschlagen wollte, stieß sie mich beiseite und rannte ins Haus. Sie sah sich um, als ob sie etwas suchte, dann stürzte sie sich auf die Fotografien hier. Sie schnappte sich das einzige Bild, das ich von ihm habe. Es wurde letztes Jahr bei unserer Hochzeit in Las Vegas aufgenommen."

„Sie hat das Bild einfach mitgenommen?" fragte ich, über Lacys eigenartiges Verhalten verblüfft.

Risa Longo nickte. „Ja! Hat es einfach in ihre Tasche gestopft und ist weinend und unverständliches Zeug brabbelnd aus der Tür gerannt. Ich habe sofort den Sheriff angerufen, nachdem sie weg war, aber ich wußte ja nicht, wer sie war – sie hatte ihren Namen nie gesagt – also konnten sie nicht viel tun. Dann sah ich ihr Gesicht im Fernsehen und erkannte die Frau, die sich mit meinem Hochzeitsfoto davongemacht hatte. Und sie war tot!"

„Haben Sie den Sheriff angerufen?"

„Nein. Wozu? Ich wußte ja nicht –"

„Ms. Longo, was sagt denn Ihr Mann zu der ganzen Sache? Kennt – kannte er Lacy?"

Ihr Gesicht sah plötzlich müde aus und fiel noch mehr in sich zusammen. „Um die Wahrheit zu sagen, habe ich meinen Mann seit ein paar Tagen nicht mehr gesprochen. Ich konnte ihn nicht erreichen. Er ist Archäologe, deshalb ist er oft lange Zeit weg. Vielleicht hatte sie etwas mit seiner Arbeit zu tun. Manchmal machen sie bemerkenswerte Funde, wissen Sie, wertvolle, meine ich. Eine Menge Geld wert …" Sie schweifte für einen Moment ab. „Ich wünschte, er würde anrufen. Ich mache mir ein bißchen Sorgen um ihn. Ich hatte vor, ihn nach ihr zu fragen, aber jetzt, na ja, jetzt hätte ich einfach gern eine Erklärung."

Ich stand auf und ging noch einmal zu der Fotogalerie hinüber. Ich konnte mir auf Lacys Handlungen keinen Reim machen.

„Sie haben keine anderen Bilder von Ihrem Mann?" Es kam mir seltsam vor, daß es nur ein Foto geben sollte.

„Nein. Wir sind erst sechs Monate verheiratet. Und er ist so oft weg. Es ist schon schwierig genug, ihn dazu zu bringen, den Müll rauszutragen, von fotografieren ganz zu schweigen."

Ich nahm ein Bild von Risa Longo mit einem anderen Mann hoch, um die fünfzig. Es war eines dieser Fotos, auf denen die Leute alte Kleider anhaben, so daß es wie eine alte Fotografie aussieht. Ich hielt es für sie hoch, aber sie sah mich fragend an.

„Haben Sie etwas gesagt?“ erkundigte ich mich. Diesen Gesichtsausdruck kannte ich.

„Ich sagte nur, ich wünschte, ich wüßte, worum es hier eigentlich geht.“

„Wer ist das hier?“ Ich hielt das Bild noch einmal hoch.

„Mein erster Mann. Er ist vor über einem Jahr gestorben.“

Ich stellte das Bild wieder auf das kunstvolle Regal zurück, dankte Risa Longo, daß sie mir ihre Zeit gewidmet hatte, und versprach, ihr Bescheid zu sagen, falls ich irgend etwas interessantes erfuhr oder ihr Hochzeitsfoto fand. Ziemlich verwirrt ging ich zu meinem Auto zurück.

Lacy Penzance mußte die Adoptionsgeschichte erfunden haben, um die Longo ausfindig zu machen. Eine Frau ganz nach meinem Geschmack. Und sie hatte anscheinend Erfolg gehabt – abgesehen davon, daß Risa nicht ihre Schwester war. Was also war der eigentliche Grund für ihre Suche?

Lacy hatte Risa am Abend, bevor sie starb, einen Besuch abgestattet. Irgend etwas an Risas Ehemann hatte sie so sehr aufgeregt, daß sie hysterisch wurde, ins Haus eindrang und das Bild stahl.

Was war es? Gab es irgendeine Verbindung zu seiner archäologischen Arbeit? Hatte es irgend etwas mit Risa Longo selbst zu tun? Und warum hatte Lacy mich gebeten, über ihre Suche nach Risa Stillschweigen zu bewahren?

Was immer es auch war, es hatte jedenfalls bestimmt etwas mit ihrem Tod zu tun. Aber was? Viele Möglichkeiten hatte ich nicht.

Bis auf eine.

13

„Geschäft ist Geschäft“ hat irgendein Geschäftsmann einmal gesagt. Das ist wahrscheinlich die konservative Version von „in der Liebe und im Krieg ist alles erlaubt“. Und beim Tod natürlich auch.

Das schien jedenfalls French McCluskys Sicht der Dinge zu sein. Ihm gehörte das Memory Kingdom, eine Kette von Bestattungsinstituten im kalifornischen Mother Lode. Seine Firma sei „für das nächste Jahrhundert der unendlichen Weiten“ gerüstet, sagte er einmal, als er bei der *Eureka!* vorbeikam, um eine Anzeigenserie Korrektur zu lesen. Zweifelsohne ein Trekkie.

French hatte sich für sein blühendes Beerdigungsgeschäft die Rentnersiedlungszone mit der höchsten Zuwachsrate im gesamten Staat ausgesucht – das Goldgräbergebiet. Er besaß Geschäftssinn und Weitblick – keine hagere Gestalt wie aus einem Vincent-Price-Horrorfilm. French ist halb asiatisch und halb irisch und stammt von einem der vielen fleißigen Chinesen ab, die in den Goldminen um ein neues Leben im Westen gruben.

Sein chinesischer Großvater mütterlicherseits hatte eine Spielhölle in den Hinterzimmern der chinesischen Siedlung betrieben, während sein irischer Vater jahrelang den Pionierfriedhof verwaltete, bis die Eigentümer die Anlage vor fünfzehn Jahren auf den Markt warfen.

Damals kaufte sich French die erste einer Reihe von endgültigen Ruhestätten und verwandelte vernachlässigten Dreck in eine Goldgrube.

Bei der Erfindung der neuesten Trends im Abfertigungsservice für die lieben Verstorbenen scheute French keine Kosten. Vor vier Jahren führte er den ersten 24-Stunden-Drive-Up-Schaufenster-Service ein, bei dem trauernde Besucher ihren Dahingeschiedenen auf einem Breitwandfernseher betrachten konnten. Nach Vereinbarung bot er Gruppenführungen durch die Leichenhalle an. Und nach allem, was man so hörte, mußte Halloween in seinem Laden der absolute Thrill sein.

Die „Memory Kingdom"-Bestattungsinstitute sahen wie kleine Häuschen aus einem Disneyfilm aus. Tatsächlich hatte French für die Entwürfe aller seiner Gebäude einen ehemaligen Disney-Architekten angeheuert. Ich hatte das Gefühl, daß ich einen Memory-Kingdom-Abenteuer-Paß brauchen würde, um hinein zu dürfen.

Meine erste Station war die Filiale in Whiskey Slide, um herauszufinden, woher die Visitenkarte mit Risa Longos Namen kam. Das Geschäft lief eher ruhig – es war nur ein Berater da, und der konnte mir nichts über Risa Longo, Lacy Penzance oder die mysteriöse Visitenkarte sagen. Wenn ich mehr wissen wollte, würde ich mit French McClusky oder Celeste Camborne in der Flat-Skunk-Filiale reden müssen. Ich hüpfte in meinen „fast-wie-neu"-Chevy und fuhr den Highway 49 wieder zurück.

Die Eingangstür des Bestattungsinstituts in Flat Skunk führte in einen großzügigen Raum voller dickgepolsterter antiker Sitzmöbel und eleganter Dekorationsstücke. Die vier großen Wände des klimatisierten Raums mit exakt kalkulierter indirekter Beleuchtung waren so bemalt, daß sie wie ein weiter Himmel aussahen – lauter bauschige Wölkchen, durch die silbrige Ströme von Sonnenstrahlen brachen.

An der einen Seite waren zwei kleine Büros mit Fenstern, die nicht auf den echten Himmel, sondern auf den falschen in der Halle hinausgingen. French hatte das erste Büro. Die Jalousie an seinem Fenster war zugezogen. Celeste konnte ich durch die aufgestellten Lamellen ihrer Jalousie sehen. Sie telefonierte gerade. Irgendwie hatte sie meine Anwesenheit bemerkt, sie drehte sich zu mir, lugte durch die Jalousie und winkte, und fuhr dann mit ihrer Unterhaltung fort.

Sie schien erregt und aufgebracht und sprach den unsichtbaren Anrufer am anderen Ende der Leitung stirnrunzelnd und gestikulierend an. Als sie mich sah, blitzte kurz ein gezwungenes Lächeln über ihr Gesicht, aber es nahm schnell wieder den irritierten Ausdruck an. Ich verbrachte die nächsten paar Momente damit, die verschiedenen Kunstwerke an den Wänden zu bewundern und einige Broschüren auf dem Tisch neben einem Brokatsofa durchzublättern, dann setzte ich mich und beobachtete Celeste.

Sie hatte sich jetzt Richtung Fenster gedreht. Ich konnte zwischen den Jalousielamellen hindurch sehen, wie ihre Lippen sich bewegten. Sie drehte einen Ring an ihrem Finger hin und her während sie sprach, den Telefonhörer an der Schulter eingeklemmt.

Ich konnte es nicht lassen, zu versuchen, ihre Lippen abzulesen, trotz der ungünstigen Bedingungen. Bei dieser Entfernung, der schlechten Beleuchtung und der Sichtbehinderung konnte ich nur ein paar Fetzen ausmachen.

„… vorsichtig … Scheiße … Sluice … du Arschloch … heute abend … verdammt noch mal, Wolf … Trauerfeier …“

An dieser Stelle bemerkte sie meinen konzentrierten Blick, winkte wieder und schloß die Jalousie.

Nach ein paar weiteren Minuten öffnete sie ihre Bürotür und kam in die Empfangshalle.

In ihrem rosa Seidenkleid und den aufgebauschten Löckchen sah Celeste Camborne wie eine dreißigjährige gute Fee aus. Sie hieß mich mit weit geöffneten Armen, einem breiten Lächeln und einem neckisch geneigten Kopf willkommen.

„Connor Westphal!" sagte Celeste, wobei sie die Hände zusammenschlug und ihre Lippen wie Mick Jagger bewegte. Ihr Benehmen hatte sich völlig verändert. Sie sprach fast nur noch in Ausrufezeichen. „Wie schön, Sie zu sehen!"

„Hi, Celeste."

Sie nahm meine Hand herzlich zwischen ihre und gab mir einen dieser Ach-Gott-Sie-Arme-Blicke. Diesen Ausdruck habe ich schon oft auf den Gesichtern von Hörenden gesehen, die auf meine Gehörlosigkeit mit Entsetzen oder Mitleid reagieren. Aber Gehörlosigkeit ist kein Problem, bis jemand wie Celeste eins daraus macht.

„Oh, Connor! Es ist so schön, Sie zu sehen. Wie geht es Ihnen, Liebes? Ist alles in Ordnung?"

Mir war nicht ganz klar, ob Celeste diese klebrige, herablassende Art von Sympathie von Natur aus besaß, oder ob sie ihr als Trauerberaterin antrainiert worden war. Irgendwie mochte ich Celeste zwar, aber ihre herablassende Art brachte mich zum Wahnsinn. Wenn sie mir noch ein einziges Mal so mitleidig ihre Unterlippe entgegenstreckte, würde ich sie ihr möglicherweise mit Gewalt ins Gesicht zurückschieben.

„Mir geht's großartig, Celeste." Am liebsten hätte ich hinzugefügt, „Es gibt noch keine Therapie, aber wir hoffen immer noch auf die Ohrtransplantation." Statt dessen tat ich das, was ich, wie ich in letzter Zeit festgestellt hatte, am besten konnte. Ich begann zu lügen.

„Äh, meine Großtante … Lulu, ja, also – ich werde vielleicht so etwas … in dieser Art brauchen, wissen Sie …" Ich machte eine große Geste und stellte fest, daß ich dabei auf

Möbel statt auf Bestattungsutensilien zeigte. „Ich dachte, ich schau mal vorbei und sehe mir an, was Sie so zu bieten haben. Du lieber Himmel, das hier erinnert mich immer ans Märchenland."

Celeste nickte und ihre aufgebauschte Frisur bewegte sich leicht. „Ja, auf die meisten Leute hat es eine unglaublich beruhigende Auswirkung. Manchmal erscheint einem der Tod wie ein Traum, finden Sie nicht?"

Ein Alptraum, hätte ich am liebsten gesagt. Statt dessen lächelte ich. Sie war bereits dabei, ihren Zauber im Königreich wirken zu lassen.

Celeste half trauernden Hinterbliebenen, ihren Schmerz zu zerstreuen, zweifelsohne durch den Erwerb schrecklich teurer Sargausstattungen. Das gehörte zu Frenchs ständig erweitertem Plan für den ultimativen Sterbeservice. Sie pendelte nach Bedarf zwischen den Bestattungsinstituten hin und her, um denen beizustehen, die am meisten von ihrer seelischen, psychologischen und finanziellen Beratung profitieren würden.

„Ich bin froh, daß Sie mich angetroffen haben", sagte sie. „Ich habe Lacys Beerdigung heute nachmittag vorbereitet. Soll ich Ihnen einen Erinnerungsberater holen? Er könnte Ihnen ein paar von unseren speziellen neuen Produkten zeigen."

Jetzt hieß es schnell denken. „Ich hatte eigentlich auf eine kurze Führung gehofft, wenn Sie die Zeit hätten. Ich wollte einen Artikel über das Memory Kingdom für meine Zeitung schreiben. Es ist eine so bedeutende Einrichtung."

Celeste sah auf ihre Uhr. „French ist nicht da. Aber ich denke, ich habe Zeit für eine kurze Tour. Da können wir ja zwei Fliegen mit einer Klappe schlagen, sozusagen. Sie sehen vielleicht etwas Passendes für Ihre Tante Lulu, und das Memory Kingdom bekommt ein bißchen Publicity."

Celeste nahm meinen Arm und führte mich durch eine schweren Vorhang in einen Bereich, in dem fast ein Dutzend Särge standen, geschmackvoll arrangiert mit Trokkenblumensträußen, Laura-Ashley-Kissen und fruchtigem Potpourriduft. Die Särge bildeten einen großen Kreis hoher, weicher Betten in einer Vielzahl von Stilen, Materialien, Farben und Preislagen. Jeder trug ein bronzenes Namensschild am gerafften Innenfutter.

Ich zog meinen Kassettenrecorder heraus, schaltete ihn ein und hielt ihn dann hoch, um Celestes Sprache aufzunehmen. „Das ist also der Sargraum?" sagte ich, und versuchte, nicht zu nah an ein patriotisches Exemplar aus Teakholz zu geraten. Auf dem Bronzeschild stand „Präsidentensuite".

„Das ist das Selektionszimmer, Liebes. Wir nennen sie letzte Wohnstätten, nicht Särge" sagte sie und legte ihren Kopf schief. „Die Terminologie hat sich seit der Zeit der Kiefernholzkisten ziemlich verändert. Wir versuchen immer, politisch korrekt zu sein – sensibel mit dem Tod umzugehen."

„Ach wirklich", sagte ich, und mußte an die Terminologie für Gehörlosigkeit denken, die sich im Laufe der Jahre auch ganz schön verändert hatte. Was früher „taubstumm" war, wurde „hörbehindert", dann „hörgeschädigt" und schließlich „gehörlos". In Amerika schreiben das sogar einige groß. Als nächstes ist dann wahrscheinlich „tonmäßig eingeschränkt" oder „anderswahrnehmend" dran.

„Und French ist auch kein Leichenbestatter mehr. Er ist ein Trauerfeierdesigner. Die Dahingeschiedenen, wie wir sie gerne nennen, werden in Spezialwagen oder Kutschen gefahren, nicht etwa in Leichenwagen." Als sie das letzte Wort aussprach, erschauerte sie doch tatsächlich. Allmählich hörte es sich an wie *Schöne neue Welt*.

„Matthew, der Mann dort hinten, der dem Kunden gerade die letzte Wohnstatt „Vorstandsbüro“ zeigt? Der ist kein Sargverkäufer sondern Erinnerungsberater. Wir sind der Ansicht, daß die Trauernden besser mit ihrem Schmerz fertig werden, wenn wir weniger emotional aufgeladene Begriffe verwenden.“

Ich deutete auf einen Grabkranz. „Sagen Sie's mir nicht – ein florales Andenken, stimmt's?“

„Dicht dran! Eine florale Erinnerungsgabe.“ Sie legte verschwörerisch eine Hand an den Mund und kam ganz dicht an mich heran.

„Wollen Sie einen meiner Lieblingsausdrücke wissen?“ Sie lächelte schelmisch-ungezogen, so als ob sie gleich etwas wirklich Schockierendes sagen wollte. „Wissen Sie, wie man jetzt die Asche aus der Feuerbestattung nennt?“

Ich schüttelte den Kopf und ahmte ihr schelmisches Lächeln nach.

„‚Kreminiszenzen‘! ‚Kremieren‘ und ‚Reminiszenzen‘ in einem Wort kombiniert. Ist das nicht süß?“

Und wie.

Celeste nahm meine Hand, führte mich aus dem Selektionszimmer heraus und in den Ruheraum, in dem ein kürzlich Dahingeschiedener auf einer mit braunem Samt bezogenen Matratze in einer letzten Wohnstatt aus dunklem Mahagoni lag. Der Raum roch nach frischen Kiefernnadeln. Florale Erinnerungsgaben.

„Ist Lacy hier irgendwo?“ Ich sah mich um und versuchte, das Gespräch auf mein eigentliches Anliegen zu bringen.

„Dazu kommen wir noch. Aber erst muß ich Ihnen unsere Auswahl zeigen. Laut *Bestattungs-Business* geben die Amerikaner mehr für Beerdigungen aus als für den Zahnarzt, Polizeischutz oder höhere Bildung. Wir möchten unseren Kunden das beste an Qualität und Nutzwert bieten – mit Sprungfedermatratzen, letzten Wohnstätten aus bleiverkleidetem Edelstahl und handgenähten Ausstattungen in sechzig verschiedenen Farben zur Wahl. Jede letzte Wohnstatt ist vollständig gefüttert, mit einer Permaseal-Gummidichtung, um Luftaustausch zu vermeiden und, na ja, sie wissen schon – um zu verhindern, daß Tierchen hineinkommen. Und wir verwenden nur Natur-Glo-Produkte – das absolut Beste in der thanatoplastischen Kosmetik."

Ich war immer der Ansicht, daß Wissen nie schaden kann. Aber es gab anscheinend doch ein paar Dinge, über die man lieber nicht allzuviel wissen sollte.

Wir kamen an einem Dahingeschiedenen vorbei, der aussah, als ob er in Madame Tussauds Horrorkabinett gehörte. Ich hatte unwillkürlich das Bedürfnis, ihn nur durch meine Finger hindurch anzusehen.

Die dicke Schicht von Schminke gab seinem Gesicht ein tiefgebräuntes Aussehen, das in starkem Kontrast zu den blassen über seiner Brust gekreuzten Armen stand. Goldene Ringe schmückten jeden kalten Finger der perfekt manikürten Hände. Sein leicht geröteter Mund war zu einem geheimnisvollen Lächeln verzogen, als ob er zwischen seinen Lippen ein amüsantes Geheimnis hütete. Ein Auge war friedlich geschlossen, das andere sah so aus, als ob er es zu öffnen versuchte, mit einem kleinen Schlitz zwischen den Lidern.

Und seine Frisur war perfekt.

„Das ist Leonard Swec, der Vorsitzende des Elk-Clubs. Erinnern Sie sich an ihn? Er ist Sonntag gestorben. Herzschlag. Die Trauerfeier ist morgen."

„Ist Lacy auch hier?" versuchte ich es noch einmal.

„Kommen Sie mit."

Ich folgte Celeste in den Kalzinierungsraum, in dem eine „gütigere Hitze" die Dahingeschiedenen in gütigere Asche verwandeln sollte. Ich würde ja gerne eine schöne Beschreibung dieses Raums geben, aber ich schaute mich nicht besonders intensiv um. Lassen wir es dabei bewenden, daß der Kreminiszenzen-Erzeuger groß, aus Metall, und ziemlich heiß war.

„Aber sind Trauernde in so einer Phase nicht besonders anfällig dafür, ihr schlechtes Gewissen wegzukaufen?" sagte ich und versuchte, die Fassade etwas anzukratzen.

„Um Ihnen die Wahrheit zu sagen, wir haben festgestellt – und *Bestattungs-Business* wird das bestätigen – daß man die Hinterbliebenen auf die teureren letzten Wohnstätten hinlenken *muß*, um die Schuldtherapie günstig zu beeinflussen. Ja, es stimmt, sie können diese Entscheidungen oft nicht so spontan treffen, wie sie vielleicht wollen. Aber dafür sind wir ja da – um ihnen zu helfen, indem wir ihnen den besten Gegenwert für ihr Geld bieten. Wir haben Produkte und Dienstleistungen für jedes Budget."

Ich sah mich um und wünschte dann, daß ich es nicht getan hätte. Ich wußte gar nicht, was schlimmer war – zu sehen, wie ihre Lippen die Details des Allerheiligsten beschrieben, oder etwas zu sehen, daß mir noch auf Jahre Alpträume bescheren würde. Ich sah zu Celeste zurück.

„ … diejenigen, die ein niedrigeres oder unflexibles Einkommen haben, können eine preiswerte letzte Wohnstatt und Service für einen unbedeutenden Betrag bekommen, etwa zweitausend Dollar. Aber die meisten Menschen wollen das Beste für ihre Dahingeschiedenen, mit allen Extras. Eine Grabkammer zum Beispiel. Einige Friedhöfe bestehen darauf, falls die letzte Wohnstatt sich zersetzt und das Ganze zusammenfällt." Sie schauderte. Es war wirklich eine nette Vorstellung.

„Jedenfalls kommt da viel zusammen. Sie müssen an Blumen denken, Kleidung, den Geistlichen, Honorare für Musiker und Solisten, professionelle Anzeigenkarten, Gästebuch, Erinnerungskarten und Grabpflegegebühren. Einige geben zwanzigtausend Dollar oder mehr aus."

Jetzt war ich es, die erschauerte. „Du liebe Zeit, das ist aber viel Geld, nur um ein schlechtes Gewissen zu beruhigen. Und das ist ja schließlich nicht die Art von Geschäft, bei der man innerhalb von zehn Tagen sein Geld zurückverlangen kann, wenn man nicht zufrieden ist. Hat Lacy so viel ausgegeben?" Ich war fest entschlossen, das Gespräch auf das richtige Thema zu bringen.

„Darum kümmern wir uns verstärkt darum, Angebote für die Erinnerungsvorsorge zu schaffen – Begräbnisausstattungen für die Zukunft, die allmählich abgezahlt werden können und nach Ihren persönlichen Wünschen gestaltet werden. Sie würden nicht glauben, wie viele Menschen sich heute die Farben aussuchen möchten, mit denen sie in die Ewigkeit eingehen werden. Lacy hat das jedenfalls gemacht."

Ich wollte lachen, aber sie sah so ernsthaft aus, daß ich es lieber unterdrückte. Ich würde mich ja auch keinesfalls in Flohbraun vom Tod erwischen lassen wollen, wenn Aquamarin die Farbe der Saison war.

„Kommen Sie. Ich zeige Ihnen den Austauschraum, in dem wir das Schöne Erinnerungsbild erstellen."

„Was ist das denn? Schnappschüsse von früheren Kunden?"

Celeste kicherte wie ein Schulmädchen. „Nicht doch, Dummchen. Dort präparieren wir die Leichen."

Ich fühlte meinen Magen Achterbahn fahren und fragte mich, was ich mir eigentlich dabei gedacht hatte, herzukommen.

„Dann können Sie auch einen Blick auf Lacy werfen. Ich glaube, das Ergebnis wird Sie überraschen."

Ich konnte es kaum erwarten.

Aber ich würde wohl warten müssen. Denn in diesem Moment kam ein Typ im Laborkittel hereingeschossen und brüllte, „Wo zum Teufel ist das Teil?"

14

„Welches Teil?" fragte Celeste.

Der Mann in weißem Laborkittel, Jeans, Gummihandschuhen und Gesundheitslatschen sah so blaß aus, als ob er selbst einen kleinen Schuß Natur-Glo-Balsam brauchen könnte. Der Einbalsamierer sah mich an und sagte dann zu Celeste:

„Könnte ich Sie einen Moment in der Empfangshalle sprechen, unter vier Augen?"

Er konnte ja nicht ahnen, daß ich schon kein Wort mehr verstehen würde, wenn er bloß den Kopf wegdrehte.

Celeste warf mir ein schiefes Lächeln zu. „Warum warten Sie nicht ein Weilchen da drüben beim Konservierungsraum, Connor, während ich mit Charlie rede. Sie können nicht hineingehen – das darf niemand außer den Thanatoplastikern, den Einbalsamierern. Aber durch das Fenster können Sie ganz gut sehen. French hat es extra für die Führungen einbauen lassen."

Ich schaltete den Kassettenrecorder ab und ging tapfer zu dem Fenster hinüber, während Celeste und Charlie in einen Nebenraum verschwanden. Ich schaute die Empfangshalle hinunter – niemand in Sicht. Ich schob die Tür auf und dachte daran, was meine Lehrerin einmal zu mir gesagt hatte: „Connor, du willst einfach nicht hören." Na wenn schon.

Es ist der Geruch, der einem wirklich an die Nieren geht. Da wird man sofort in die Biologiestunde in der siebten Klasse zurückversetzt. Die mit dem toten Frosch und den Reflexen. Als ich die Tür öffnete, kam mir eine ganze Wolke entgegen. Ganz sicher irgendwas Medizinisches. Formaldehyd? Kindergarten-Bastelkleber? Ein Wodka-Cocktail? Ich trat den Rückzug an, schloß die Tür und kehrte zum Schaufenster zurück, durch das ich bedauerlicherweise immer noch ausgezeichnet sehen konnte.

Der Raum war gekachelt, mit jeder Menge Edelstahl, Porzellan und steril aussehendem Zeug. Er erinnerte mich an die chirurgische Station im Krankenhaus, wo ich meine Ohroperation gehabt hatte. Einige Instrumente und Geräte erkannte ich wieder – Skalpelle, Scheren, Bohrer, Zangen, Klammern, Nadeln, Pumpen, Schläuche, Schüsseln und Becken – und dann sah ich noch einen ganzen Haufen, den ich nicht identifizieren konnte.

Aber das war kein toter Frosch, der da auf dem Stahltisch lag. Es war eine Leiche.

Ich fuhr zusammen, als ich eine Berührung an meiner Schulter spürte.

„Tut mir leid", sagte Celeste. „Hier gibt es immer irgend etwas. Wie gefällt Ihnen denn der Konservierungsraum?"

„Äh ..." war alles, was ich herausbekam. Ich grub in meinem Rucksack nach dem Kassettenrecorder und schaltete ihn wieder ein.

„Hier verwandeln wir den Dahingeschiedenen aus einem leblosen Körper in das Schöne Erinnerungsbild. Der ganze Prozeß dauert etwa drei Stunden: einsprühen, aufschneiden, anstechen, beizen, frisieren, eincremen, wachsen, anmalen, Rouge auftragen und natürlich ankleiden." Bei jedem Schritt, den Celeste aufzählte, ging ein rasiermesserscharfer, lackierter Fingernagel zackig in Position.

Sie fuhr mit einstudierter Begeisterung fort, wie eine flotte Reiseführerin auf ihrer hunderfünfzigsten Tour durch die Weingüter. Für die letzten Details schaltete sie auf Autopilot.

„Dann fügen sie noch alle möglichen Flüssigkeiten, Sprays, Pasten, Öle, Puder und Cremes hinzu, um das Gewebe zu festigen, aufzuweichen, zu schrumpfen oder auszudehnen. Ein Thanatoplastiker ist eigentlich ein Restaurator."

Gewebeausdehnung sollte Restauration sein? Hatte ich da irgend etwas nicht mitbekommen? Einmal hatte ich in einem Konkurrenzblatt eine Anzeige gelesen: „Jeder High-School-Abgänger kann binnen sechzig Tagen das Einbalsamieren lernen, sonst Geld zurück."

„Bekommt jeder diese Führung?" erkundigte ich mich, und fragte mich, wie hoch wohl die Ausfallquote sein mochte.

„Aber nein. Nur andere Bestattungsunternehmer aus anderen Staaten, die Frenchs neuesten Stand der Technik sehen wollen."

Celeste fuhr fort, weitere faszinierende Vorgänge aufzuzählen. Mir schwamm es vor den Augen, während sie sprach. Ich hatte die Wahl, entweder durch dieses viel zu großzügige Fenster zu gucken, oder sie über Flüssigkeiten, Pumpen und wer weiß was noch alles weiterplappern zu sehen. Ich versuchte, an etwas anderes zu denken, ganz egal was. Wenn ich mich nicht auf irgendeine Ablenkung konzentrierte, würden ihre Ausführungen jeden Moment durch meinen Mageninhalt unterbrochen werden.

„Und das ist es im großen und ganzen. Faszinierend, nicht wahr?"

„Sie wissen wirklich eine Menge über das Bestattungsgeschäft, Celeste. Mußten Sie das alles für Ihre Stellung hier lernen?"

„Nein, nein. Das meiste habe ich mir selbst beigebracht."

„Muß jeder Tote … ich meine, jeder Dahingeschiedene einbalsamiert werden?" fragte ich, und war mir gar nicht sicher, ob ich es wirklich wissen wollte.

In diesem Moment kam Sluice Jackson durch die Eingangshalle geschlurft und schob halbherzig einen Besen vor sich her.

„Sluice! Doch nicht jetzt!" Sie schien energisch zu sprechen, änderte dann aber ihr Verhalten. „Warten Sie bitte bis heute abend. Gehen Sie in den Garten und machen Sie da Ihre Arbeit zu Ende."

Sluice warf ihr einen wäßrigen Blick zu. „Ich hab's nicht genommen. Ich war's nicht. Ich –"

„Sluice, gehen Sie wieder an Ihre Arbeit!" unterbrach ihn Celeste.

Er drehte sich um und schlurfte brabbelnd die Empfangshalle hinunter.

„Er ist wirklich eine arme Seele. Wir versuchen, ihn zu beschäftigen, aber ihm fehlen immer noch ein paar Nuggets an der Goldader, wenn Sie wissen, was ich meine. Ich fürchte, wir werden uns bald jemand anderen fürs ausbaggern suchen müssen. Aber egal, wo war ich stehengeblieben? Ach ja richtig. Eine Einbalsamierung des Leichnams –"

„Was fehlt denn eigentlich?" fragte ich, um sie von ihrem Vortrag abzubringen. Auf einmal war ich neugierig, worum es wohl in der dringenden Besprechung mit Charlie gegangen war. Was konnte denn in einem Bestattungsinstitut verlorengehen? „Eine Leiche?" fragte ich kühn.

Celeste kicherte. „Guter Gott, nein! Etwas aus dem Konservierungsraum. Es ist bestimmt bloß verlegt worden. Wahrscheinlich ist Sluice da hineingegangen und, na ja, Sie wissen schon … Jedenfalls, wie ich gerade sagte. Eine Einbalsamierung des Leichnams ist nicht gesetzlich vorgeschrieben oder so etwas. Es macht den Dahingeschiedenen einfach ansehnlicher. Schauen Sie mal da rüber. Sehen Sie den Mund des Mannes, an dem Charlie gerade arbeitet?"

Ich schaute in die grobe Richtung des Leichnams, der auf dem Stahltisch lag, und suchte mir eine nette kleine Schraube, die ich statt des leeren Gesichts der Leiche anstarren konnte.

„Ja", log ich.

„Sein Mund ist mit Nadel und Faden zugenäht worden. Die Mundwinkel werden leicht angehoben, um ihm den Anschein von Ruhe und Zufriedenheit zu geben. Ist das nicht nett?" Ich lächelte gequält und fühlte mich, als ob man mir auch den Mund zugenäht hätte.

Sie fuhr erbarmungslos fort. „Und die Augen, die werden zuzementiert und mit fleischfarbenen Augenkappen abgedeckt. Dann cremt man das Gesicht ein, damit die eventuell auslaufenden Chemikalien nicht die Haut verätzen."

Ich zog meine Lippen probehalber auseinander. Sie funktionierten noch. Aber irgendwie war mir die Sprechfähigkeit abhanden gekommen. Ich konnte nur hin und wieder nicken. Sie glaubte natürlich, daß ich sie zum Fortfahren ermunterte.

„Sehen Sie das lange, dünne Ding da drüben, das wie eine übergroße Eishacke aussieht? Das nennt man ein Trokar. Es ist eigentlich eine hohle Nadel, mit der der Thanatoplastiker eine Inzision im Körper macht, um das Blut abzulassen."

Jetzt wurde es wirklich lustig. Ich begann, langsam und tief zu atmen, um die Revolution in meinem Rumpf zu beruhigen.

„Dann wird die Konservierungsflüssigkeit mit der Maschine da drüben durch die Arterien gepumpt."

Mein Frühstückstoast verwandelte sich in einen soliden Teigklumpen. Ich begann mit einer unauffälligen Unterleibsmassage, während sie weiter redete.

„Die Konservierungsflüssigkeit besteht aus Farbstoff, Parfüm, Formaldehyd, Glyzerin, Borax, Phenol, Alkohol und Wasser. Beeindruckend, nicht wahr? Sie benutzen zehn bis zwanzig Liter, je nach Größe des Leichnams. Der da sieht nach etwa achtzehn aus."

Einatmen, ausatmen, einatmen, ausatmen ...

„Wenn der Konservierungsprozeß abgeschlossen ist, legen wir ihn sozusagen auf Eis, für etwa acht bis zehn Stunden, bis das Gewebe fest und trocken ist. Dann geht er ein Zimmer weiter zur Restauration. Da benutzen sie dann Gips und Wachs und Schminke, um unschöne Partien auszufüllen und abzudecken oder beschädigte Gliedmaßen zu reparieren. Kommen Sie, ich zeige Ihnen meinen Lieblingsteil der Prozedur."

Ich konnte es kaum erwarten. Im Raum der Schönen Erinnerung, in den ich ihr folgte, lag eine Frau auf einem Tisch, als ob sie sich gleich von einem erfrischenden Nikkerchen erheben würde. Aber ich wußte es besser.

Eine andere Frau, mit weniger Farbe im Gesicht als die Tote, toupierte der friedlich Ruhenden die Haare.

„Hier habe ich gearbeitet, bevor ich in die Trauerberatung gegangen bin. Ich war Desairologin. Das ist bloß ein hochgestochener Ausdruck für eine Friseurin für Tote. Da können Sie wirklich von Problemhaaren reden. Teilweise mußten wir mit extrem schlecht sitzenden Haaren fertig werden." Sie verdrehte die Augen und stupste ihre eigene aufgebauschte Frisur zurecht.

„Das ist Lacy. Gefällt sie Ihnen?"

Ich schaute ein zweites Mal hin. „Ich hab sie nicht einmal erkannt! Sie sieht völlig anders aus!"

„Der Zauber des Memory Kingdom. Sie hat schon Maniküre und Make-up bekommen. Hat Jason sie nicht unglaublich viel jünger gemacht? Wenn ihr die Haare gemacht worden sind, werden dann noch die letzten I-Tüpfelchen hinzugefügt. Etwa ein Lieblingsstofftier, ein Gedichtband, ein Medaillon, ein besonderes Andenken. Was immer die Familie möchte."

Ich schaute zu Lacy hinüber und fragte mich, warum der Sheriff den Leichnam schon freigegeben hatte.

„Was wollte denn Lacys Familie?" fragte ich.

„Sie hat keine Familie. Aber sie hatte mir gegenüber ein paar Dinge erwähnt, für den Fall, daß sie von uns gehen würde. Also habe ich die eingeschlossen."

„Wie zum Beispiel?"

„Ihr Goldschmuck und ein bestimmtes Medaillon. Ja, das war's eigentlich. Wie wär's mit Mittagessen?"

Ich hatte beschlossen, nie wieder etwas zu essen, und lehnte die Einladung dankend ab, mit dringenden Zeitungsgeschäften als Entschuldigung. Ich schaltete rasch den Recorder aus, dankte ihr für die Führung und versprach eine großartige Story über das neue, verbesserte Bestattungsinstitut der Zukunft. Dann fragte ich, „Celeste, kennen Sie eine Frau namens Risa Longo? Ihr Name war auf der Rückseite einer Visitenkate vom Memory Kingdom notiert, die Lacy bei sich hatte, als sie starb."

Celeste stutzte einen Moment, sah weg, und schüttelte dann ihre Löckchen. „Ich glaube nicht, aber vielleicht hat sie hier wegen irgendwelcher Auskünfte vorbeigeschaut oder so."

„Hat Lacy sie jemals erwähnt? War sie jemals in der Filiale in Whiskey Slide?“

„Nicht, daß ich wüßte. Wir hatten ein paar lange Gespräche, damals, als Reuben gestorben war. Ich habe sie oft beraten. Aber ich glaube nicht, daß dieser Name gefallen ist.“

„Worüber haben sie mit ihr gesprochen?“ fragte ich.

Celeste legte den Kopf schief. „Darüber kann ich wirklich nicht viel sagen, wissen Sie. Berufsgeheimnis.“

Was für ein Paradox – eine ehemalige Friseuse, die den Mund halten muß.

„Aber halten Sie mich über Ihre Tante auf dem laufenden? Und über den Artikel?“

„Das mach ich bestimmt.“ Ich dankte Celeste für ihre Mühe und verließ das Haus der Toten, um frische Luft zu schnappen.

Ich fuhr in mein Büro zurück und versuchte, meinen Magen zu beruhigen, während ich darüber nachdachte, welche Verbindung Lacy zu dem Bestattungsinstitut gehabt hatte. Aber das paßte alles überhaupt nicht zusammen, und ich verschwendete Zeit, die ich besser in meine Zeitung investieren sollte. Ich wollte die Story haben – für mich selbst und für die Zeitung – aber ich war mit meinem Zeitplan im Rückstand. Und ich hatte noch jede Menge andere Arbeit zu tun.

Um eins war ich im Büro, zog Jeans und ein Rugbyhemd an und ging die Nachrichten durch, die Miah aufgenommen hatte, der anscheinend gerade Mittagspause machte. Eine war von Sheriff Mercer, der fragte, wann er denn vorbeischauen sollte, um meinen „hausfriedensgebrochenen“ Diner zu besichtigen. Eine von einer engagierten

Bürgerinitiative namens GRAL, Gesellschaft zur Rettung amphibischer Lebensräume, die ein sofortiges Ende der „Froschausbeutung“ forderten. Und drei von Dan Smith, seitdem ich mich heute morgen von ihm verabschiedet hatte. Keine Rückrufnummer. Aber ich hätte ihn ja sowieso nicht anrufen können.

Der Sheriff war gerade bei einem Einsatz, als ich anrief. Ich hinterließ über Mickey Arnold auf dem Schreibtelefon eine Nachricht für ihn. Der Hilfssheriff tippte wunderbar schnell, wahrscheinlich, weil er sich nicht mit Großschreibung oder Interpunktion aufhielt. Um etwas offizieller zu wirken, benutzte er Vokabular, das eigentlich etwas zu hoch für ihn war. „Rendezvous“. Hätte er nicht einfach „verabreden“ sagen können, als er mich zum Froschfestivalball einlud? Ich beendete das Gespräch, ohne ihm eine Antwort zu geben. Feigling.

Die Nachricht von GRAL warf ich in den Müll, griff mir die drei Nachrichten von Dan Smith und schaute auf die Uhr. Lacys Beerdigung war für vier Uhr nachmittags angesetzt. Ich würde gerade genug Zeit haben, nach Hause zu fahren, zu duschen und frische Wäsche anzuziehen, eine Flasche Maalox zu trinken, Casper zu füttern, meine Post zu überprüfen – um zu sehen, ob sich wieder jemand daran zu schaffen gemacht hatte – und das richtige Outfit für den traurigen Anlaß zu finden.

Das war tatsächlich einmal eine Beerdigung, die ich nicht auslassen würde. Außer meiner eigenen, versteht sich.

15

Ich hab's nicht so mit Beerdigungen. Bis jetzt war ich nur auf einer, als ich dreizehn war und Großvater starb. Es war eine mit offenem Sarg und ich sah das erste Mal einen toten Menschen. Er sah wie eine zierliche Porzellanpuppe aus, mit viel Rouge, und überhaupt nicht wie er selbst. Alle weinten, selbst mein Vater. Damals beschloß ich, daß ich keine Beerdigung haben wollte, wenn das alle so unglücklich machte.

Aber feierliche, deprimierende Trauerfeiern gehörten laut Celeste allmählich der Vergangenheit an.

Das Ereignis im Memory Kingdom Memorial Park ließ sich eher wie eine Party an als wie ein Begräbnis. Aber es war natürlich niemand betrunken, oder lachte zu laut, oder versuchte, jemand aufzureißen, wie sie es vermutlich auf einer normalen Party getan hätten.

Die Kapelle sah aus, als ob man sie für eine Hochzeit und nicht für eine Beerdigung geschmückt hätte. Rosa und schwarze Bänder waren um die Pfosten jeder Bank gewickelt, gekrönt von großen rosafarbenen Samtschleifen. Ein üppiges rosa Blumengesteck war auf einem schwarzen drapiertem Tuch über dem Sarg angebracht, mit in passenden Rosatönen gefärbten Nelken, Lilien, Margeriten und Rosen. Der ganze Raum war voll von einem schweren, süßlichen Geruch. Es roch rosa. Wahrscheinlich klang es auch rosa.

Von der Decke hingen kleine ausgestopfte Vögel, die wie mutierte, rosa gefärbte Kanarienvögel aussahen. Der geschmackvoll gedruckte Programmzettel, den man mir am Eingang überreicht hatte, war natürlich rosa mit schwarzer

Schrift und einem kleinen Bild von einem goldenen Vogel in der oberen rechten Ecke, genau über Lacy Penzances elegant geschnörkeltem Namen.

Ich setzte mich in die äußerste Ecke der beinahe vollständig gefüllten Kapelle und musterte die anwesenden Gäste, während ich auf den Beginn des Gottesdienstes wartete. Fast alle Einwohner Flat Skunks waren da, einschließlich Sheriff und Hilfssheriff, die von der anderen Seite des Mittelgangs mit einem gedämpften Nicken grüßten. Wieder wunderte ich mich darüber, wie schnell Lacy zu Grabe getragen wurde.

Ich erkannte einige Stammgäste aus dem Café, und das Bestattungsinstitut war natürlich mit French, Celeste – die neben der Tür stand, als ob sie jeden Moment zur Flucht bereit wäre – und einigen Angestellten gut vertreten. Celeste paßte mit ihrem langen rosa Kleid mit schwarzem Samtbesatz gut zur Dekoration.

Ich entdeckte Sluice Jackson, der brabbelnd in einer Ecke stand und seinen Lederbeutel bewachte. Er hatte sich für den Anlaß gekleidet, indem seinen zerfetzten, metallperlenbesetzten Hut abgenommen hatte. Sein spärliches Haar stand in dünnen Büscheln zu Berge, als ob es ein Tornado aufgewirbelt hätte.

Die Trauerfeier begann mit einem Lied, das eine Frau vortrug, die ich nicht kannte. Ich konnte sehen, daß es ein Lied war, weil ihr Mund so lange offen blieb. Ein paar Minuten lang sah ich der Sängerin zu, bis es mir langweilig wurde, dann schaute ich mir die Zuhörer an und wartete geduldig auf das Ende des Lieds.

Es war ein Fehler gewesen, her zu kommen. Das merkte ich gleich, als der Pfarrer seine Predigt begann. Ich hatte keinen Dolmetscher mitgebracht und war viel zu weit weg, um seine Lippen auch nur annähernd ablesen zu können.

Er hatte so ein Paar dünne, fleischlose Lippen, bei denen der Mund immer wie ein Schlitz im Gesicht aussieht.

Ich vertrieb mir die Zeit damit, die Gäste zu beobachten, die während seines zehnminütigen Monologs auf den Bänken hin- und herrutschten, Männchen malten, gähnten, husteten, sich kratzten und in ihren Zähnen herumstocherten. Als eine Frau mittleren Alters auf das Podium zuging, um ein paar Worte zu sagen, schlich ich mich hinaus.

Der Versammlungsraum nebenan wurde noch für den Empfang nach der Trauerfeier zurechtgemacht. Ich guckte hinein und sah noch mehr schwebende, hängende oder drapierte rosa-schwarze Ausstattung. Da waren gedeckte Tische mit großen Schüsseln rosa Bowle, winzigen rosa Sandwiches und silbernen Platten mit Lachspastete und kaltem Aufschnitt. An einer Wand waren große Poster von Lacy in einer Reihe offizieller und wohltätiger Posen zu sehen, offensichtlich Vergrößerungen von Fotos.

Ich sah Celeste auf der anderen Seite des Raums stehen und eine Gruppe Kellnerinnen einweisen. Sie winkte fröhlich, als sie mich sah, und wies dann den Blumenlieferanten auf einen riesigen Tisch hin, den Mann vom Partyservice auf eine schmelzende Eisskulptur und einen Wächter auf eine Schwachstelle im Beleuchtungsdesign.

„Haben Sie das alles gemacht?“ fragte ich, als sich die Hektik allmählich legte, und wies mit einer großen Geste durch den Raum. Celeste strahlte vor Stolz.

„Ja. Es ist natürlich alles nach Lacys Wunsch. Als ich sie nach Reubens Dahinscheiden beriet, haben wir viel über ihre eigenen letzten Pläne gesprochen. Ich habe einfach nur das bereitgestellt, um das sie gebeten hatte. Wir ermutigen alle unsere Klienten, ihre Abgänge im Detail zu planen. Rosa und schwarz waren Lacys Lieblingsfarben, also hat sie die für die Dekoration ausgesucht. Haben Sie ihre letzte Wohnstatt gesehen? Die ist mit rosa Samt mit schwarzem Besatz und winzigen gestickten goldenen Vögeln ausgeschlagen. Es ist wirklich sehr schmeichelhaft. Sie hat die Blumen ausgesucht, die Musik – Linda Ronstadt, ihre Lieblingssängerin –, das Essen, sogar den Partyservice."

„Wow", sagte ich, während ich alles in mich aufnahm. „Das war alles Lacys Idee? Hatte sie irgendeine Vorahnung, daß sie bald sterben würde?" Ich fragte mich, ob während der Trauerberatungssitzungen vielleicht der eine oder andere Hinweis gefallen war.

„Aber nein! Jedenfalls nicht, daß ich wüßte. Sie war in Trauer, aber sie schien mir nicht selbstmordgefährdet zu sein."

Wolf Quick tauchte in der Tür auf, etwas fehl am Platz zwischen all dieser rosa Schnörkelei. Er gab Celeste ein Zeichen mit den Augen und sie entschuldigte sich. Ich schnappte mir einen rosa Keks von einem vorbeiwandernden Servierteller. Während ich zum Haupteingang zurückging, folgte Wolf Celeste in ein Zimmer hinter einem weiteren dicken Vorhang. Er sah aufgeregt aus, aber die Stirn in seinem rauhen Gesicht war eigentlich ständig gerunzelt. Ich fragte mich, was zwischen den beiden lief. Eine heimliche Liebesaffäre? Man konnte ja nie wissen.

Ich stibitzte mir ein paar edle Cracker vom vorbereiteten Buffet und überlegte mir, was ich aussuchen würde, wenn die Zeit kam, mein eigenes Begräbnis zu planen. Vielleicht ein Biergelage, mit reichlich Chips und Dips, ein paar von diesen kleinen Käsetoasts und vielleicht ein Kuchen in der Form eines riesigen –

Jemand tippte mir auf die Schulter und ich schnellte herum.

„Verdammt! Sie haben mich erschreckt!" sagte ich und

spuckte eine Lawine von Crackerkrümeln in die Gegend. Es war Dan Smith, frisch frisiert in einer lässigen Lederjacke, langärmeligem hellbraunen Baumwollhemd und khakifarbenen Dockerhosen. „Sie müssen wirklich damit aufhören, sich ohne Vorwarnung an mich anzuschleichen!"

„Tut mir leid", sagte er und versuchte ein Grinsen zu unterdrücken. Ich bin ganz sicher, daß er das sagte. Sein Mund war so voller rosa Leckereien, daß ich die genauen Worte nicht ausmachen konnte, aber wehe, es war keine Entschuldigung.

„Aber wie soll ich Sie vorwarnen, ohne sie anzutippen?" sagte er.

Ich ignorierte diese Frage, auf die es sowieso keine Antwort gab. „Was machen Sie hier überhaupt? Sie kannten Lacy Penzance doch gar nicht."

Er zuckte die Achseln. „Ich könnte sagen, ich hatte Hunger und hörte, daß es hier ein Superbuffet geben soll, aber das würde sich kalt und herzlos anhören. Ehrlich gesagt wollte ich einfach sehen, wer ihre Freunde waren. Ich glaube, daß es eine Verbindung zwischen Lacy Penzance und dem Verschwinden meines Bruders gibt. Da hab ich mir gedacht, schau doch mal rein."

„Sie wollen Hinweise über das Verschwinden Ihres Bruders in Crackern und Salsa finden?" fragte ich ungläubig.

Er lächelte. Auf seinen Lippen war irgend etwas rosafarbenes. Es stand ihm. Einen Moment fragte ich mich, wie es wohl schmeckte. Dann verpaßte ich mir eine mentale Ohrfeige.

Die Trauerfeier mußte wohl gerade zu Ende gegangen sein, denn allmählich erschienen ein paar Leute im Eingang. Innerhalb kürzester Zeit war der Raum voll von Lacys Freunden und Anhängern, die eifrig aßen und tranken und sich vielleicht nicht direkt lautstark amüsierten, aber jedenfalls die Gesellschaft genossen. Dan und ich wurden schnell in eine Ecke abgedrängt, fern von der „trauernden“ Menge.

Ich sah den Sheriff in ein intensives Gespräch mit einem Mann vertieft, der mir den Rücken zuwandte. Sie lehnten sich dicht zueinander und blickten sich um, als ob sie nicht wollten, daß irgend jemand etwas davon hörte.

Das machte mich natürlich erst recht neugierig. Ich beobachtete den Sheriff ganz genau, als er sprach.

„Ehevertrag?“ Ich war mir ziemlich sicher, daß er dieses Wort sagte. Und dann etwas wie, „Glauben Sie, daß Lacy heiraten wollte –“ Er drehte den Kopf zur Seite.

Der Mann sprach ein paar Worte und der Sheriff antwortete, „Wer war er?“ Der Mann sagte etwas und der Sheriff erwiderte, „Sind Sie sicher?“ Dann stellte sich jemand mit vielen Haaren in den Weg und ich konnte seine Lippen nicht mehr sehen.

Dan starrte mich an. „Es ist unhöflich, Leute anzustarren“, sagte er.

„Ich starre doch gar nicht. Sie starren mich an.“

„Ich starre Sie nicht an. Ich warte nur auf eine Antwort. Sie haben ganz bestimmt die beiden da drüben angestarrt. Lesen Sie ihre Lippen ab?“

„Natürlich nicht. Das wäre doch ein Bruch der Intimsphäre, nicht wahr? Was hatten Sie denn gerade gesagt?“

„Ich sagte, diese Trauerfeier ist wirklich ein Ding. Ich glaube nicht, daß ich schon mal auf so was gewesen bin. Weder in New Mexico noch in New York.“

„Lacy hat das alles geplant“, sagte ich und wedelte mit einer Hand Richtung Dekoration und Buffet.

„Ihre eigene Beerdigung?“ fragte Dan und schob seine Unterlippe vor. „Das ist wahrscheinlich gar keine so schlechte Idee." Er sah sich um und grinste. „Ist natürlich nicht grade mein Stil, dieses ganze rosa Rüschenzeug."

„Was ist denn Ihr Stil?" fragte ich, während ich mir zwei Gläser Rosé-Champagner von einem weiteren vorbeiwandernden Tablett schnappte. Allmählich bekam ich Übung darin, im Vorbeigehen zu essen und zu trinken. Ich bot Dan eins an und er nahm es.

„Tja, mal sehen. Also zuallererst würde ich dunkelgrün oder braun aussuchen. Und Bilder von Clint Eastwood und Hemingway an den Wänden, keine Poster von mir. Der Champagner ist nett, aber ich mag lieber Bier. Budweiser. Ein paar Burger und Pizzas, Hot Dogs und ein Haufen Erdnüsse. Und diese Scheiße, die sie da spielen, würde ich auch rausschmeißen."

Ich guckte verständnislos.

„Die Musik."

„Mögen Sie Linda Ronstadt nicht?" fragte ich.

„He, ich dachte, Sie sind …"

Ich steckte einen Finger ins Ohr, wackelte darin herum und zog ihn wieder heraus. „Jawoll. Immer noch gehörlos."

„Süß. Und was wissen Sie dann über Linda Ronstadt?"

„Ich kenne mich mit Musik aus. Daß ich sie nicht hören kann, heißt ja nicht, daß ich mich nicht dafür interessiere, was in der Musikwelt passiert. Haben Sie schon mal ein schwarzes Loch gesehen? Nein. Aber es ist trotzdem interessant, etwas darüber zu lesen. Außerdem beeindrucke ich meine hörenden Freunde gerne mit trivialen Informationen aus der Musikszene. Die sind immer ganz erstaunt, wenn ich ihnen was von der neuesten Pearl Jam-Scheibe erzähle, oder den Unterschied zwischen Ska und Reggae erkläre. Linda Ronstadt ist irgendwo zwischen Pop und Country, stimmt's? Mit ein bißchen Salsa dazwischen. Mir sind ja die Interpreten lieber, die nicht so am Mainstream kleben. Morissey. Boingo. R.E.M."

Dan lachte laut. Das konnte ich sehen, weil er seinen Kopf zurückwarf und ein Paar, das in der Nähe stand, irritiert die Köpfe drehte.

„Was ist denn so komisch?" fragte ich leicht verärgert.

„Sie können doch eine Musikgruppe nicht nach dem Aussehen beurteilen! Das ist doch so, als wenn sie ein Buch nach dem Schutzumschlag einschätzen."

„Sie würden sich wundern. Die Musik, die sie gerne hören, sagt mir eine Menge über Menschen. Alte Hippies, die immer noch in den Sechzigern festsitzen, hören Grateful Dead und Beatles. Leute, die Hip-Hop und Rap hören, sind noch im Teenageralter. Die, die Mozart und Haydn auflegen, sind entweder sehr interessant oder sehr langweilig. Und Leute, die ein bißchen unkonventionell sind, hören alternative Musik. Ich mag meistens die Leute, die so was hören."

„Was ist mit Beausoleil, Stevie Ray Vaughan, Dwight Yoakam, Eric Clapton? Können Sie nach der Musik, die ich höre, auch etwas über mich sagen?"

Ich nickte.

„Was?"

„Daß Sie ziemlich chaotisch sind." Ich drehte mich schnell weg, bevor er gewalttätig werden konnte, und stieß mit einem Mann zusammen, der wahrscheinlich Mantovani hörte. Es war der, den ich vorhin im Gespräch mit dem Sheriff gesehen hatte.

„Hi, Sheriff", sagte ich und hob mein Glas.

Der Sheriff hob seins ebenfalls und stellte mir dann seine augenblickliche Kohorte vor. Es war ein steif aussehender Mann im schwarzen Anzug, mit einem Gesicht wie eine verwitterte Holzbohle, voller Runzeln und Altersflekken. „Connor, wie geht's dir? Das hier ist Simon Wheeler, Lacys Anwalt. Wir nennen ihn Croaky."

Ich streckte eine Hand aus und sah dabei weiter den Sheriff an, falls er noch etwas sagen wollte. Als er es nicht tat, wandte ich meine Aufmerksamkeit Croaky zu.

„Sie sind das Zeitungsmädel, nicht wahr?" sagte er, nahm meine Hand und schüttelte sie sanft. Seine Hand fühlte sich an, als ob sie unter meinem Händedruck zerbrechen könnte.

Aus Respekt vor seinem Alter schluckte ich das „Mädel" und versuchte, mich daran zu erinnern, ob ich mit ihm irgendwann juristisch etwas zu tun gehabt hatte. Glücklicherweise fiel mir nichts dergleichen ein.

Der Sheriff lehnt sich zu mir hinüber, um meine Aufmerksamkeit zu erlangen. „Tolle Beerdigung, nicht wahr?"

Small talk. Wie ich das hasse. Jetzt laßt uns mal auf den Punkt kommen.

„Mr. Wheeler, eine meiner Quellen erwähnte, daß in Lacy Penzances Leben möglicherweise vor kurzem ein neuer Mann aufgetaucht war. Sie hätte sich sogar nach Eheverträgen erkundigt. War sie wegen so etwas bei Ihnen?"

Die beiden Männer sahen sich an und versuchten, ihr Erstaunen zu verbergen. Aber die heruntergeklappten Unterkiefer verrieten sie total.

„Woher – woher wissen Sie das?" Croaky blickte sich um, als ob vielleicht ein Maulwurf unter uns wäre.

„Quellen?" wiederholte der Sheriff.

„Die ganze Stadt spricht schon davon. Wollte sie wirklich bald heiraten?"

Croaky sah den Sheriff an und schien nervös. „Ich – ich glaube, ich darf wohl darüber sprechen, jetzt, wo sie von uns gegangen ist. Sie hatte ja keine Verwandten, die geschützt werden müßten. Sheriff?"

Der Sheriff rieb sich die Schläfen. „Vielleicht hilft es uns herauszufinden, was mit ihr passiert ist."

„Nun, ich möchte tun, was ich kann, um Ihnen zu helfen. Äh, ja, sie kam tatsächlich zu mir ins Büro und erkundigte sich nach Eheverträgen."

Ich kippte meinen restlichen Champagner in einem großen Schluck hinunter.

„Lacys Mann ist erst ungefähr sechs Monate tot, stimmt's? Glauben Sie wirklich, daß sie es jetzt schon mit jemand anderem so ernst gemeint haben könnte?"

Croaky sah den Sheriff an, als ob er meine Vermutung bestätigen wollte. „Ja, das ist es ja, was an der Sache so verwirrend ist. Sie hat nie jemanden erwähnt. In der Stadt hat sie niemand mit einem neuen Mann gesehen. Aber sie hat mich definitiv nach Eheverträgen gefragt. Was hat denn Ihre Quelle gesagt?"

Ich ignorierte ihn. Das hier war meine Runde. „Was ist denn mit ihrem Vermögen? Wer wird das Geld bekommen?"

„Sie hat es verschiedenen wohltätigen Einrichtungen in Calaveras County hinterlassen. Sie wissen ja, wie engagiert sie war. Das Projekt zur Erhaltung der Pionierhistorie. Die Penzance Historische Gesellschaft. Die Restauration des alten Penzance-Hotels. Aber sie hat in meinem Büro einen Scheck über fünftausend Dollar hinterlegt."

Fünftausend Dollar. „Wofür?" fragte ich, obwohl das wahrscheinlich vertraulich war. Aber man konnte es ja versuchen.

Croaky sah wieder den Sheriff an und dann wieder mich. „Eigentlich wollte ich Sie heute nachmittag anrufen, nach der Trauerfeier."

„Mich? Warum?"

„Der Scheck ist auf Sie ausgestellt."

„Wie bitte? Warum? Wofür?“ stammelte ich völlig verblüfft.

Er knetete seine Hände, während er sprach. „Sie hat den Scheck in meinem Büro ausgeschrieben und in einem Umschlag für Sie hinterlegt. Ich sollte ihn aufbewahren, bis sie wiederkam. Aber sie ist nie wiedergekommen. Also denke ich, gehört er Ihnen. Sie können morgen vorbeikommen und ihn abholen, wenn Sie möchten.“

Der Sheriff warf mir einen schiefen Blick zu. „Connor?“

Ich sah ihn hilflos an. „Sheriff, ich … wirklich … ich weiß gar nichts davon.“

„Connor, wer ist diese sogenannte Quelle –“

Jemand kitzelte mir den Rücken und als ich mich umdrehte, sah ich Deputy Arnold. Mich überlief ein unwillkürlicher Schauer. Solche leichten Berührungen war ich nicht mehr gewohnt, schon eine ganze Weile nicht mehr.

„Es tanzen alle, Connor. Wie wär's? Ich kann dich ja führen.“

Ich schaute mich in dem großen Raum um. Es stimmte: die Leute tanzten tatsächlich, nicht unbedingt auf Lacys Grab, aber doch ziemlich dicht dran. Ich lehnte ab, führte dringende Redaktionstermine als Entschuldigung an und nutzte die Unterbrechung, um dem Sheriff und seinem drohenden Verhör zu entkommen.

Ich flitzte davon und suchte die Menge nach Dan ab. Schließlich fand ich ihn im Flirt mit irgendeinem kleinen Flittchen in einem zwei Größen zu engen Kleid.

„Dan, Liebling“, sagte ich und klimperte mit den Wimpern, so wie ich es in der High School geübt hatte. „Die Kinder fragen sich bestimmt schon, wo wir bleiben. Wir sollten besser nach Hause fahren. Bist du so weit?“

16

„Fünftausend Dollar!"
Ich war mir sicher, daß Dan schrie.

Wir standen in einer Ecke von Lacys Beerdigungsparty und sammelten unsere Sachen zusammen, als ich beiläufig erwähnte, daß mich in Croaky Wheelers Büro eine unbedeutende Summe erwartete. Ich dachte, das würde ihn vielleicht von meinem hinterhältigen Eingreifen gerade eben ablenken.

„Pssst!" sagte ich und sah mich nach Reaktionen von den Trauergästen um, aber es schien sich niemand für etwas anderes als die Getränke, Snacks und die eigenen Unterhaltungen zu interessieren.

„Ich flüstere doch!" sagte er.

„Na, Ihr Gesicht schreit aber. Versuchen Sie doch bitte, nicht so … laut auszusehen."

Er machte den Mund zu, zog seinen Kopf etwas zurück und nahm dann einen Schluck von seinem rosa Drink. „Okay. Also warum bekommen Sie fünftausend Dollar von diesem Froggy Dingsbums? Was haben Sie gemacht? Etwas Druck ausgeübt? Ein bißchen Erpressung? Standen Sie in Lacys Testament, oder was?"

„Das ist es ja eben! Ich weiß es wirklich nicht. Sie wollte eine Anzeige aufgeben, um ihre verschollene Schwester zu finden. Ich sagte ihr, daß sie die Höhe der Belohnung nicht in die Zeitung setzen sollte, weil dann alle möglichen Spinner auf sie zukommen würden. Aber ich hab ihr keine Rechnung über fünftausend Dollar gegeben – die Anzeige hat bloß etwa zehn Dollar gekostet. Und sie hat mich nicht darum gebeten, die Belohnungssumme für sie aufzubewahren."

„Vielleicht wollte sie es Ihnen geben, wenn die Belohnung ausgezahlt werden sollte. Dann hätte man sie nicht direkt mit der Anzeige in Verbindung bringen können. Vielleicht wollte sie das Ganze anonym halten, sogar, wenn ihre Schwester gefunden worden war. Merkwürdig, daß es die gleiche Summe ist, die ich in Boones Büro gefunden habe."

Es war wirklich merkwürdig, daß sie mir einen Scheck über fünftausend Dollar hinterlassen hatte. Äußerst merkwürdig. Was sollte mit dem Geld passieren, jetzt wo sie tot war? Mir gehörte es bestimmt nicht.

„Dan, es gibt ein Gerücht, daß sie mit jemand zusammen war. Wußten Sie das?" Ich fragte mich immer noch, ob er mehr wußte, als er vorgab.

„Wer – Lacy?"

„Sie hat mit ihrem Anwalt über Eheverträge gesprochen. Das heißt normalerweise, daß eine Hochzeit im Raum steht. Bei Leuten mit viel Geld ist es ziemlich üblich, so was aufzusetzen. Vielleicht war es jemand, dem sie nicht ganz traute."

„He, ich bin neu hier. Ich weiß noch nicht alles, ich höre bloß die großen Neuigkeiten. Wenn sie sich mit jemand getroffen hat, hätten das dann nicht alle gewußt? Haben Sie sich mal umgehört?"

„Der Sheriff wußte nichts davon. Lacy hielt das Ganze anscheinend sehr geheim. Ich frage mich, warum?"

„Vielleicht, weil ihr Mann erst sechs Monate tot war. Vielleicht dachte sie, daß die Leute hier reden würden, was natürlich stimmt. Es ist eine Kleinstadt. Und nach dem Bild in der Zeitung sah sie mir nach einer sehr korrekten Lady aus."

„Das stimmt. Hätte vielleicht nicht gut ausgesehen. Aber die große Frage ist doch diese: Wenn sie jemand anderen heiraten wollte, dann scheint Selbstmord sehr unwahrscheinlich. Aber die Alternative ist noch viel verwirrender. Und was hat ihre Suche nach ihrer Schwester damit zu tun? Ich kapier's einfach nicht."

Wir saßen eine Weile still da. Ich sitze natürlich in gewisser Weise immer still da. Aber für Dan schien es eine neue Erfahrung zu sein. Er fing an, sich zu winden.

„Also was glauben sie, mit wem sie zusammen war?" sagte Dan schließlich.

„Sie waren es nicht zufällig?" fragte ich und versuchte, ganz beiläufig zu klingen. Aber die Möglichkeit war mir durch den Kopf gegangen. Auch wenn sie sich nicht besonders ähnlich waren, ziehen Gegensätze sich ja bekanntlich an.

Er lächelte und schüttelte den Kopf. „Nicht mein Typ."

Ich war versucht, ihn zu fragen, was sein Typ war, ließ es aber sein.

„Wissen Sie was, ich glaube, sie hatte sich kürzlich aufpolstern lassen."

„Wie bitte?" Dan sah halb verdutzt, halb amüsiert aus.

„Facelifting, Sie wissen schon. Sie hatte ein paar fast abgezogene Blutergüsse unter den Augen und ums Kinn herum. Ich dachte zuerst, daß sie vielleicht jemand geschlagen hat, oder daß sie einen Autounfall hatte oder so was. Aber die Blutergüsse waren ganz symmetrisch. Und als sie ihre Haare zurückstrich, waren da winzige Narben am Haaransatz entlang."

„Was hat das hiermit zu tun?"

Ich strich leicht mit dem Finger unter meinem Auge entlang. „Sie wurde älter. Vielleicht machte sie sich Sorgen um ihr Aussehen. Oder vielleicht wollte sie wieder attraktiver und jünger sein, weil es einen neuen Mann in ihrem Leben gab. Ich weiß es nicht. Sie hatte das Geld dazu. Der Sheriff sagte, daß sie einige Monate nach Reubens Tod für ein paar Wochen in Europa war. Da hätte sie es machen lassen können, ohne daß es hier jemand merkt. Außer, man weiß, wo man nach den Narben gucken muß."

„Wissen Sie das denn?"

Ich strich meine Haare zurück. „Genau hier, sehen Sie?" Ich führte ihm meine makellosen, wenn auch leicht angegrauten Schläfen vor. Dann ließ ich mein Haar wieder los. „Sie sehen übrigens für Ihr Alter ziemlich gut aus", sagte ich. „Boone sieht viel älter aus – und ganz anders. Sind Sie sicher, daß Sie noch nicht unterm Messer waren?"

„Ha! Auf keinen Fall. Ich hab Ihnen doch gesagt, Boone ist zehn Jahre älter als ich – und wir haben verschiedene Väter." Nach einer kleinen Pause fuhr er fort. „Wissen Sie, ich habe so ein komisches Gefühl, daß mein Bruder diesmal wirklich in einen ernsthaften Schlamassel geraten ist. Dieses rumsitzen, ohne etwas zu tun, macht mich wahnsinnig. Ich kann nicht einfach warten, bis er wieder auftaucht – oder auch nicht." Er zog seine Lederjacke über. „Bleiben Sie noch?" fragte er.

Ich nickte. „Ich muß nachdenken, und das kann ich genauso gut hier tun."

„Wie sie bei diesem Krach nachdenken können –" er brach ab, sah mich an und wurde rot. „Entschuldigung. Ich vergesse es dauernd. Sie wirken einfach nicht ..."

„...taub. Das sagt man mir öfter. Lassen Sie von sich hören, sozusagen", sagte ich, während er seinen restlichen Champagner austrank. Er drückte leicht meine Schulter. Ein verwirrendes Gefühl.

Ich saß da, rührte in meinem rosa Drink herum und sah zu, wie die Bläschen aufstiegen und verschwanden. Der Rührlöffel war ein kleiner Plastikpfeil, etwa so lang wie ein kleiner Bleistift, mit einem winzigen Herz an der Spitze. Ich steckte die Spitze in den Mund und saugte die Tropfen ab.

Als ich den Pfeil hochhielt, um die feine Schrift an der Seite zu lesen, tauchte Mickey Arnolds Gesicht in meinem Blickfeld auf. Er stand ein, zwei Meter weiter und redete mit Sheriff Mercer, stirnrunzelnd und gestikulierend, als ob er etwas sehr Wichtiges besprach. Das Gesicht des Sheriffs konnte ich nicht sehen, aber seine Körpersprache war deutlich. Er nickte abwechselnd mit dem Kopf oder schüttelte ihn, während er sprach und dem Hilfssheriff zuhörte.

Ich hielt das Trauerfeierprogramm hoch und tat so, als ob ich darin las, während ich um den Rand herumlugte, um die Lippen des Hilfssheriffs lesen zu können.

„Es ist gerade reingekommen." Der Hilfssheriff war außer Atem. Er hatte eine Hand auf seinem Funkgerät und die andere auf der Waffe.

Der Sheriff sagte etwas und Mickey nickte kurz und dienstlich.

„Bestätigt. Definitiv Mord. Der Leichnam war völlig –" Er drehte seinen Kopf um eine Winzigkeit zur Seite und ich konnte ihn nicht mehr verstehen.

Der Sheriff rieb sich die Stirn und sprach.

Mickey antwortete zweimal mit „Ja, Sir" und einmal mit „Nein, Sir".

Der Sheriff faßte ihn an der Schulter und sagte etwas ganz nah und privat.

Der Hilfssheriff salutierte fast. „Ich werde es prüfen", sagte er, glaube ich.

Der Sheriff massierte sich mit verkrampften Händen die

Schläfen. Ich machte mir Sorgen, ob er sich von all der Reiberei nicht Verbrennungen zuziehen würde. Er ging hinüber, um mit Lacys Anwalt zu reden. Mickey nahm einen halbleeren rosa Drink vom Tisch, kippte ihn hinunter und sah, daß ich ihn beobachtete. Ich winkte mit dem Programm.

Er kam ernst zu mir herüber, setzte sein leeres Glas auf meinem Tisch ab und ließ sich in einen Stuhl daneben fallen, als ob die ganze Last der Beerdigung auf seinen Schultern ruhte. „Hi, Connor."

„Hi, Mickey. Du siehst müde aus. Langen Tag gehabt?" Ich rührte wieder in meinem Drink und haßte mich dafür, so unschuldig zu tun. „Stimmt irgend etwas nicht?"

Er sah sich nach dem Sheriff um, der mit dem Anwalt beschäftigt war, und lehnte sich dann zu mir. „Also, es ist jetzt definitiv. Lacy Penzance hat sich nicht selbst umgebracht." Er prüfte noch einmal, ob uns jemand belauschte.

„Wirklich?" sagte ich. Die Nachricht kam zwar nicht mehr überraschend, aber bei dem Gedanken, daß Lacy ermordet worden sein könnte, fingen alle Härchen auf meinem Körper an zu prickeln und strammzustehen.

„Jawoll, sie wurde umgebracht, genau wie ich es mir gedacht habe. Der Pathologe hat's bestätigt. Ich hab's dem Sheriff gesagt. Er meint, ich soll es für mich behalten, bis die Beerdigung vorbei ist.

„Was hat der Pathologe gesagt?"

„Tja, das ist das wirklich Merkwürdige. Er sagt, daß Lacy mit einem Messer erstochen wurde, *nachdem* sie mit einer anderen Waffe getötet worden war. Diese Waffe haben wir noch nicht gefunden, aber es war jedenfalls auf keinen Fall das Messer. Der Pathologe sagt, es war etwas langes, dünnes. Und stell dir das mal vor – bei der Autopsie haben sie festgestellt, daß kaum noch Blut in ihrem Körper war."

„Oh Gott. Was ist denn passiert?" Ich konnte meine Arme vor lauter Gänsehaut kribbeln fühlen.

Mickey verschränkte die Arme über dem Bauch. „Noch wissen wir nicht viel. Wir überprüfen noch alles. Ich hab ein paar Ideen, aber ich kann jetzt noch nichts sagen. Ich lasse es dich später wissen, aber jetzt muß ich's erstmal für mich behalten, bis der Sheriff sein Okay für eine Veröffentlichung gibt. Du verstehst schon. Schreib das auf keinen Fall in deiner Zeitung." Er blickte wieder einen Moment zum Sheriff hinüber und dann zu mir zurück. „Uups, der Sheriff will etwas von mir. He, wie wär's heute mit Abendessen? Wir können das hier ja durchkauen und vielleicht stoßen wir auf etwas."

Ich nickte vage, war aber so mit meinen eigenen Gedanken beschäftigt, daß ich nicht einmal auf Wiedersehen sagte. Lacy war ermordet worden. Es hatte sie tatsächlich jemand umgebracht.

Ich schwenkte wieder meinen Drink im Glas herum und nahm den Rührlöffel zur Hand. Diesmal stach ich mir in die Zunge, als ich die Spitze ableckte.

„Aua!" sagte ich, worauf sich ein paar Leute in der Nähe umsahen.

Ich sah die Waffe an, mit der ich mich gerade gestochen hatte.

Die Waffe.

Etwas langes, dünnes, scharfes.

Und vielleicht etwas, das im Bestattungsinstitut verlorengegangen war? Was war dieses Ding, das sie bei der Einbalsamierung benutzten? Ein Trojan? Ein Trochäus? Ein Trokar – das war es. Das Ding mit der hohlen Nadel. Die die Haut durchbohrt und dann die Arterie. Und dann das Blut absaugt.

Das war lang, dünn und scharf. Und es fehlte eins.

Ich zog viel zu hastige Schlußfolgerungen. Aber egal. Es machte jedenfalls Sinn. Trotzdem, warum sollte jemand ein Trokar benutzen? Das war nicht gerade die Art von Waffe, die in jedem Supermarkt zu haben war. Nur ein paar Auserwählte hatten Zugang dazu – und wußten, wie man es benutzte.

French wußte es natürlich. Ihm gehörte das Bestattungsinstitut. Aber warum sollte er Lacy umbringen wollen? Vielleicht war er Lacys neuer heimlicher Liebhaber und wollte nicht, daß Jilda es herausbekam. Jilda und er gingen miteinander, mindestens seitdem ich in Flat Skunk angekommen war.

Celeste? Sie kannte das Institut genau. Sie wußte wahrscheinlich, wie man so ein Ding benutzt. Vielleicht war auch sie Lacys neue Liebe. Das konnte man ja heute nie so genau wissen.

Jeder der Angestellten im Bestattungsinstitut konnte es getan haben. Sluice Jackson putzte und erledigte Hausmeisterarbeiten – der sah bestimmt eine ganze Menge. Er war ein merkwürdiger Typ. Und was hatte er da heute nachmittag alles im Beerdigungsinstitut vor sich hin gebrabbelt?

Was war mit Wolf Quick? Der hatte ja anscheinend irgendeine Verbindung zu Celeste. Wie leicht hätte er an ein Trokar kommen können?

Dann war da Jilda. Vielleicht war sie eifersüchtig. Vielleicht –

Verdammt. Jetzt ging ich wirklich zu weit, selbst für eine Mutmaßung. Ich hatte wohl zu viele Krimirätsel für meine Zeitung entworfen.

Aber ein Trokar wäre wirklich eine großartige Waffe. Die Türen zum Konservierungsraum waren nicht verschlossen – ich war geradewegs hineingelaufen. Jeder hätte es sich eine Weile „ausborgen" können, wenn gerade niemand in der Nähe war.

Vielleicht war es doch gar keine so kleine Gruppe.

Ich sah mich um. Der vorher so volle Raum leerte sich zusehends. Das meiste Essen war weg und einige Dekorationselemente waren von der Decke gezogen worden, entweder waren sie in Handtaschen gelandet, oder die Gäste hatten sie zertrampelt. Die Musik spielte wohl noch, nahm ich an – ein paar Tänzer nickten mit den Köpfen und bewegten ihre Körper zu einem stummen Rhythmus.

Lacy war ermordet worden. Im Büro ihres Anwalts wartete ein Scheck über fünftausend Dollar auf mich. Ich mußte herausfinden, was passiert war, nicht bloß für die Zeitung, sondern weil ich immer noch das Gefühl hatte, ihr etwas schuldig zu sein. Schließlich hatte sie im Grunde ihre letzte Bitte um Hilfe an mich gerichtet.

Ich konnte mir leicht Vorwände ausdenken, um mit den Leuten zu reden, die vielleicht ein Motiv, oder ein spezielles Interesse an Lacy Penzance hatten – oder auch nur eine Gelegenheit, das Trokar zu entwenden. Und die meisten Leute würden mich wahrscheinlich nicht bemerken, wenn ich ein bißchen herumschnüffelte. So ist das, wenn man gehörlos ist. Weil wir manchmal still sind, sind wir oft so gut wie unsichtbar.

Das ganze war eine ziemlich wilde Vermutung. Vielleicht wurde Lacy auch gar nicht mit einem Einbalsamierungsinstrument getötet. Aber bei dem Gedanken, daß in unserer kleinen Stadt ein Mörder herumschlich, überlief es mich kalt. Und daß sich auch noch jemand in meinem Diner zu schaffen gemacht hatte, jagte mir wirklich Schauer über den Rücken.

Es konnte doch wirklich nicht so viel Detektivarbeit in Anspruch nehmen, dachte ich, die Motive und dann den Täter herauszufinden. Nicht in einer Kleinstadt wie Skunk.

Naivität ist etwas wunderbares. Ich ahnte ja nicht einmal die Hälfte von dem, was auf mich zukam.

Aber der Schlüssel zu allem, da war ich mir sicher, lag bei Risa Longo.

17

Man ist nirgendwo so einsam wie auf einer Trauerfeier ohne lebende Gäste. Am Schluß waren nur noch ich und die Leiche in stillem Bedauern in der Kapelle übriggeblieben. Lacy sah friedlich aus, wie sie da mit auf der Brust gekreuzten Händen lag – ironischerweise bildeten sie die ASL-Gebärde für „Ruhen". Ich wünschte, daß sich dieses friedliche Gefühl auf mich übertrüge, aber meine Unruhe wollte einfach nicht nachlassen.

Ich rief mir die Fotos von Lacys breitbeinig auf dem Grab ausgestreckter Leiche ins Gedächtnis zurück. Das war nicht die Körpersprache, die sie freiwillig zur Schau gestellt hätte, nicht einmal im Tode. Nach ihrem Sturz vor dem Café hatte sie viel gelassener ausgesehen als auf diesen Fotos. Ich musterte ihr ausdrucksloses Gesicht. Die winzigen Liftingnarben waren fachmännisch mit Make-up abgedeckt.

Ich schaute auf ihre Hände hinunter, die Finger mit reich verzierten Goldringen beladen, drei an jeder Hand. Der Ehering war fein gearbeitet und trug einen großen Diamanten. Ich langte hinüber, um den Ring gerade zu richten, der sich etwas verdreht hatte, und spürte, wie kalt ihr lebloser Finger war. Und wie feucht. Ich sah auf meine Fingerspitzen: eine Spur von cremiger, beigefarbener Flüssigkeit.

Make-up, sogar auf ihren Händen. Wahrscheinlich war das gar nicht so erstaunlich, aber es war so dick, daß es nicht richtig getrocknet war. Ich faßte ihren Finger noch einmal an und entfernte mit sanftem Reiben die Make-up-Schicht vom Knöchel. Rauhe, schartige Kratzspuren kamen auf dem Knöchelrücken zum Vorschein.

Ich hob ihre eiskalte Hand an, untersuchte die Finger genau und legte sie wieder unter die andere Hand zurück, um meine Entdeckung zu verbergen. Das Make-up an meinen Fingerspitzen wischte ich an der Innenseite ihres Rocks ab. Einige Minuten stand ich noch da, dachte nach und sah sie an, bevor ich die Kapelle verließ.

In der Hoffnung, daß er direkt ins Büro zurückgegangen wäre, sah ich auf dem Heimweg noch beim Sheriff vorbei. Ich hatte ihn bald nach seinem Gespräch mit Mickey gehen sehen, und ich fragte mich, was wohl sein nächster Schritt bei der Untersuchung sein würde.

Ich fand ihn über einen rosa Pappteller mit rosabraunen Häppchen von der Trauerfeier gebeugt. Er studierte ein rosa Blatt Papier.

„Hi, Sheriff", sagte ich, und ließ mich in einen Stuhl neben dem Schreibtisch fallen. Er nickte mit vollem Mund. Vielleicht murmelte er sogar etwas. Schwer zu sagen mit diesem Knebel in seinem Mund.

„Tolle Trauerfeier, was?" sagte ich. „Eher eine nette Cocktailparty. Vielleicht würde sich die Bestattungsbranche etwas erholen, wenn die Beerdigungen festlicher und weniger deprimierend wären. Aber du willst wahrscheinlich gar nicht, daß das Geschäft anzieht, oder? Du hast ja schon alle Hände voll zu tun."

Der Sheriff nickte wieder. Er schien ungewohnt still. Vielleicht hatte er immer noch den Mund zu voll.

„Was gibt's denn Neues?" Ich wartete auf eine Antwort. Er wandte seine Augen kurz von dem Blatt Papier, ohne mich direkt anzusehen, aber sozusagen als Erwiderung.

Dann schluckte er etwas hinunter, das anscheinend noch ganz war.

„Das ist ein merkwürdiger Fall, Connor. Und er wird immer merkwürdiger."

Ich nahm ein leicht zermatschtes Kanapee von dem rosa Teller und steckte es in den Mund. „Was glaubst du, was mit ihr passiert ist?"

„Ich weiß es nicht. Ich lese immer wieder ihren Abschiedsbrief. Und je öfter ich ihn lese, desto unverständlicher wird er. Ich weiß, daß sie ihn geschrieben hat – ich hab ihre Handschrift überprüfen lassen. Und der Inhalt paßt zur Selbstmordtheorie. Sie war unglücklich darüber, daß sie ihren Mann verloren hatte, und das ist auch so ungefähr das, was sie schreibt. Aber irgend etwas fehlt. Ich kann's nur einfach nicht festmachen."

„Was meinst du damit, etwas fehlt?"

„Ich weiß nicht. Ich meine nicht bloß den Schmuck. Ich meine, daß irgendein Puzzleteil fehlt."

Ich setzte mich auf. „Von ihrem Schmuck fehlt etwas?"

Er warf sich drei schaumig aussehende Teilchen in den Mund und nickte.

„Ja, ein paar Sachen", sagte er mit leichter Mühe. „Ein paar goldene Halsketten, ein paar Armbänder, einige Ringe und eine goldene Anstecknadel. Das Dienstmädchen rief heute morgen an. Sagte, sie hätte Lacys Schmuckkasten überprüft und gemerkt, daß die Sachen verschwunden waren. Sie kommt her, um die offizielle Anzeige aufnehmen zu lassen."

„Könnte es sein, daß das Dienstmädchen den Schmuck genommen hat und jetzt nur behauptet, daß er gestohlen wurde?"

Der Sheriff zuckte die Achseln. „Durchaus möglich. Aber wenn sie das gemacht hat, ist sie dumm. Wir werden sie genau beobachten, und wenn sie es war, hätten wir sie schnell."

Der Sheriff hatte recht. Diese Sache mit Lacy Penzance wurde zusehends eigenartiger. Ein Scheck über fünftausend Dollar für eine verschollene Schwester. Ein Besuch bei der Schwester, die gar keine Schwester war. Ein gefälschter Selbstmord. Ein bizarrer Mord mit einer merkwürdigen Waffe und ein eigenartiger Tatort. Und jetzt auch noch verlorengegangener Schmuck?

„Sheriff, könnte ich den Brief lesen?" Schien mir ein günstiger Zeitpunkt für die Frage zu sein. Er war anscheinend in der Stimmung, seine Erkenntnisse mit mir zu teilen. Nach einem kurzem Zögern gab er ihn mir.

„Das kommt aber nicht in die Zeitung, Connor, verstanden?"

Ich nickte hastig und vertiefte mich sofort in das geheimnisvolle Schriftstück.

Die Botschaft war auf einem rosa Blatt Papier geschrieben, das mit kleinen Blümchen verziert war. Es war offenbar an einer Seite mit einer glatten, aber leicht unregelmäßigen Kante beschnitten worden. Die Schrift war schnörkelig, sorgfältig und romantisch; das Papier teuer, parfümiert und ohne Unterschrift. Der Brief lautete:

> „Ich habe in der letzten Zeit sehr gelitten. Ich danke Gott für Celeste und ihre ganze Hilfe nach Reubens Tod. Sie hat so viel mit mir durchgemacht und hat sich als großartige Vertraute erwiesen. Ich wußte ihren Beistand sehr zu schätzen. Aber ich glaube nicht, daß ich je über den Tod meines Mannes hinwegkommen werde. Trotz all seiner Fehler hat er dafür gesorgt, daß ich nicht einsam war."

Das war alles.

Nicht gerade besonders eindeutig. Aber in Verbindung mit der Nacht ihres Todes vielleicht bedeutsam.

„Sheriff, wißt ihr schon, was für eine Waffe es war, die sie getötet hat? Das Messer war es nicht?" Ich wußte ja, daß es nicht das Messer war. Mickey hatte es ausgeplaudert. Aber ich wollte meine Quelle nicht hineinreißen.

„Die Patho meint, es war etwas langes, scharfes. Mehr können sie uns nicht sagen."

„Könnte es so etwas gewesen sein, wie die Instrumente, die sie im Bestattungsinstitut benutzen? So etwas wie ein Trokar, weißt du?" fragte ich unschuldig.

Er sah mich sehr erstaunt an. „Ja, ein Trokar könnte es gewesen sein. Woher weißt du davon?"

„Oh, ich hab heute morgen mit Celeste eine Führung durch das Institut gemacht. Da haben sie alle möglichen Einbalsamierungsinstrumente fürs Publikum ausgestellt. Ein paar davon wären prima Mordwaffen."

Der Sheriff hob eine Augenbraue. „Du hast eine Führung durch das Bestattungsinstitut gemacht? Warum denn das auf einmal, C.W.?"

Ich ignorierte seine Anzüglichkeit. „Sheriff, außer dem Messer wurde keine weitere Waffe in und oder bei der Leiche gefunden, stimmt's?"

Er blinzelte; die Augenbraue bog sich noch ein wenig mehr nach oben.

„Und ihr seid ziemlich sicher, daß sie sich nicht mit dem Messer umgebracht hat, obwohl der Brief da war, richtig?"

„Ja und?"

„Was glaubt ihr also, was passiert ist?"

Die Augenbraue ging wieder nach unten, zusammen mit den Schultern. „Ich kann mir nur folgendes denken:

dieses Ding, was immer es war, wurde wahrscheinlich zuerst in den Körper eingeführt und dann wieder entfernt. Warum, weiß ich nicht. Dann hat man wahrscheinlich das Messer in sie hineingestochen. Sie hatte viel Blut verloren, das steht fest. Es war nicht mehr viel übrig."

„Also hat sie vielleicht jemand mit diesem Ding umgebracht, sagen wir diesem Trokar oder etwas ähnlichem, und dann das Messer in die Wunde gestochen, damit es wie Selbstmord aussehen sollte. Wäre das eine mögliche Erklärung?"

Wieder diese Augenbraue. Allmählich artete es in Konditionstraining aus.

Ich fuhr fort, bevor er über meine Mutmaßungen hinausdenken konnte. „Und dann hat man sie auf den Friedhof gebracht und den Brief dazugelegt?"

Er preßte seine Lippen fest zusammen. Sein Gesicht war eine Studie in wachsender Anspannung.

„Es scheint mir bloß so schrecklich … arrangiert, findest du nicht?"

Er sagte nichts. Zumindest sah ich nicht, daß seine Lippen sich bewegten.

Ich redete weiter. „Fast schon wie eine Szene aus einem Theaterstück. Oder wie ein Ritual, mit dem Blutverlust?"

Er sagte immer noch nichts. Aber sein Gesicht sprach Bände.

„Hast du irgendeine Idee, warum sie umgebracht wurde?" fragte ich.

Er schob den Resteteller zur Seite, lehnte sich in seinem Stuhl zurück, schloß die Augen und kniff die Runzeln zwischen seinen Augenbrauen zusammen.

Nach einer Weile rappelte ich mich aus dem Stuhl auf und sagte, daß ich gehen müsse. Endredaktion für die Zeitung und so. Als ich an der Tür angekommen war, erhaschte ich aus dem Augenwinkel eine Bewegung. Der Sheriff winkte mit den Armen, um meine Aufmerksamkeit zu erregen.

„Connor, du schnüffelst doch nicht etwa in dieser Sache herum, oder? Jemand ist ermordet worden, das ist kein Stoff für eins von deinen Krimirätseln."

„Nein, Sheriff. Ich versuche nur, eine Story für meine Zeitung zu schreiben, das ist alles. Ich möchte es gern gründlich machen. Wobei mir einfällt – warst du eigentlich irgendwann bei meinem Diner, um ihn durchzuchecken? Bei dieser Lacy-Sache –"

Der Sheriff hielt seine Hände hoch, um mich zu stoppen. „Ja, ja, ich hab mir deine Bude angesehen. Hab den Schlüssel unter dem Hundenapf gefunden, genau, wie du mir's gesagt hast. Konnte aber nichts finden. Hab versucht, ein paar Fingerabdrücke zu nehmen, aber dein Diner ist übersät davon, wahrscheinlich alles deine. Ich hab Mickey die Türen und Fenster bestäuben lassen, aber er hat nicht viel zu Tage gefördert. Hast du denn festgestellt, ob irgendwas fehlte?"

„Nein. Nein, warte – doch! Aus meinem Medizinschränkchen."

„Was haben sie genommen? Irgendwelche Drogen?"

Jetzt mußte ich wirklich wie ein Spinner erscheinen. „Ich bin nicht sicher. Ich kann mich nicht erinnern, was da gestanden hat. Irgendwas, was ich nie benutze, wahrscheinlich."

„Woher weißt du dann, daß etwas fehlt?"

„Ich weiß es eben."

„Weißt du, Connor, vielleicht bist du hier nicht so sicher, wie du dachtest, mit dem Mord und überhaupt. Vielleicht solltest du neue Schlösser an deinen Türen anbringen und deine Fenster absichern. Ich werde Mickey die nächsten Tage an deinem Haus vorbeifahren lassen. Aber schließ bitte ab."

„Mach ich immer", sagte ich, winkte ihm ein Dankeschön zu und verließ das Büro einigermaßen beunruhigt darüber, was im friedlichen, alten Flat Skunk so vor sich ging.

Die Geräusche der Finsternis kamen näher. Ich weiß nicht, was Finsternis für Geräusche macht, aber die heraufziehende Dunkelheit der Nacht muß doch irgendeinen Klang haben. Man kann sie schließlich sehen, riechen, fühlen und beinah schmecken. Ich wette, man kann sie auch hören.

Ich schwenkte kurz bei meinem Büro ein, um schnell ein paar neue fiktive Briefköpfe und Visitenkarten zu zaubern, denn mit „Brandstiftungsuntersuchung", „Amway-Vertreterin" und „Volkszählungsbeauftragte" würde ich hier wohl nicht weiterkommen. Dann sprang ich wieder in meinen leicht angeschlagenen Chevy und fuhr zwei Meilen aus der Stadt heraus zu einer Villa im spanischen Stil oben auf dem Hügel. Ich parkte mein Auto in der Einfahrt, nahm den Ziegelweg zum Vordereingang des Hauses und klopfte an die metallbeschlagene Tür.

Das Licht auf der Veranda ging an und das Dienstmädchen öffnete, mit rotgeränderten schwarzen Augen und verschmierter Mascara. Sie trug ein schwarzes Polyesterkleid mit einem passenden Schultertuch und schwarze Nylons ohne Schuhe. Ich nahm an, daß sie erst vor kurzem von der Beerdigung zurückgekommen war und sich noch nicht umgezogen hatte.

„Ja?" Sie strich sich mit den Fingerspitzen über die Wangen und hielt die Tür vorsichtig halb geöffnet.

„Entschuldigen Sie bitte. Tut mir leid, daß ich Sie so spät störe. Ich bin Lana Lang, Gutachterin für die Smallville-Versicherungen. Ich bin hier, um eine Schadensmeldung aufzunehmen, bezüglich des abhandengekommenen Schmucks aus Ms. …" Ich sah in meinem Notizbuch nach, „… Lacy Penzances Besitz. Sie sind die Dame, die angerufen hat, nicht wahr?" Ich gab ihr meine Visitenkarte. Perry White wäre stolz auf mich gewesen. Das Timing mußte eigentlich stimmen. Die echten Vertreter würden am nächsten Morgen da sein.

Sie nickte und öffnete die Tür ganz. Ich folgte ihr durch die mit spanischem Marmor ausgelegte Eingangshalle in ein Wohnzimmer zur Rechten. Alles war voll von spanischer Kunst, Kunsthandwerk und Kultur. Ich saß auf einem schmiedeeisernen Stuhl mit einem bunten Webkissen, das peruanisch oder guatemaltekisch aussah. So ähnliche hatte ich im Importladen gesehen.

„Man sagte mir, daß einige von Ms. Penzances Schmuckstücken verschwunden sind." Ich klappte mein Clipboard auf und präsentierte den neuen Briefkopf. Der Tiffany-Font war wirklich eindrucksvoll.

„Etwas Schmuck ist fort, ja", sagte sie in leicht veränderter Satzstellung. Das „Ja" sah wie „Tscha" oder „Dscha" aus, aber ich konnte sie durchaus verstehen. Sie sprach langsam und einfach, was die veränderte Aussprache wieder wettmachte.

„Eine Brosche, wissen Sie, sieht aus wie goldene Sonne. Drei Armbänder, alle Gold, ziemlich klotzig, wie kleine Goldnuggets. Und drei Halsketten, die paßten zu den Armbändern. Oh, und vier Goldringe, große. Sie waren so, wie sagt man, krumm und nicht gleich?"

„Phantasieformen?" sagte ich.

Sie nickte. „Ja, Phantasieformen. Wollen Sie sehen?"

Ich folgte ihr die geflieste Treppe zu Lacys Schlafzimmer hinauf. Es war natürlich rosa, mit einer großgemusterten rosa Blumentapete und grünen Akzenten. Winzige goldene Vögel waren in die vier Bettpfosten geschnitzt. Die Frau, die sich als Carmen vorgestellt hatte, schloß einen Toilettentisch auf, mit einem Schlüssel an einem Ring mit vielen anderen Schlüsseln in allen Größen und Formen, und zog einen Schmuckkasten aus seinem Versteck.

„Ich habe nicht genommen die Sachen, wissen Sie. Darum ich habe es sofort gemeldet. Muß ich denn trotzdem noch sprechen mit der Sheriff *mañana* … morgen?"

„Ja, meine Untersuchung hat nichts mit seiner zu tun. Er will glaube ich nur, daß sie ein Berichtsformular ausfüllen." Allmählich bekam ich ein schlechtes Gewissen dabei, die Naivität des Dienstmädchens auszunutzen. Aber ich mußte meinen eigenen Zwecken dienen. Und schließlich tat ich nichts wirklich Verwerfliches.

Ich öffnete den Kasten und fingerte in den Schmuckstücken herum. Ein paar silberne Teile waren noch da, und diverser anderer Schmuck, einiges davon mit Edelsteinen, Perlen und anderen Steinen besetzt. Aber Carmen zufolge waren die meisten goldenen Stücke verschwunden.

„Macht es Ihnen etwas aus, wenn ich mich einen Moment umsehe?" fragte ich. Sie schüttelte den Kopf und zuckte gleichzeitig die Achseln, dann setzte sie sich auf das Fußende des Betts, als ob sie sicher gehen wollte, daß ich dabei nichts entwendete. Das machte mir nichts. Falls ich beim Schnüffeln erwischt wurde, konnte man mir jedenfalls nicht vorwerfen, etwas gestohlen zu haben.

Carmen schaltete den kleinen Fernseher am Bett ein, während ich in den Schubladen von Lacys Schreibtisch herumwühlte, auf der Suche nach wertvollen Stücken, die der Dieb vielleicht übersehen hatte. Vor allem zerbrach ich mir den Kopf darüber, warum er nur den Goldschmuck genommen hatte.

In den Schubladen waren haufenweise halb aufgebrauchte Kosmetika; eine halbleere Flasche Hautschältinktur, Peelingcremes, Abdeckcremes, Collagencremes und Fläschchen mit teurem Make-up aus den Kosmetikabteilungen der edleren Kaufhäuser. Das einzig Ungewöhnliche in der Make-up-Sammlung waren ein paar Fläschchen mit Antiseptika. Wozu sie die wohl gebraucht hatte? Vielleicht, um ihre frischen Operationswunden keimfrei zu halten?

Unter dem Schminktisch fand ich eine Schublade voller Maxi-Binden-Kartons. Komisch. Eigentlich hätte die Frau schon längst jenseits der Menopause sein müssen, es sei denn, sie schluckte Hormone. Aber so was brauchte man vielleicht immer mal. Ich nahm einen der Kartons heraus, um zu sehen, was dahinter war, und stellte fest, daß er schwerer war, als ich erwartet hatte. Ich öffnete den Klappdeckel und nahm den Inhalt heraus. Tagebücher. Ich überprüfte die anderen drei Kartons. In jedem Karton waren vier Tagebücher, diese mit geblümtem Stoff bezogenen Notizbücher, die man im Schreibwarenladen kaufen kann, damit das, was man so schreibt, wichtiger oder jedenfalls netter aussieht. Ich blickte zu Carmen hinüber, die völlig in eine *Roseanne*-Wiederholung versunken war. Also breitete ich die vier neuesten Tagebücher auf dem Fußboden aus, schlug das erste auf und las ein paar Zeilen.

Das Buch stammte aus der Zeit von Lacys Heirat vor fünfzehn Jahren. Alle paar Tage gab es einen kurzen Eintrag, nur die Highlights ihres Lebens waren aufgeführt. Das Geschriebene ließ nur wenig Emotionen durchblicken – nur die Fakten bitte, Ma'am.

Ich blätterte das zweite, dritte und schließlich das vierte Tagebuch durch, jedes in einem anderen Rosa-, Violett- oder Fliederton, auf der Suche nach irgend etwas interessantem, das etwas Licht auf ihren Tod werfen konnte. Das vierte – und neueste – begann mit Reubens Tod. Diesmal schrieb sie emotionaler. Sie hatte ihren keineswegs perfekten Mann anscheinend geliebt und vermißte ihn, aber ihre Angst vor der Einsamkeit, vor dem Alleinsein, kam viel deutlicher heraus als ihre Trauer über den Verlust des Partners.

> „Ich vermisse Reuben. Er konnte sehr lieb sein, auch wenn er seine Fehler hatte. Es war angenehm und sicher. Das brauchte ich am meisten von ihm, weil ich es als Kind nie gehabt hatte. Sein Tod ist mir immer noch ein Rätsel und ich versuche, mir nicht selbst leid zu tun, aber oft tue ich es doch. Ich versuche, die Zeit mit meiner Tätigkeit für die wohltätigen Organisationen auszufüllen, aber die Einsamkeit ist unerträglich. Ich merke, daß ich wütend auf ihn bin, weil er mich so allein gelassen hat. Ich habe ihn immer sein eigenes Leben leben lassen. Ich habe mich nie über seine anderen Bedürfnisse beklagt. Warum ist er einfach gestorben? Warum hat er mich ganz allein gelassen? In meinem Alter werde ich nie einen anderen Mann finden, egal, was Celeste sagt."

Das Papier in diesem letzten Tagebuch war blaßrosa, parfümiert, und mit einem Blümchenmuster verziert, wie das Briefpapier, auf dem Lacy ihren angeblichen Abschiedsbrief geschrieben hatte. Aber alle Seiten schienen unversehrt zu sein. Die letzten Einträge waren ungefähr sechs Wochen alt. Ich fragte mich, ob sie vielleicht noch einen weiteren Band angefangen hatte – ein Tagebuch, das die letzten Ereignisse in ihrem Leben erklären würde.

Ich schaute noch einmal in die Schublade. Keine weiteren Kartons.

Ich legte die Tagebücher in ihr Versteck zurück, bis auf das letzte, das ich in meine Unterlagen steckte, während das Dienstmädchen sich auf eine Werbung für Monatshygiene konzentrierte. Als ich aufstand, um Carmen zu danken, sah ich, daß das Lämpchen am Anrufbeantworter neben dem Telefon auf dem Nachttisch blinkte.

„Hat jemand angerufen?" fragte ich.

Sie zuckte die Achseln.

„Haben Sie die Nachrichten abgehört, seitdem sie gestorben ist?"

„Hm, nein. Ich – ich weiß nicht. Ein paar. Der Sheriff hat die Band genommen, wann er gestern hier war. Ich habe eine andere hineingetan, aber nicht abgehört. Ich kann einfach nicht denken richtig, wissen Sie. Ich mag nicht hören ihre Nachrichten. Das ist nicht gut."

„Also sind diese Anrufe nach ihrem Tod gekommen?"

Carmen zupfte an ihren Haaren. „Ja. Als Mrs. Penzance lebte, sie wollte nicht, daß ich gehe an ihr Telefon oder höre die Nachrichten vom Anrufbeantworter hier. Ich habe es immer in Ruhe gelassen, wie sie gesagt. Aber jetzt sollte ich wohl hören und sie zurückrufen und sagen, daß Mrs. Penzance ist nicht … nicht mehr hier." Ihre Augen füllten sich mit Tränen.

Ich zog meinen Kassettenrecorder heraus. „Hören Sie, warum spielen wir das Band nicht einfach ab, und ich nehme die Nachrichten auf. Man weiß ja nie. Vielleicht ist etwas Wichtiges dabei."

„Ich weiß nicht … vielleicht ich sollte warten auf der Sheriff …" sagte sie zögernd.

„Na, schaden kann es doch nicht. Und wenn es etwas wichtiges ist, können Sie ihm das morgen erzählen. Das weiß er bestimmt zu schätzen."

Sie zögerte noch einen Moment, dann ließ sie ihre Haare los und drückte die Wiedergabetaste. Ich schaltete meinen Recorder ein und hielt ihn neben den Lautsprecher. Miah konnte mir das übersetzen, wenn ich wieder im Büro war. Aber nach Carmens Gesichtsausdruck zu schließen, mußte auf dem Band etwas von Bedeutung sein.

18

Mir taten die verschorften Knie weh, als ich die Treppe zu meinem Büro hinaufstieg. Mein rechter Arm juckte, anscheinend ein Giftsumachausschlag. Und mein Kopf dröhnte von der Anstrengung des ständigen Ablesens. Ich brauchte dringend ein bißchen Ruhe anstatt bloß Stille.

Es war zwar schon spät, aber Miah saß noch an seinem kleinen Schreibtisch in der Ecke meines Büros und arbeitete fleißig an der Aufgabe, die ich ihm übertragen hatte, den Bericht über das bevorstehende Froschfestival abzuschließen. Irgendwas mit dem Froschkostümwettbewerb. Wenn wir die Zeitung bis Samstag herausbringen wollten, mußten wir den Inhalt größtenteils morgen fertig haben. Und meinen Teil der Arbeit hatte ich auf der Jagd nach der Titelstory ziemlich vernachlässigt.

„Was-machen?“ gebärdete ich, nachdem ich ihn durch Winken auf mich aufmerksam gemacht hatte. Diese einfache Gebärde, bei der Zeigefinger und Daumen kleine Kneifbewegungen machen, Handfläche nach oben, heißt eher so etwas wie „Was gibt's?“ als „Was machst du da?“

Er antwortete mit der ASL-Version von „Ich versuche, mich über diese Story lustig zu machen.“ Wahrscheinlich meinte er, daß er versuchte, die Story lustig zu schreiben. Aber es war auch egal. Mit solchen Kleinigkeiten wollte ich mich nicht mehr aufhalten. Ich wollte nur noch fertig werden.

„Gefallen, bitte?“ sagte ich, mehr mit dem Gesicht als mit den Händen. Er nickte. Das Haar fiel ihm ins Gesicht und er warf es mit einer scharfen Kopfdrehung wieder nach hinten. Sah ziemlich sexy aus, wenn man denn so etwas über fünfundzwanzigjährige Jungen denken will.

„Dolmetschen? Kassette, Lacy Penzance Anrufbeantworter. Vielleicht wichtig, wissen-nicht“, gebärdete ich. Er folgte meinen Gebärden, nickte hin und wieder und runzelte angestrengt die Stirn. Ich weiß immer genau, wann er mich nicht versteht. Dann bekommt er diesen glasigen Blick, der Mund steht offen und er nickt nur noch automatisch. Im Moment sah er ziemlich aufgeweckt aus.

„Du aus Haus nehmen, du?“ fragte er mit hochgezogenen Brauen.

Ich machte ein verneinendes Gesicht und schüttelte den Kopf. „Ich? Nein. Meine Kassette. Bloß kopiert. Da gelassen. OK?“

Er sah erleichtert aus, daß ich nichts Wichtiges, wie „Beweisstück Nr. 1“, aus Lacys Haus gestohlen hatte.

Während er zuhörte und tippte, und wieder zuhörte und tippte, räumte ich meinen Schreibtisch auf.

Ungefähr, als ich die letzten Pralineneinwickelpapiere, alten Haftnotizen, Pizzagutscheine, Computerkataloge und kreativ verbogene Büroklammern wegschmiß, gab er mir die fertige Abschrift. Ich hatte sogar ihre Bandansage aufgenommen, nur für alle Fälle. Ich las:

> „Hier ist Lacy Penzance. Ich kann gerade nicht zum Telefon kommen, aber ich möchte gerne mit Ihnen sprechen. Hinterlassen Sie bitte eine Nachricht. Ihr Anruf ist mir wichtig und ich werde sie zurückrufen, so schnell ich kann. Guten Tag.“
>
> Erste Nachricht: „Hi, Lacy, hier ist Dr. Ellington. Die Narbenbildung, von der Sie sprachen, ist

ganz normal und sollte nach ein paar Wochen verschwunden sein. Wenn sie dicker werden, oder sich auszubreiten scheinen, rufen Sie mich bitte an. Ansonsten ist alles normal, wie ich schon bei ihrem Check sagte. Wegen der Terminabsprachen für den zweiten Eingriff wird sich meine Helferin mit Ihnen in Verbindung setzen."

Nachricht Nr. 2: „Hier ist Melanie von der Praxis Dr. Ellington? Der Doktor sagte, sie wollten einen Termin für den nächsten Eingriff machen? Wir haben nächste Woche einen freien Termin am Mittwoch, um halb elf? Rufen Sie mich doch bitte unter 837-7089 an, wenn Sie den haben möchten, okay? Tschüssi!"

Nachricht Nr. 3: „Hier ist Barbara vom Komitee. Deine Spende wissen wir sehr zu schätzen. Herzlichen Dank, meine Liebe. Jetzt haben wir genug zusammen, um dieses Jahr wieder die Veteranenhalle dekorieren zu können. Hoffe, du magst froschgrün. Ich kann's ehrlich gesagt nicht mehr sehen! (Kichern). Ich sprech dann später mit dir, Liebes."

Nachrichten Nr. 4, 5 & 6: alle aufgelegt.

Nachricht Nr. 7: „Hier sind die Wentling-Porträt-Studios. Wir haben diese Woche ein Sonderangebot für Familienporträts …"

Das Werbegeschwätz ging weiter. Ich überflog den Zettel bis zur nächsten Nachricht.

Nachricht Nr.8: „Lacy Penzance, hier spricht Arden Morris. Ich habe heute Ihren Brief bekommen, aber ich weiß immer noch nicht genau, was Sie von mir wollen. Ähm, ich bin gerne bereit, mich mit Ihnen zu treffen, wenn Sie nach Rio Vista kommen wollen, aber wie ich schon sagte, ich glaube nicht, daß ich Ihnen helfen kann. Jedenfalls können Sie mich unter 916-644-1500 anrufen, wenn Sie eine Zeit abmachen möchten. Ähm, auf Wiederhören."

Ich sah zu Miah auf. Er gebärdete bildlich „Dann war noch viermal aufgelegt. Und das war's. Was meinst du?"

„Ich meine, daß wir schnellstens zu Wentling gehen sollten, wenn wir das Sonderangebot noch mitnehmen wollen." Ich zwinkerte ihm zu und unterstrich den Namen Arden Morris in seinen Notizen.

„Du glaubst, das ist was?" gebärdete Miah.

Ich machte die universell verständliche Gebärde für „Wie-zum-Teufel-soll-ich-das-wissen" – Schultern auf und ab –, dachte einen Moment nach und gab ihm dann das Telefon.

„Rufen wir ihn doch an. Er klingt interessant –"

„Es ist eine Sie", unterbrach mich Miah.

„Wie bitte?"

„Sie. Arden Morris ist eine Sie."

„Woher weißt du?"

„Ihre Stimme."

„Oh, ach ja, okay. Sag ihr, du wärst Lacys Sekretär und … du rufst an, um diesen Termin abzumachen, was immer das ist. Vielleicht hat sie ja die Neuigkeit von Lacy noch nicht gehört, Rio Vista ist ja nicht hier in der Gegend. Und laß dir ihre Adresse geben."

Miah wählte, machte mir ein Zeichen, daß besetzt sei, und wählte noch einmal. Beim zweiten Mal nickte er. Er nannte der Stimme in der Leitung seinen Namen und begann, seine Nummer abzuziehen. Plötzlich löste sich sein aufgesetztes Lächeln in nichts auf. Er legte den Hörer auf, ohne noch etwas zu sagen.

„Sie sagt, sie findet das nicht komisch. Sie sagt, ich wär irgend so ein Kranker, und wenn ich nochmal anrufe, ruft sie die Polizei."

Anscheinend hatte sie die Nachricht doch schon gehört.

Da hatten wir einen blanken Nerv getroffen, dachte ich auf dem Weg zur winzigen Stadtbibliothek von Flat Skunk, die mittwochs bis neun Uhr abends geöffnet hatte. Ich wollte mehr wissen, und ich hatte noch fünfzehn Minuten bis neun.

Obwohl die Abteilung für Nachschlagewerke in der Bibliothek von Flat Skunk ungefähr so groß ist wie die Taschenbuchabteilung im Supermarkt, und sich das ganze Institut in einem extra großen Lastwagenanhänger befindet, fand ich Arden Morris' Adresse im zerfledderten Telefonbuch für Delta Valley. „A. Morris" an der River Road hatte die gleiche Telefonnummer wie die auf Lacys Anrufbeantworter.

Als ich wieder im Büro war und das Layout für drei Anzeigen fertig gemacht hatte – eine für den „Wer hat Ihnen die Haare gemacht"-Salon, eine für Ernest N. Deavor Immobilien, und eine für den Mark-Twain-Doppelgänger-Wettbewerb beim Froschfestival – beschloß ich, schnell noch nach Rio Vista zu fahren, um die geheimnisvolle Frau zu treffen. Mit weiteren Visitenkarten und Briefbögen bewaffnet sagte ich Miah gute Nacht, als er nach Hause ging, und schloß meine Bürotür ab.

Dan kam gerade vom Treppenhaus um die Ecke gebogen, als ich mich umdrehte, in einem Arm einen Beutel Katzenfutter und im anderen eine Tüte mit Burgern. Der Essensgeruch erinnerte mich daran, daß ich außer dem rosa Zeug den ganzen Tag noch nichts Richtiges gegessen hatte.

„Wo wollen Sie hin?“ fragte Dan, als er nach dem Schlüssel zu Boones Büro grub.

„Ich habe eine Spur“, sagte ich, und stellte mir vor, wie aus der dampfenden Tüte ein Big Whopper und Fritten zum Vorschein kamen. Hoffentlich sabberte ich nicht gleich mein Oberteil voll.

Dan gab mir die Tüte Menschenfutter zum Halten, während er den Schlüssel ins Schloß steckte und die Tür öffnete. Ich folgte ihm in das Büro und stellte die Burger auf Boones Schreibtisch.

„Hunger?“ fragte er, riß den Beutel mit dem Katzenfutter auf und schüttete eine Handvoll harte, bunte Klumpen in einen Plastiknapf am Fenster. Die Katze kam auf der Suche nach einer eingebildeten Mausmahlzeit hinter dem Aktenschrank hervorgekrochen.

„Ein bißchen“, sagte ich und hoffte, daß mein Magen nicht lauter sprach als ich. Selbst das Katzenfutter fing an, lecker auszusehen.

„Also was gibt's Neues?“

Ich erzählte ihm von der Nachricht auf Lacys Anrufbeantworter und meinem Plan, Arden Morris zu besuchen. Als ich ihren Namen nannte, sah er auf.

„Arden Morris?“

Ich nickte. „Kennen Sie sie?“

Er ging an den Aktenschrank und zog eine Schublade heraus. Nach einer kurzen Suche holte er triumphierend einen Ordner hervor, auf den „Arden Morris“ gekritzelt war.

„Ich dachte doch, daß ich den Namen auf einem der Ordner gesehen hatte, als ich das Chaos hier beseitigt hab. Sollen wir mal reinschauen?“

Er legte den Ordner auf den Schreibtisch neben die Tüte mit fettigem Fleisch und Pommes und schlug ihn auf.

Nichts drin.

„Mist! Den hat einer ausgeräumt. Was ist hier eigentlich los?“

Er zog einen Burger aus der Tüte und legte ihn geistesabwesend auf den Schreibtisch. Ich schluckte die pawlowsche Speichelansammlung in meinem Mund hinunter. Schmeckte irgendwie nach Burger.

Nach einer Weile schien Dan wieder auf dem Planeten gelandet zu sein. Er riß den Burger in zwei Teile und gab mir den kleineren. Ich nahm ihn, versuchte, gleichgültig zu tun, und vernichtete ihn in drei Happen und fünfundvierzig Sekunden.

„Und Sie wollen Arden Morris heute abend noch besuchen?“ fragte er, als er mit seiner Hälfte fertig war. Ich sah auf die Uhr. Es war allmählich etwas zu spät, um ganz bis Rio Vista zu fahren und eine geheimnisvolle Unbekannte über eine Tote zu befragen.

„Um die Wahrheit zu sagen, Connor, würde ich gern mitkommen. Ich glaube, daß diese ganze Geschichte mit meinem Bruder zu tun hat. Wenn Sie bis morgen warten wollen, komme ich mit, aber jetzt ist es schon ziemlich spät und ich muß noch ein paar andere Sachen erledigen.“

Ich sah ihm zu, wie er ein weiteres Tütchen aus der großen herausnahm. Ein Hühnchen-Sandwich. Er brach es auseinander und gab mir diesmal die größere Hälfte. Ich gab mir Mühe, es nicht hinunterzuschlingen, und angesichts meines Zustands war meine Zurückhaltung wirklich bemerkenswert. Dann bediente ich mich keck von den Fritten.

„Ja, okay, Sie haben recht“, sagte ich, als ich wieder sprechen konnte. „Es ist schon spät. Morgen also. Wenn ich die Zeitung für den Drucker fertig habe. Ich hab meine Arbeit wirklich vernachlässigt und kann die Zeit gut gebrauchen, um das wieder aufzuholen. Ich weiß nicht, wer Arden Morris ist oder was sie mit Lacy zu tun hat, aber ich glaube, sie ist ein Teil von dieser Sache, was immer das ist."

Wir aßen schweigend auf und schauten aus dem Fenster zu, wie das Stadtleben auf der erleuchteten Straße allmählich zur Ruhe kam. Nachdem auch die letzte Fritte verschwunden war, dankte ich Dan fürs Essen, ich würde mich revanchieren und tschüs bis zum Morgen. Ich hatte auch noch ein paar Sachen zu erledigen.

Als ich aus seinem Büro ging und in meins zurückgehen wollte, kam mir eine Idee. Ich ging zurück, die Hoteltreppe hinunter, und sprang in mein Auto, Richtung Memory Kingdom.

Draußen waren schon die Sterne zu sehen, mit einer ganz schmalen Mondsichel, aber der wolkige blaue Himmel auf den Wänden der Empfangshalle im Beerdigungsinstitut gab einem das Gefühl, daß es erst Nachmittag wäre. Zu meiner Überraschung war die Eingangstür zu dieser späten Stunde unverschlossen. „Wir haben immer offen" wäre eigentlich ein guter Werbeslogan.

Ich fand French McClusky an seinem Schreibtisch. So spät am Abend schien er die einzige Menschenseele im Gebäude zu sein. Jedenfalls die einzige, die ich sehen konnte. Man konnte ja nicht wissen, was für Phantome um die Leichen im Morgatoriumraum schlichen, oder wie immer der hieß.

In Celestes Büro war kein Licht und ich konnte keine anderen Angestellten entdecken.

Ich klopfte an Frenchs halb geschlossene Tür und stieß sie mit jedem Klopfer etwas weiter auf. French sah hoch, legte seinen Stift hin und bot mir sein Verkäuferlächeln. Für einen Mann Mitte fünfzig hielt er sich wirklich gut. Vielleicht ein bißchen an der Konservierungsflüssigkeit genippt?

„Hi, French“, sagte ich und kam langsam herein. „Tut mir leid, Sie so spät zu stören, aber die Eingangstür war offen, ich sah bei Ihnen noch Licht und ich hab ein paar Fragen. Haben Sie einen Moment Zeit?“ Ich schloß die Tür hinter mir.

French nahm seine Bifokalbrille ab, die eine Druckstelle auf seinem Nasenrücken hinterließ, und legte sie sorgfältig auf seinen ordentlichen Schreibtisch. Sein Wal-Mart-Anzug war vom Arbeitstag zerknittert, sein Toupet ein bißchen zerzaust, und im Mundwinkel saßen ein paar Essenskrümel. Ich leckte mir die Lippen, aber er verstand die Andeutung nicht.

„Kommen Sie rein, Connor. Setzen Sie sich. Ich hab schon gehört, daß Sie da waren und die Führung gemacht haben. Celeste erwähnte, Sie hätten vielleicht eine Tante, die bald unsere Dienste benötigen könnte. Die Berater haben schon alle Feierabend gemacht. Kann ich Ihnen irgendwie helfen?“

Ich nickte und setzte mich in den Ledersessel ihm gegenüber. „Ja, ähm, Tante ...“ Ach du lieber Himmel. Ich wußte den Namen meiner erfundenen Tante nicht mehr! Na ja, wie wär's mit „... Lotta. Ich fürchte, sie ist ...“ Ich schüttelte den Kopf, um nicht zu sehr lügen zu müssen.

Nach einer dramatischen Pause fuhr ich fort. „Es fällt mir schwer, darüber zu reden, wissen Sie. Aber ich war wirklich beeindruckt von Ihrem und Celestes Arrangement für Lacy Penzance. Die Trauerfeier war so ... einzigartig. All das Rosa und die Vögel. Gott, es ist so schwer zu glauben, daß sie tot ist.“

French nickte. „Sie war wirklich eine tolle Frau. Was für ein Schock, zu hören, daß es Mord war. Wer könnte so ein liebes, altes Mädel umbringen wollen? Sie hat so viel für diese Gemeinde getan."

Das „liebe, alte Mädel" hätte ihr bestimmt großartig gefallen. „Ich kannte sie nicht sehr gut. Aber Sie schon, oder? Ich glaube, sie erwähnte, daß Sie befreundet waren, als ich das letzte Mal mit ihr sprach."

French zuckte die Achseln. „Sie wissen ja, wie das in der Kleinstadt ist. Wir sind eine Weile miteinander gegangen, als wir in der High School waren, aber ich wollte Bestattungsunternehmer werden, wie mein Vater, und sie hatte für ihren zukünftigen Ehemann etwas höhere Ambitionen. Das paßte nicht zusammen. Also sind wir getrennter Wege gegangen."

„Und nach Reubens Tod? Sie hätten es ja noch mal versuchen können. Schließlich sind Sie nicht verheiratet."

Er warf mir einen scharfen Blick zu, der sich aber schnell in ein Lächeln verwandelte. „Ich bin ziemlich fest mit Jilda vom Nugget zusammen. Es hätte ihr nicht gefallen, wenn ich was mit Lacy angefangen hätte, da bin ich ganz sicher. Sie hat so einen eifersüchtigen Charakterzug. Nein, das Timing hat für mich und Lacy eben nicht gestimmt. Jetzt aber zu Ihrer Tante –"

„French, ich hab in letzter Zeit viel über Lacy nachgedacht. Ich hab sie einen Tag, bevor sie starb, gesehen, und es schien sie etwas zu beunruhigen. Wissen Sie, ob sie irgendein Geheimnis hatte?"

„Ein Geheimnis?"

Ich bohrte weiter. „Ich glaube, daß sie mit jemandem zusammen war. Kürzlich. Vielleicht wollte sie sogar wieder heiraten."

French schob die Unterlippe vor und runzelte die Stirn. „Wirklich?" Er schwieg, nahm seine Brille und polierte die

Gläser mit seinem Hemd. „Nun, es ist wahrscheinlich möglich, wo sie doch Witwe war und so. Aber ich habe nie was davon gehört. Komisch." Er schwieg wieder.

„Sie waren es nicht?"

„Lieber Himmel, nein! Nein, ich bin ein paarmal mit ihr essen gegangen, nachdem Reuben gestorben war. Wie gesagt, wir waren alte Freunde. Aber Jilda hätte mich umgebracht, wenn sie mich erwischt hätte, obwohl es gar nichts zu bedeuten hatte. Ich meine, Lacy ist natürlich eine sehr attraktive Frau. Sah sogar besser aus als vor ein paar Jahren. Aber ich –"

Er unterbrach sich und sah leicht besorgt aus, ob er nicht vielleicht etwas gesagt hatte, das er besser für sich hätte behalten sollen. Er griff schnell nach seiner Brille und setzte sie wieder auf die Nase.

„Sie sagen doch Jilda nichts davon, oder?" fragte er stirnrunzelnd.

Ich schüttelte den Kopf und sprach weiter. „French, da ist noch was. Als ich hier die Führung gemacht habe, erwähnte einer der Einbalsamierer, daß ein Instrument aus dem Konservierungsraum fehlt."

Er runzelte wieder die Stirn und die Brille rutschte seine Nase hinunter. In einer unbewußt obszönen Geste schob er sie mit dem Mittelfinger wieder zurück. „Wie bitte? Nein! Wir sind immer sehr sorgfältig ..."

„Ich glaube, es war ein Trokar ..." bluffte ich.

Seine Augen wurden schmal. „Connor, was genau wollen Sie eigentlich? Ich dachte, Sie interessieren sich für ein paar Dienstleistungen wegen Ihrer Tante. Dieses ganze Gerede von Lacy und Einbalsamierungsinstrumenten und so weiter tut doch überhaupt nichts zur Sache."

Er stand auf. Ich stand auf.

„Es interessierte mich einfach. Sie wissen schon, alle reden über Lacys Tod. Ich dachte, Sie wüßten vielleicht etwas über die Waffe, mit der sie getötet wurde."

„Waffe? Sie glauben, daß Lacy mit einem Trokar umgebracht wurde? Mit einem aus dem Memory Kingdom? Connor, da sind Sie aber wirklich total auf dem Holzweg. Ich glaube –"

Ich drehte mich um und steuerte auf die Tür zu. Den letzten Teil verpaßt. Pech. Ich öffnete die Tür und drehte mich noch einmal zu ihm um.

„Danke für Ihre Mühe, French. Ich melde mich dann wieder bei Ihnen wegen meiner Tante … Lana."

Er machte den Mund zu und nickte. Nichts war es wert, einen potentiellen Kunden zu vergraulen. Da war das Verkäuferlächeln wieder, das ihm in den letzten Minuten abhanden gekommen war.

„Lassen Sie mich wissen, wenn ich Ihnen irgendwie helfen kann, Connor. Ihre Tante – wie war doch gleich ihr Name –"

Anscheinend klingelte das Telefon, denn French schaute darauf, nahm den Hörer ab und meldete sich. Er hörte ein paar Sekunden zu, dann sagte er „Oh, Scheiße!" oder vielleicht auch „So'n Scheiß!", während seine Augen hektisch hin und her wanderten. Er ließ den Hörer fallen, schnappte sich sein Jackett vom Haken und hastete zur Tür.

„Irgendwas nicht in Ordnung?" fragte ich. Er sah blaß aus, selbst für einen Leichenbestatter.

„Es ist Sluice."

„Was? Ist er –"

„Es gab einen Unfall. Anscheinend ist Sluice in ein offenes Grab gefallen, das er ausgehoben hatte."

„Soll ich den Krankenwagen rufen?"

French reagierte nicht auf meine Frage. Statt dessen antwortete er, „Sie glauben, daß er tot ist."

19

Ich zögerte, bevor ich French aus der Tür folgte. Der Sheriff mußte benachrichtigt werden, wenn das nicht schon passiert war, und French schien mir im Moment nicht allzu klar zu denken. Immerhin hatte jemand zumindest die Geistesgegenwart besessen, French Bescheid zu sagen. Wer? Und von wo aus?

French hatte kein Schreibtelefon, also wählte ich mit dem normalen Telefon den Sheriff an und begann zu sprechen, als soviel Zeit verstrichen war, daß jemand aufgenommen haben konnte. Ich sagte immer wieder den Satz, „Hier spricht Connor Westphal: Sluice Jackson ist auf dem Pionierfriedhof in ein offenes Grab gefallen“, und hoffte, daß mich jemand hörte. Sonst müßte ich mir wirklich ziemlich dämlich vorkommen.

Nach fünf oder sechs Wiederholungen verließ ich das Büro und machte mich zum Friedhof auf, der neben dem Bestattungsinstitut lag. Der Geruch des Stadtmaskottchens lag in der Luft, eine ständige Erinnerung an meine neue Gemeinde. Über die schwach beleuchtete Rasenfläche hinweg konnte ich einen Bagger ausmachen und machte mich auf den Weg dorthin.

Als ich ankam, sah ich French und Wolf Quick über einem frisch ausgehobenen Grab neben dem Bagger kauern. Das bedrohliche Ungetüm von Baumaschine warf lange, gezackte Schatten über den Schauplatz. Die beiden Männer blickten abwechselnd in das fast zwei Meter tiefe Loch und um sich herum, als ob sie dringend auf Hilfe warteten. Wolf zeigte auf den Bagger, während French sich hinterm Ohr kratzte und spuckte. Aus der Entfernung konnte ich nicht sehen, was sie sagten.

Als ich am Grab angekommen war, etwas außer Atem vom Laufen, sah ich Sheriff Mercer in raschem Tempo zu uns den Hügel hinaufmarschieren. Das war schnell. Zu schnell, als daß er meinen Anruf bekommen und darauf reagiert haben konnte. Jemand anders mußte ihn zuerst alarmiert haben. Wolf?

„Was ist hier los?“ fragte der Sheriff, während er sich auf ein Knie niederließ und in die Grube spähte. „Verdammt nochmal! Was ist passiert? Ist er noch am Leben? Wo ist der Rettungsdienst? Wir müssen uns um ihn kümmern.“ Der Sheriff drehte sich um und ließ sich vorsichtig in das Grab hinunter.

Während French im Auto des Sheriffs nach einer Taschenlampe suchen ging, erzählte Wolf nuschelnd die Geschichte. Mit seinem wuchernden Bart und dem Schnauzer, der sich über die Oberlippe kringelte, war das Ablesen bei ihm nicht leicht, aber ich erwischte hier und da ein paar Fetzen. Er hatte Sluice entdeckt, als er durch den Friedhof ging. Das hörte sich für mich schon merkwürdig an, aber ich sagte nichts. Er hatte ein Geräusch aus dem offenen Grab gehört, angehalten und hineingeschaut, und Sluice gesehen. Sluice mußte seiner Ansicht nach von dem Bagger heruntergefallen sein, den er gefahren hatte – der Motor lief noch. Da hatte Wolf sein Handy gezückt und den Sheriff und French angerufen.

„Es sieht nicht so aus, als ob er atmet“, sagte Wolf, während er die gefundene Taschenlampe ins Grab richtete. Der Sheriff hatte Sluices Jacke aufgemacht und begann mit lebensrettenden Sofortmaßnahmen.

French sah Wolf entsetzt an. „Er kann nicht tot sein. Nicht noch einer. Oh Gott. Oh Gott! Wir müssen ihn da rausholen!"

„Immer schön ruhig bleiben", sagte Wolf. „Der Sheriff ist bei ihm. Der Rettungswagen ist unterwegs. Die werden sich schon um ihn kümmern. Wir sollten ihn besser nicht bewegen, falls –" Den Rest bekam ich nicht mit, weil er sich zur Straße drehte. Ich folgte seinem Blick. Der Rettungswagen war angekommen, ebenso Deputy Arnold und ein paar neugierige Schaulustige.

„Aus dem Weg!" Die beiden Sanitäter übernahmen sofort das Kommando. Seile wurden aus dem Rettungswagen gezogen, Krankentragen wurden bereitgestellt und Arzttaschen geöffnet. Während der männliche Sanitäter seine Ausrüstung vorbereitete, holte die Frau eine Leiter von einem Geräteschuppen in der Nähe. Mit Mickeys Hilfe ließ sie sie ins Grab hinunter und kletterte in die enge Grube, um dem Sheriff beizustehen.

Mickey leuchtete mit einer Taschenlampe in das Loch und wir sahen zu, wie die Frau mit einer kleinen Taschenlampe zwischen den Zähnen Sluices Puls nahm. Nach einer Weile kam der Sheriff aus der Grube geklettert und sagte etwas.

„Was hat er gesagt? fragte ich Mickey, der neben mir stand und seinen Arm auf meiner Schulter abstützte.

„Er lebt noch!"

Es war schon nach Mitternacht, als ich endlich das Büro des Sheriffs verließ und in meinen geliebten Diner zurückkehrte. Ich war noch geblieben, um zu sehen, wie die Sanitäter Sluice Jackson aus dem Grab heraushoben und in den Rettungswagen transportierten, um ihn dann mit Blaulicht ins Mother-Lode-Memorial-Krankenhaus in Sonora zu fahren. Dann wartete ich noch eine Weile im Büro des Sheriffs und spann mit dem Hilfssheriff wilde Theorien, bis wir kurz nach elf Nachricht vom Krankenhaus bekamen. Sluice Jacksons Zustand war stabil. Schließlich ging ich nach Hause, als es nichts Neues mehr zu erfahren gab.

War es ein Unfall? Oder konnte ihn jemand gestoßen haben? Das waren die Fragen, die Mickey und ich gegen Ende des Abends am heftigsten diskutiert hatten. Zuerst hatte ich mich gefragt, was Sluice eigentlich so spät mit dem Bagger auf dem Friedhof gemacht hatte, aber French hatte uns erklärt, daß die Grabarbeiten immer nachts erledigt wurden, um die Leute tagsüber nicht zu stören. Sie mögen es nicht besonders, am hellichten Tage zu sehen, wie echte Gräber ausgehoben werden. Aber eine andere Frage blieb im Raum: was hatte Wolf so spät auf dem Friedhof zu suchen?

Sheriff Mercer hatte um etwa halb zwölf angerufen und über Sluices Zustand berichtet: Kopfwunden, verschiedene Prellungen und ein gebrochener Finger. Sluice war immer noch nur halb bei Bewußtsein, aber man ging davon aus, daß er wieder zu sich kommen würde. Aus einer der Kopfwunden hatte er eine ganze Menge Blut verloren, aber sein Blutdruck hatte sich wieder stabilisiert und der Puls war fast normal.

„Was ist denn überhaupt mit Sluice?" sagte ich zu Mickey, als ich mein Notizbuch und meinen Rucksack einpackte, um mich auf den Heimweg zu machen. „Weiß irgend jemand wirklich etwas über ihn? Bei mir kommen immer nur Gerüchte an."

Mickey schob sich ein Kaugummi in den Mund, was das Ablesen nicht leichter machte. Zu dieser späten Stunde mußte ich mich wirklich anstrengen, um ihn zu verstehen.

„Ich weiß nur, daß er ein alter Goldgräber ist, der schon seit ewigen Zeiten in Flat Skunk lebt, und daß er immer noch auf der Suche nach seinem Glück ist. Er ist nicht ganz da, weißt du.“ Mickey tippte sich an die Stirn. „Wahrscheinlich Alkoholvergiftung. Aber er ist harmlos.“

Der Hilfssheriff kaute eine Weile bedächtig sein Kaugummi und verstaute es dann in der dunklen Höhle seiner Wange, wie ein Eichhörnchen.

„Früher war Sluice bei Reuben Penzance angestellt, der hier Bürgermeister war, weißt du, bevor du herkamst. Sluice hat stundenweise für ihn gearbeitet, alle möglichen kleinen Arbeiten erledigt, auf der Ranch ausgeholfen, ungefähr so wie jetzt im Bestattungsinstitut. Ich glaube, er tat den Penzances leid. Er war mit Reuben zusammen unterwegs, als der Bürgermeister den Unfall hatte, vor, wann war's – vor sechs Monaten, nicht wahr?“

„Der Bootsunfall?“ Ich hatte etwas darüber gelesen, als ich frisch angekommen war, aber die Details kannte ich nicht.

Mickey sah nachdenklich auf den Fußboden und ließ seine Füße unter dem Schreibtisch des Sheriffs abwechselnd hin- und herschwingen. Seine ehemals blanken Schuhe, jetzt vom Herumlaufen auf dem Friedhof ganz mit roter Erde verkrustet, drehten sich in kleinen Kreisen. Er schwieg einen Moment und kratzte an einem entzündeten Ausschlag auf seinem Arm herum, dann fuhr er fort.

„Vor etwa sechs Monaten war Reuben drüben am Miwok Reservoir zum Fischen. Sluice war dabei und trug ihm die Ausrüstung. Nach dem, was Sluice erzählt – wenn er grade mal zusammenhängend sprechen kann –, waren sie auf die Mitte des Sees hinausgerudert und Reuben hatte plötzlich etwas Großes am Haken. Anscheinend hat er überkompensiert und sich zu weit aus dem Boot gelehnt. Das Boot kippte um und sie fielen beide ins Wasser."

„War denn sonst niemand in der Nähe?"

Der Hilfssheriff zuckte die Achseln. „Anscheinend nicht. Jedenfalls hatte Reuben darauf bestanden, daß Sluice eine Schwimmweste trug, weil er nicht schwimmen kann. Reuben konnte schwimmen, also hatte er keine an, aber er hatte getrunken. Er muß sich wohl in seiner Angelschnur verheddert haben oder so was, und konnte sich nicht befreien. Als wir ihn am nächsten Tag fanden, trieb er auf dem Wasser und hatte die Angelschnur um die Beine gewickelt. Der Haken steckte in seiner Nase."

Igitt. „Und was ist mit Sluice passiert?"

„Er erwischte einen Felsen im See und hielt sich daran die ganze Nacht fest, völlig verängstigt. Der See ist ziemlich groß, weißt du, und es dauerte eine Weile, bis wir ihn gefunden hatten."

„War Lacy denn nicht völlig panisch, als sie merkte, daß ihr Mann nicht wiederkam? Hat denn keiner nach ihm gesucht?"

„Lacy hat schließlich den Sheriff angerufen, als Reuben in der Nacht nicht nach Hause kam. Aber bis wir da raus kamen, war es zu dunkel, um richtig suchen zu können. Ehrlich gesagt machte sich niemand allzuviel Sorgen, nicht einmal Lacy. Reuben kam durchaus nicht immer gleich nach der Arbeit nach Hause. Als wir am See ankamen, war nichts vom Boot zu sehen. Wir dachten, daß er wahrscheinlich irgendwo eingekehrt war. Das machte er oft." Mickey sah mich mit einem „du weißt schon was ich meine"-Blick an. „Als wir Sluice schließlich im Morgengrauen fanden, wie er sich mit seiner Schwimmweste an den Felsen klammerte, wußten wir, daß etwas passiert war."

„Wie schrecklich“, sagte ich. „Und was war mit dem Boot?“

„Wir haben am Morgen Taucher danach suchen lassen. Nach ein paar Stunden fanden sie es auf dem Grund des Sees.“

„Wie hat Lacy das aufgenommen?“

„Nicht so gut. Sie glaubte anscheinend, daß das alles gar nicht passiert war und wartete weiter darauf, daß Reuben in seinem Cherokee vorfahren würde. Celeste hat ihr damals sehr geholfen. Hat sie dazu gebracht, zu akzeptieren, daß Reuben nicht mehr da war, und damit fertig zu werden. Sie hat wirklich Wunder gewirkt.“

„Und was ist mit Sluice passiert? War er in Ordnung?“

„Er war unterkühlt, voller Wasser und völlig verängstigt. Und, wie soll ich sagen, er hatte noch ein paar mehr Nuggets eingebüßt. Er begann, die ganze Zeit vor sich hin zu brabbeln. Jetzt läuft er herum und bewacht seinen Rucksack, als ob er ein unbezahlbares Kunstwerk wäre. Niemand beachtet ihn wirklich. Einige glauben, daß er vielleicht an Reubens Tod schuld war. Wer weiß? Ich glaube nicht, daß wir die Wahrheit je erfahren werden. Er ist seitdem nicht mehr sehr klar.“

Ich begann, zur Tür zu gehen, dann hielt ich an und drehte mich noch einmal um. „Mickey, hat Wolf gesagt, warum er so spät auf dem Friedhof war?“

„Nö. Vielleicht hat er da einen Verwandten liegen. Weiß nicht. Aber der Sheriff wird ihn das bestimmt fragen. Warum?“

„Ich war bloß neugierig, warum jemand spät abends auf einem Friedhof herumlaufen sollte.“

Ich sagte dem Hilfssheriff gute Nacht und fuhr nach Hause, den aromatischen Duft unserer Skunkbevölkerung in der Nase und in den Knien immer noch ein leichtes Knirschen von meinem Fahrradunfall.

Irgend etwas schien Sluice nicht loszulassen. War er irgendwie in Reubens Tod verwickelt? Oder den Mord an Lacy? Den Friedhof kannte er bestimmt gut, schließlich arbeitete er ja dort. Und er hatte wahrscheinlich Zugang zu den ganzen Instrumenten. Aber was hätte er für ein Motiv haben können? Vielleicht brauchte man keins, wenn man verrückt war.

Zu viele Fragen und zu wenig Bier, fand ich, als ich meinen Schlüssel ins Schloß steckte. Ich zögerte, bevor ich die Tür öffnete und rief erst einmal nach Casper. Als ich sah, daß sie sich normal verhielt, ging ich vorsichtig hinein. Ich war immer noch von dem Einbruch beunruhigt. Nachdem ich alles gründlich durchsucht hatte, ließ ich mich auf die Couch fallen und lenkte mich wieder mit dem Spätfilm ab. Dieser war nicht untertitelt, also sah ich bloß zu, wie ein Haufen schreiender Kinder aus einer Schule in Bodega Bay lief. Sie wurden von einem Schwarm Vögel gejagt, die ihnen die Augen auszupicken versuchten und ihre Haare als Nistmaterial benutzen wollten. Echt cool.

Ich legte mich auf der Couch lang, kickte meine schwarzen Babydoll-Doc-Martens ab, die fünf Kilo zu wiegen schienen, und schüttelte die Kissen auf, zu müde, mich auszuziehen, zu waschen oder etwas zu essen. Ein einziges Bier reichte, um mich außer Gefecht zu setzen. Ich bekam nicht mehr mit, was mit den armen kleinen Kindern passierte, nachdem die Vögel die Lehrerin attackiert hatten. Aber ich bekam auch keine Alpträume davon. Dafür hatte ich reichlich anderen Stoff.

Früh am nächsten Morgen legte ich meinen Besuch bei Arden Morris erst einmal auf Eis. Frisch geduscht und in braune Jeans und einen passenden Baumwollrippenpulli gekleidet, reparierte ich mein Fahrrad und fuhr dann wieder zum Friedhof, um mich etwas umzusehen. Ich war keine Detektivin; verdächtige Fußabdrücke oder zertrampelte Blumenbeete waren nicht gerade mein Stärke. Aber ich wollte trotzdem einfach da sein, um mir vorstellen zu können, was mit Sluice passiert war.

Im hellen Tageslicht sah der Friedhof fröhlich und einladend aus, statt grämlich und abweisend wie am Abend vorher. Ein paar Kinder spielten wieder auf dem Spielplatz im Park und ein junges Paar saß knutschend auf einer Bank neben einem einsamen Mann, der ein Buch las.

Ich ging zu dem offenen Grab hinüber. Zwischen Sägeböcken, die den Zugang versperrten, waren Warnschilder angebracht. Der Bagger parkte immer noch neben der Grube, teilweise mit einem weißen Puderfilm überzogen. Auf Fingerabdrücke getestet?

Ich duckte mich unter dem Plastikband durch, das zwischen den Sägeböcken hing, und ging dichter an das offene Grab heran. Als ich hineinblinzelte, sah ich etwas in der Morgensonne funkeln. Winzig und halb vergraben, wenn auch glitzernd, war es offenbar in der Dunkelheit und Aufregung letzte Nacht übersehen worden.

Ich sah mich nach etwas um, womit ich den glänzenden Gegenstand aus dem Grab angeln konnte, fand aber nichts. In das zwei Meter tiefe Loch hineinspringen, um es heraufzuholen, wollte ich keinesfalls – da käme ich ja vielleicht nie wieder heraus. Ich verdrängte das Edgar-Allan-Poe-Szenario aus meinem Kopf und dachte ein paar Minuten nach. Das brachte mich auf die Leiter, die die Sanitäter letzte Nacht benutzt hatten, um Sluice Jackson herauszuholen. Wo war die doch gleich? Ah, der Geräteschuppen.

Ich fand die Leiter seitwärts an das heruntergekommene Häuschen gelehnt. In ein paar Minuten hatte ich sie ins Grab hinuntergelassen und kletterte langsam hinein, nachdem ich mich vergewissert hatte, daß mich auch niemand sah. Die Luft war rein.

Ich grub in dem brüchigen roten Lehm herum, hob das glänzende Teil auf, bürstete es ab und ließ es nachdenklich auf meinen Finger gleiten. Ein Ring – groß, golden und kunstvoll. Offensichtlich für einen Mann gemacht. Ein Regenwurm lugte aus der Erdwand heraus und erinnerte mich daran, wo ich mich befand. Ich kletterte schnell wieder die Leiter hoch.

Ich brachte die Leiter an ihren Platz zurück und untersuchte dann das Gebiet um den Bagger herum, einer Eingebung folgend. Nach ein paar Minuten bücken und Äste beiseite schlagen fand ich das, was ich suchte, unter einem Busch.

Sluices Rucksack. Den nahm er überall mit hin. Außer vielleicht ins Krankenhaus.

Anscheinend hatte er ihn beiseite gestellt, als er anfing, mit dem Bagger zu arbeiten. Ich hatte mir schon so etwas gedacht. Es war bestimmt nicht einfach, den Beutel zu halten, wenn man so eine große Maschine bediente. Aber ich hatte noch nie erlebt, daß er ihn aus den Augen gelassen hatte. Den Rucksack hatten sie gestern nacht in der Dunkelheit übersehen. Niemand hatte auch bloß daran gedacht, danach zu suchen.

Ich setzte mich auf eine Betonbank in der Nähe und öffnete die Reißverschlußfächer. Zwei Fleischpasteten, noch im Einwickelpapier, leicht zerdrückt und ziemlich stinkend.

Ein Bleistift, auf dem „dom" eingraviert war, vermutlich der Rest vom Bestattungsinstitutsnamen, mit einem Messer fast bis zum Ende angespitzt. Vier Q-Tips. Eine kleine Tube Vaseline. Eine Zahnprothese. Eine Postkarte von einer im Mother Lode recht bekannten Country-Sängerin, mit der Widmung „Für Sluice Jackson. Bleib mir bloß vom Leib. Stacey." Ein goldenes Medaillon mit dem Bild eines jungen Mädchens. Seine Liebste? Seine Tochter? Und ganz am Boden ein zerknülltes Stück Papier.

Ich faltete das Papier auseinander und strich es mit den Fingern glatt. Der Name „Leonard Swec" stand in verschmierter Bleistiftschrift darauf.

Ich packte alles in den Beutel zurück und schloß die Klappe wieder. Nichts besonders interessantes, so weit ich sehen konnte. Bei dem Namen Swec klingelte irgend etwas in meinem Hinterkopf – das mußte ich noch einmal überprüfen.

Ich schlang mir den Lederriemen des Rucksacks über die Schulter, sprang auf mein Rad und fuhr zum Büro des Sheriffs. Er wollte den Rucksack und den Ring bestimmt sehen. Außer der Einsatzbearbeiterin, die gerade einen Anruf annahm, war niemand im Büro. Während ich darauf wartete, meinen Fund zu erklären, beobachtete ich ihren lebhaften Mund, der in das kleine Mikrophon an ihrem Headset sprach.

„Ja, French. Drei? Ah ja. Ja. Ja. Und Sie wissen nicht, wo sie hingekommen sein könnten? Ah. Ja. Ah. Okay. Ich schicke Deputy Arnold rüber, sowie er von einem anderen Einsatz zurück ist. Versuchen Sie, im Umkreis nichts anzufassen. Ja, ich verstehe, French. Ja. Ah. Ja, French."

Sie zog das Headset vom Kopf und schüttelte ihre hüpfenden, braun gefärbten, dauergewellten Löckchen aus.

„Hier kommt wirklich eins zum andern. Hi, Connor. Was hast Du denn da?“

Rebecca Matthews war ein alter Profi in der Einsatzbearbeitung. Alt hieß in diesem Fall stolze vierundsiebzig, immer noch quicklebendig, hellwach und mit einem letzten Hauch von Schönheit, einem kleinen rosa Lächeln, rosigem, wenn auch gekräuseltem Teint und blitzenden grünen Augen, die leicht blutunterlaufen waren. Sie strich ihr Sommerkleid glatt, während sie sprach.

Ich erklärte Rebecca, was ich gefunden hatte, und bat sie, den Rucksack für den Sheriff aufzubewahren, bis er wiederkam. Das versprach sie.

„Aber es wird wahrscheinlich eine Weile dauern, bis er sich das ansehen kann. Er ist zum Krankenhaus raus, wo sie Sluice Jackson eingeliefert haben, und da wird er bestimmt etwas bleiben. Ich könnte das Deputy Arnold geben, wenn er von der häuslichen Auseinandersetzung zurückkommt, aber ich muß ihn zuerst wegen eines Fünf-null-eins ins Bestattungsinstitut schicken.“

„Fünf-null-eins?“

„Verdacht auf Diebstahl. French behauptet, daß der Schmuck eines Kunden verschwunden ist, und die Familie regt sich fürchterlich auf und macht alle möglichen Anschuldigungen. Sie haben ihm mit Klage gedroht, wenn er den Schmuck nicht wieder her schafft. Er sagt, so etwas wäre noch nie passiert. Daß es ihn in den Ruin treiben würde. Du weißt ja, wie er ist, er gerät immer gleich in Panik.“

Schmuck. „Hat er gesagt, was genau fehlt?“ fragte ich und fühlte, wie mein Herz einen Rap-Beat zu schlagen begann.

„Ein paar Ringe. Drei Stück. Golden.“

„Wie heißt die Familie?"

„Sweat. Oder so ähnlich."

Ich zog den losen Ring vom Finger und untersuchte die Innenseite. In einer winzigen Schrift waren die Buchstaben L.F.S. eingraviert.

Swec. L.F.S. Leonard Swec. Ich ließ den Ring um meinen Finger kreiseln und dachte nach.

20

Nach meinem Gespräch mit der Einsatzbearbeiterin verschob ich den Besuch bei Arden Morris in Rio Vista noch einmal. Etwas Interessanteres hatte sich ergeben und Arden Morris konnte warten.

Ich parkte mein Fahrrad vor Wolfs Laden „Gold-Expeditionen und Juwelier" an der Ecke Main und Church Street, zwischen der Dessousboutique und dem „Liquid Gold"-Cappuccinocafé, und mußte über die merkwürdige Zusammenstellung lächeln.

Der Juwelierladen war so mit auf alt getrimmtem Holz verkleidet, daß er wie ein altes Bergwerk aussah. Das Logo war in schwarzer Farbe mit einem großen Pinsel von Hand gemalt, was den Eindruck noch verstärkte, daß hier gerade ein erfolgreicher Goldgräber seinen Laden aufgemacht habe.

Auf der anderen Seite der schwingenden Saloontüren ging ich zur Schauvitrine hinüber, in der funkelnde goldene Ringe, Halsketten, Armbänder, Uhren und solche Sachen lagen. Sie schmiegten sich in ein Bett aus weichem Flußsand und dazwischen lagen große falsche Nuggets, die ich für Pyrit hielt. Der Schmuck sah allerdings echt aus und hatte auch die entsprechenden Preise. Wolf machte ausgezeichnete Arbeit und seine kunstvollen Stücke waren einzigartig.

Als ich das erste Mal in seinem Laden war, um das goldene Armband von meinem Exfreund einschmelzen und wieder in ein Nugget verwandeln zu lassen, war Wolf zuvorkommend, aber nicht direkt freundlich. Vielleicht gehörte das barsche Benehmen zur Goldgräbershow.

Auf eine schäbige Art war Wolf attraktiv, eine Art alternder Hippie, wahrscheinlich Mitte vierzig oder fünfzig – mit seinem Outdoor-Äußeren war das schwer zu sagen. Sein langes, ungepflegtes Haar trug er mit einem Lederband zusammengebunden in einem Pferdeschwanz. Seinen langen, dünnen aber muskulösen Körper stellte er meistens in ärmellosen T-Shirts mit Motorradbildern und abgeschnittenen Jeans zur Schau. Wahrscheinlich zog er die Blicke einiger Damen viel länger als notwendig von der Schmuckvitrine ab. Die zusammengezogenen Brauen über seinen dunklen Augen schienen sich nie zu entspannen, und seine fleckigen, unregelmäßigen Zähne versteckte er hinter einem buschigen Schnurrbart und geschlossenem Mund.

Wolf bediente im Moment einen Kunden hinten im Laden, wo er für Goldwasch-Expeditionen warb und Tikkets verkaufte. Eine fünfköpfige Familie in Hawaiihemden, Bermudas und Cowboyhüten aus Stroh schrieb sich gerade für die Gold-Star-Tour ein, bei der sie drei Goldbergwerke sehen und garantiert ein paar Körnchen Edelmetall aus den Flüssen waschen konnten. Das alles ab nur 19,95 Dollar pro Person.

Die Familie war anscheinend ganz erpicht darauf, die obligatorische Ausrüstung für so einen Ausflug zu erwerben: Pickel, Goldwaschgerät, Fläschchen zum Aufbewahren der ganzen ausgewaschenen Reichtümer, Kompasse, Messer, den ganzen Krempel. Gesamtinvestition rund zweihundert Dollar, der gewonnene Goldstaub dagegen eher so um die fünfzig Cents.

Ich schaute mir die Auslage an, während ich auf den Abschluß der Transaktion wartete, und dachte über den ruhigen, unauffälligen Wolf Quick nach. Was hatte er gestern abend so spät auf dem Friedhof zu suchen? Wie war er auf Sluice Jackson gestoßen?

Ein Mordfall im rauhen Goldgräbergebiet wäre Gold fürs Geschäft, vor allem für Wolfs Geschäft, dachte ich. Die Touristen würden aus krankhafter Neugier und für die Schauer aus zweiter Hand in Scharen in die Stadt strömen. Und während so eines Besuchs könnten sie sich gut und gern zu einer Tour durch die erschöpften Goldminen und ausgelaugten Creeks entschließen. Vielleicht kauften sie sogar ein paar Stücke teuren Goldschmuck, wenn sie schon mal dabei waren.

Ich ließ meinen Blick über die glitzernden Ringe unter dem klaren Glas schweifen. Einige waren mit Edelsteinen besetzt, einige hatten Phantasieformen, einige glatt und glänzend und andere rauh und nuggetartig. Jeder war sorgfältig und kostbar gearbeitet. *Keiner wie der andere*, war auf einem kleinen handgemalten Schild zu lesen.

Ich sah von meinem funkelnden Tagtraum auf und bemerkte, daß die Touristen verschwunden waren. Wolf hockte auf einem Stuhl in der hinteren Ecke und telefonierte mit einem Handy, während er ein Armband polierte. Ich sah, wie sich seine Lippen bewegten, konnte aber keine Wörter ausmachen, weil sein Mund durch den Hörer und seinen dicken Schnurrbart verdeckt war. Ich wartete, bis er auflegte und ging dann beiläufig hinüber.

„Hi, Wolf. Das Geschäft läuft gut heute, wie?"

Er schaute zur Begrüßung kurz auf und wandte sich wieder seiner Arbeit zu.

„Ich hab nach einem Ring für meinen Onkel … Remus geschaut. Die in der Vitrine sind hübsch, aber haben Sie nicht noch etwas anderes, etwas, ich weiß nicht, irgendwie ungewöhnliches?"

Wolf polierte das Armband zu Ende und steckte es in seine Hosentasche. Mit einem kleinen seitlichen Nicken gab er mir zu verstehen, daß ich ihm ins Hinterzimmer folgen sollte.

Wir gingen durch einen Batikvorhang und kamen in Wolfs Werkstatt. Drei wuchtige Tische aus auf alt getrimmtem Holz füllten den kleinen, engen Raum, alle randvoll mit einem Durcheinander von Werkzeug, Formen, Töpfen mit geschmolzenem Wachs, Messern, Goldklumpen und anderen Goldschmiedeutensilien, die ich nicht kannte. Ein paar Armbänder und eine Halskette lagen in Formen und warteten darauf, herausgeklopft zu werden. Wolf zog eine Schublade unter einer der hölzernen Werkbänke heraus und förderte eine Ansammlung von Ringen in verschiedenen Formen und Größen zutage.

„Wow! Sie haben ja so viele", sagte ich und befingerte die Sammlung. In dieser Schublade mußten Schmuckstücke im Wert von etlichen tausend Dollar sein. „Haben Sie gar keine Angst vor Diebstahl?"

Er sah mich an, rief dann etwas, das wie „Bitch!" aussah, und schnippte mit den Fingern. Eine bis dahin unsichtbare Dänische Dogge kam unter dem Tisch hervor. Der Hund streckte sich, stand aufrecht und lächelte oder fletschte die Zähne – je nachdem, wie man es sehen wollte. Ich interpretierte es lieber als Lächeln.

Ich lächelte zurück. „Platz, Killer – äh", sagte ich. „Braves Hündchen. Sitz. Leg dich. Ganz brav." Der Hund lächelte/fletschte weiter. „Sie heißt Bitch?"

„Butch", sagte Wolf, und dann noch etwas, das ich nicht mitbekam, hauptsächlich, weil ich seinen Hund anstarrte. Der wurde lockerer, umkreiste mich, schnüffelte Casper an meinen Händen und kehrte dann an seinen Platz unter der

Werkbank zurück. Dann deutete Wolf mit dem Kopf auf eine Alarmschaltanlage an der hinteren Wand. Die Botschaft war klar. Fort Knox.

Ich nickte. „Butch! Gut. Ja. Genau." Ich wühlte weiter in den Ringen herum, bis ich einen fand, der mir merkwürdig bekannt vorkam. „Dieser hier …" Ich hielt ihn hoch.

Wolf schüttelte den Kopf. „Der ist unverkäuflich. Tut mir leid." Er nahm ihn mir aus der Hand und steckte ihn in die Tasche. Diese Tasche wurde langsam ganz schön voll.

Ich hatte diesen Ring schon einmal gesehen. Ich ging im Geiste die Hände von Leuten durch, die ich getroffen hatte – Celeste, French, Sluice, Jilda, Dan …

Lacy. Sie hatte diesen Ring – oder einen sehr ähnlichen – getragen, als sie in mein Büro kam. Und bei ihrer Beerdigung. War sie nicht überhaupt damit beerdigt worden? Merkwürdig – hatte Wolf eine Kopie davon gemacht? Mit all der Goldschmiedeausrüstung im Laden konnte Wolf bestimmt jedes beliebige goldene Schmuckstück kopieren.

Ich sah noch ein paar Ringe durch, meinte, ich fände nicht das Richtige, dankte Wolf und sagte, daß ich mit meinem Onkel wiederkommen würde, damit er sich selbst etwas aussuchen könne. Wolf nickte, folgte mir aber nicht in den Hauptraum des Ladens zurück. Als ich durch die Doppelschwingtür ging, war gerade ein junges Paar auf dem Weg hinein.

Ich machte einen Zwischenstop im Nugget Café um nachzudenken, schlürfte einen toxischen Kaffee und aß einen Blaubeerbagel mit Erdbeerfrischkäse. Als ich mich so im Restaurant umschaute, sah es aus, als ob alle künstlerische Goldringe trugen. Waren die alle aus Wolfs Laden?

Sie sahen echt aus. Aber wenn man sich einen Moment Zeit für eine Untersuchung nahm, konnte man echtes Gold leicht von Imitation unterscheiden. Das Gewicht von echtem Gold und die Art, wie es sich anfühlt, sind etwas, das sich nicht nachmachen läßt. Man müßte schon tot sein, um nicht zu merken, daß man kein wirkliches Edelmetall trägt.

Man müßte schon tot sein.

Wie Lacy. Ich dachte an Lacys Finger und den verschrammten Knöchel mit dem Make-up darauf. Ich dachte an Sluices goldenen Ring mit den Initialen „L.F.S." Hatte Wolf Lacys Ring „ausgeborgt", eine Kopie gemacht, und ihn dann zurückgebracht? Ich dachte wieder nach. Vielleicht hatte er gar nicht das Original zurückgebracht. Vielleicht hatte er eine Kopie aus falschem Gold gemacht und die Kopie auf ihren toten Finger zurückgesteckt. Wer würde das schon merken?

Und wenn er das bei Lacy gemacht hatte, dann vielleicht auch bei anderen? Nahm Wolf den Verstorbenen den Schmuck ab, kopierte ihn, und ersetzte dann die echten Stücke durch vergoldeten Schrott? Wenn das stimmte, konnte er natürlich das echte Gold mit einem Riesengewinn an Touristen verkaufen, ohne daß irgend jemand etwas davon wußte – außer natürlich dem Helfer im Bestattungsinstitut, der den Austausch besorgte.

Sluice Jackson?

Sluice hätte die Schmuckstücke austauschen können. Er hatte uneingeschränkten Zugang zum Bestattungsinstitut und dem Friedhofsgelände. Er war zu jeder Uhrzeit da. Und er hatte diesen goldenen Ring bei sich, als er in das offene Grab fiel. French hatte heute morgen gemeldet, daß Ringe verschwunden waren.

Aber wenn auch nur irgend etwas davon stimmte und nicht bloß meiner Einbildung entsprang, was hatte das mit Lacy Penzance zu tun?

Nichts, so weit ich sehen konnte. Allmählich lief ich wirklich aus dem Gleis. Aber ich wurde das Gefühl nicht los, daß es da irgendeinen Zusammenhang geben mußte.

„Mensch, Connor, so viel Kaffee ist gar nicht gut für dich, weißt du. Du solltest wirklich auf Kräutertee oder so was umsteigen", sagte Jilda, als sie den Bagel-Restehaufen abräumte, den ich einfach nicht mehr geschafft hatte.

So viel Mascara war bestimmt auch nicht gut für sie, oder so viel Nagelkleber und Haartönung, aber was verstand ich schon davon? Ich war schließlich keine Generalstabsärztin, und wenn Jilda Renfrew ihre Gesundheit aufs Spiel setzen wollte, dann war das ihre Sache. Kaffee war meine. Klar, er schmeckte wie Gift, aber er würde mich wohl mich nicht wirklich umbringen. Jedenfalls nicht sofort.

Ich langte nach Jildas Hand, um mir ihre Nägel in Nahaufnahme anzusehen. Sie waren in schreiendem Pink lackiert, mit silbernen Halbmonden und einem winzigen Diamanten an jeder Spitze verziert und mit zwei dünnen diagonalen Goldstreifen abgesetzt. Außerdem trug sie zwei goldene Ringe in Phantasieform auf den Mittelfingern.

„Tolle Nägel, Jilda. Hast du das gemacht?"

„Ja. Du solltest wirklich mal nachmittags im Laden vorbeischauen. Ich würde dich richtig cool zurechtmachen."

„Du machst hier vielen die Nägel, nicht wahr?"

„Oh ja, allerdings. Praktisch allen. Allen Frauen, meine ich. Die Kerle sind da noch nicht so drauf, aber das kommt vielleicht noch. 'ne Menge Leute haben ja auch gedacht, daß die Cowboys nie Ohrringe tragen würden, und jetzt schau sie dir an."

Ich versuchte mir Dan Smith mit rotlackierten, gold- und diamantverzierten Fingernägeln vorzustellen. Mir waren seine Nägel lieber so, wie sie waren: kurz, rauh und abgekaut.

„Jilda, hast du auch mal Lacy die Nägel gemacht?"

Jilda schüttelte den Kopf, drehte sich einen Moment weg und dann wieder zu mir. Das Ende erwischte ich gerade noch.

„... aber sie war Stammkundin bei ‚Nail It To You'."

„Wie kommt es denn, daß sie nicht zu dir gegangen ist? Alle sagen doch, daß du die Beste bist." Eitelkeit glaubt einfach alles.

Sie wurde ein bißchen rot und zuckte eine Achsel. „Wir kamen nicht so gut miteinander aus, weißt du? Als ihr Mann starb, fing sie an, mit allen Männern in der Stadt zu flirten. Sogar mit meinem Frenchy. Ein Freund von mir hat sie mal beim Abendessen in Whiskey Slide erwischt und ich war wirklich sauer. Aber er hat mir gesagt, daß sie früher miteinander gegangen sind, weißt du, damals in der High School, und daß das bloß zur Erinnerung an die alten Zeiten war. Er meinte, sie wäre richtig einsam und daß er bloß versuchte, ihr zu helfen und so. Aber ich weiß genau, daß sie es auf ihn abgesehen hatte."

„Und danach hat er sich nicht mehr mit ihr getroffen? So weit du weißt?" bohrte ich nach.

Jilda setzte sich mir gegenüber und sah mich an. Ich konnte den durch zu dickes Mascara und zu viel Blinzeln verursachten Schatten aus kleinen Make-up-Pünktchen unter ihren Augen sehen.

Sie lehnte sich vor, als sie sprach. „Schau mal, sie war ziemlich verzweifelt, als Reuben gestorben war. Das kann man ja auch verstehen. Aber sie hat bei Celeste ein bißchen Therapie bekommen. Und ein paar Monate nach Reubens Tod hat sie sich das Gesicht machen lassen, den Busen geliftet und den Bauch gestrafft, und dann hat sie auch noch Fett absaugen lassen. Das sollte natürlich keiner wissen, aber mich hat sie nicht an der Nase herumgeführt. Schließlich will ich Visagistin werden."

„Visa – wie bitte?"

„Schönheitsexpertin."

„Lacy hat also Schönheitsoperationen machen lassen?"

Jilda biß sich auf die Lippe und nickte. „Es war, als ob sie eine völlig andere Frau geworden wäre. Sie fing an, mit allen möglichen Typen auszugehen. Na ja, nur mit denen, die hier eine gewisse Position haben, Anwälten, Ärzten und so, sogar mit dem Sheriff, und dann hat sie's natürlich bei Frenchy versucht, aber das hat nicht lange gedauert."

Der Sheriff. Das hatte er nie erwähnt. „Was ist mit Wolf?" fragte ich, schlürfte meinen Kaffee und blinzelte die Tränen weg, die mir der Geschmack in die Augen trieb.

„Keine Chance! Die konnten überhaupt nicht miteinander."

„Aber er hat doch einen Ring für sie gemacht, oder?"

Jilda säuberte ihre Fingernägel. „Davon weiß ich nichts. Ich weiß bloß, daß sie ihn für einen Verlierer hielt. Sie ging immer aus dem Zimmer, wenn er hereinkam, und ließ mit halber Stimme unverschämte Kommentare ab. Ich weiß nicht, was sie für ein Problem mit ihm hatte. Wolf ist natürlich nicht gerade ein sehr umgänglicher Mensch. Sie allerdings auch nicht, wenn man sie richtig kannte. Mich mochte sie auch nicht besonders."

„Du glaubst also, daß zwischen French und Lacy nichts passiert ist, wenn sie sich getroffen haben?" Ich dachte an Frenchs Äußerung, daß sie ein paar Mal ausgegangen wären.

Jilda schaute erstaunt. Oh je. War ich jetzt zu weit gegangen? Vielleicht wußte sie nur von dem einen Treffen.

Jilda sah weg, sagte eine Weile nichts, und bearbeitete dann wieder ihre Nägel, diesmal etwas energischer.

„Ich erinnere mich, daß French ein paar Wochen irgendwie merkwürdig war, als sie sich an ihn rangemacht hat. Aber er ist da wieder rausgekommen. Dafür hab ich gesorgt."

„Jilda, hast du irgendeine Ahnung, mit wem Lacy kurz vor ihrem Tod gegangen sein könnte? Anscheinend war sie mit jemand liiert, aber keiner weiß, mit wem." Wenn es irgend jemand wußte, dachte ich mir, dann bestimmt die Stadtkellnerin und –maniküre.

Jilda steckte kurz einen Nagel in den Mund. „Nein. Hätte jeder sein können. Solange es nicht French war, wär's mir egal. French würde mich nie betrügen, das weiß ich jetzt. Sogar Celeste sagt das."

„Celeste? Woher sollte sie das denn wissen?"

Jilda hielt sich kichernd die Hand vor den Mund. „Weißt du, eine Weile dachte ich, sie wäre vielleicht lesbisch oder so. Weil sie doch nie Verabredungen hat. Schien gar kein Interesse an Männern zu haben. Aber ich denke, sie nimmt ihren Job einfach sehr ernst. Sie ist wirklich gut darin, Leuten zu helfen, über ihre Trauer und so wegzukommen, wenn ein Verwandter gestorben ist. Mrs. Penzance hat sie wirklich geholfen. Ich hoffe, daß sie für mich auch eines Tages da ist."

„Woher weißt du, daß sie keine Verabredungen hat?"

„Das hier ist eine Kleinstadt. French hat mir erzählt, daß er sie mal gefragt hat, als sie zuerst ins Bestattungsinstitut kam – bevor wir zusammen waren. Aber Celeste hatte kein Interesse, Gottseidank. French läßt nichts anbrennen, weißt du. Sie ist ja auch ganz hübsch und so, für ihr Alter. Sie hat mir mal gesagt, daß French eine gute Partie wäre. Aber wahrscheinlich hat's bei ihnen einfach nicht gefunkt."

„Sonst noch jemand?"

„Na ja, ich weiß, daß Wolf es auch bei ihr versucht hat, aber sie hat ihm eins auf die Nase gegeben. Darum hab ich gedacht, daß sie vielleicht andersrum ist. Wolf ist ein richtiger Bulle, weißt du, selbst für so einen alten Typ. Den würd ich auch nicht von der Bettkante stoßen. Aber Celeste hatte einfach kein Interesse. Als dann Lacys Mann starb, hat sie so viel Zeit mit ihr verbracht, daß ich dachte, da wär vielleicht mehr zwischen ihnen, na ja, du weißt schon. Ach Gott, so was sollte ich gar nicht sagen! Morgen steht's bestimmt in deiner Zeitung!"

Ich lächelte beruhigend. „Nein, nein. Ich möchte einfach mehr über sie wissen, damit ich eine gute Story schreiben kann. Von diesen persönlichen Sachen werde ich nichts schreiben. Das, was ich schreibe, müssen Fakten sein, keine Ansichten. Du glaubst also nicht, daß Celeste und Lacy, ähm, mehr als nur befreundet waren?"

Sie hielt ihre Nägel zur Begutachtung vor sich hin. „Nee. Aber selbst wenn, ist es wirklich egal, weißt du, solange ich nichts damit zu tun haben muß. Brrr. Ich würde einfach eingehen, wenn mich eine Frau anmacht." Sie kicherte wieder hinter vorgehaltener Hand und ihre Nägel bildeten eine Art glitzernden Fächer.

„Jilda, hast du irgendeine Ahnung, was mit Lacy passiert sein könnte? Glaubst du, jemand hier hätte einen Grund gehabt, sie umzubringen?"

Jilda rieb sich nicht vorhandenen Lippenstift von den Zähnen, fuhr mit der Zunge darüber und schmatzte mit den Lippen. „Ich weiß es wirklich nicht. Ich wünschte, ich wüßte es. Ich würde einfach zu gerne wissen, wer es war. Oh Gott, was, wenn es *tatsächlich* einer von hier ist? Wenn sie mit dem Mann oder Freund von irgend jemand rumgemacht hat, dann könnte ich's keiner verübeln, weißt du, wenn sie sich hätte rächen wollen. Wenn French nicht zu mir zurückgekommen wäre, hätt ich's vielleicht selbst getan. Na ja, ich hätt sie vielleicht nicht gleich umgebracht. Aber ich wäre sehr, sehr böse gewesen."

21

Nachdem ich mit dem Schlosser telefoniert hatte, um neue Schlösser für meinen Diner in Auftrag zu geben, überlegte ich, ob ich bei Croaky Wheeler wegen des Fünftausend-Dollar-Schecks von Lacy vorbeifahren sollte. Ein paar mehr MB für den Computer konnte ich gut gebrauchen, und der Chevy sähe viel schicker aus, wenn ein bißchen an der Karosserie getan würde. Aber ich entschied mich dagegen. Das Geld gehörte mir nicht wirklich. Außerdem würde es vielleicht ein falsches Licht darauf werfen, warum ich herausfinden wollte, was mit Lacy passiert war.

Ich machte mich zum Bestattungsinstitut auf. Das wurde allmählich zu einer zweiten Heimat. Kein gutes Gefühl.

Celeste beriet gerade eine ältere Frau, als ich hereinkam. Die Frau machte einen völlig aufgewühlten Eindruck, sie zwang sich mit tränenverschmierten Augen zu einem tapferen Lächeln. Celeste streichelte den Handrücken der Dame und ließ ihren Zauber wirken. Die Frau blickte der Trauerberaterin tief in die Augen und schüttete offenbar einer Freundin der Verlassenen ihr Herz aus. Kein Wunder, daß Celeste in ihrem Job so erfolgreich war. Sie wußte, wie man zuhört.

Celeste sah mich, nickte kurz in meine Richtung und zog sich sanft von der unglücklichen Frau zurück. Ich beobachtete, wie sie der Frau abschließend ein paarmal die Hand tätschelte und dann etwas auf ihre Visitenkarte schrieb. Nach ein paar Momenten brachte Celeste die trauernde Klientin zur Tür des Memory Kingdom, den Arm um sie gelegt wie eine erwachsene Tochter, die ihre alternde Mutter tröstet.

Celeste schloß die Tür und wischte sich ein Tränchen aus dem Auge. Es konnte auch ein Staubkorn gewesen sein. „Arme Mrs. Kossow. Ohne Allen ist sie völlig verloren. Einfach völlig verloren. Hoffentlich kann ich ihr helfen. Sie wird so schrecklich einsam sein. Das ist für die meisten Frauen das schlimmste daran."

Celeste schien ehrlich Anteil zu nehmen. Oder vielleicht setzte sie auch bloß die Tricks ein, die sie in all den Jahren in Hollywood gelernt hatte. Schließlich will doch jeder in L.A. Schauspieler werden und arbeitet nur nebenbei in Restaurants, Schönheitssalons und Leichenhallen, bis endlich der schrecklich wichtige Anruf vom Studio kommt.

„Sie hat ihren Mann verloren?" fragte ich.

Celeste strich ihre Seidenbluse glatt, als ob sie alle Spuren der Frau, die gerade gegangen war, abbürsten wollte. „Krebs. Er war achtundsiebzig. Sie ist erst neunundsechzig. Sie hat noch jede Menge Leben vor sich. Ich hoffe, daß ich ein paar Stunden mit ihr zusammen sein kann. Ich glaube, ich kann ihr wirklich helfen."

„Durch Ihre Beratung?"

„Ich hoffe es. Viele verwitwete Leute haben in diesem Alter keine Freunde oder nahe Angehörige mehr. Sie können immer jemand brauchen, der mit ihnen redet." Celeste seufzte. „Also, was machen Sie denn hier, Connor? Ich hoffe, Sie hatten keine schlechten Neuigkeiten."

„Wie bitte? Ach, meine Tante. Nein, Gott sei Dank. Ich bin wegen einer anderen Angelegenheit hier, Celeste. Es geht um Lacy Penzance."

Celeste sah verdutzt aus. Sie verschränkte die Arme vor der Brust.

„Ich dachte, wo Sie doch Lacy so gut kannten, ob Sie mir nicht etwas mehr über sie erzählen könnten. Ich möchte wirklich gern eine Story mit Tiefgang über sie schreiben. Sie beide waren ziemlich eng befreundet, bevor sie starb, nicht wahr? Ich weiß nur, daß sie sich für gemeinnützige Zwecke engagiert hat und eine Stütze der Gemeinde war. Daß sie sich dann kürzlich attraktiver machen ließ. Und daß sie sich in den letzten Wochen möglicherweise mit jemand getroffen hat."

Celeste drehte sich abrupt um und machte mir ein Zeichen, daß ich ihr folgen sollte. In ihrem Büro angekommen machte sie die Tür zu und bot mir den Stuhl auf der anderen Seite ihres Schreibtischs an. Sie zog ihren eigenen Stuhl heran und setzte sich.

„Hören Sie, Connor, viel kann ich Ihnen nicht erzählen. Sie verstehen das sicher. Ich habe mit ihr als Beraterin gesprochen, und das, was sie mir mitgeteilt hat, ist natürlich vertraulich. Lacy und ich waren zwar bis vor kurzem befreundet, aber so sehr viel wußte ich auch gar nicht von ihr. Sie war ein sehr zurückhaltender Mensch."

„Was meinen Sie mit ‚bis vor kurzem'? Ist irgend etwas vorgefallen?"

Celeste nestelte vorsichtig an ihrem Pony herum. „Eigentlich nicht. Wir kamen nur nach einer Weile nicht mehr so oft zusammen. Sie ... sie sagte, sie ... wäre jetzt soweit, selbst mit den Dingen fertig zu werden. Und das war auch gut so. Ich hatte getan, was ich konnte."

„Es gab da kein Problem zwischen Ihnen? Einen Streit?" fragte ich kühn, obwohl mich das ja nun wirklich nichts anging.

Celeste sah mich mit einem halb verletzten, halb verärgerten Gesichtsausdruck an. „Nein! Natürlich nicht! Schauen Sie, so etwas ist einfach irgendwann abgeschlossen. Das ist keine Dauerbeziehung. Ich helfe den Leuten einfach durch eine schwere Zeit. Wenn eine Klientin der Ansicht ist, daß sie keine Beratung mehr benötigt, geht sie ihren Weg allein weiter. Lacy war an dem Punkt angekommen, an dem sie der Welt wieder allein gegenübertreten konnte, und ich habe sie darin ermutigt. Mehr war es nicht." Celeste erhob sich energisch von ihrem Stuhl. „Wenn Sie sonst nichts wollten ..."

In diesem Moment leuchtete eine Lampe am Telefon auf und Celeste nahm mit irritierter Miene den Hörer ab. „Hallo?"

Ich versuchte, sie nicht offen anzustarren, aber so hin und wieder guckte ich doch heimlich auf ihren Mund. Was ich erwischte, war: „Wann ist er rausgekommen?", „Sind Sie sicher?", „Wo?" und „Als der Affe vier Ringer verprügelte" – das hatte sie zwar mit hoher Wahrscheinlichkeit nicht gesagt, aber es sah absolut so aus.

Sie legte auf und sah mich unverwandt an. „Wo waren wir? Ach richtig. Sie wollten gerade gehen."

Ich bohrte weiter. „Was ist denn mit French? Hat er sich nicht kürzlich mit Lacy getroffen?"

Celeste sah völlig verblüfft aus. „Wie bitte? Du lieber Himmel, nein! Jedenfalls nicht, daß ich wüßte. French hat ein Faible für diese kleine Kellnerin drüben im Café. Das weiß doch jeder."

Sie setzte sich wieder. „Und außerdem wäre Lacy nicht an ihm interessiert gewesen. Er ist nicht ihr Typ."

„Wer war denn ihr Typ?"

Celeste wollte antworten und hielt sich gerade noch zurück. Sie wurde rot und sah weg. „Jemand wie Reuben vermutlich."

„Celeste, wußten Sie, daß sie vor kurzem eine Gesichtsoperation hatte machen lassen?"

Celeste zuckte die Achseln. „Was hat das denn mit –"

„Sie wollte ihren Anwalt einen Ehevertrag aufsetzen lassen. Ich glaube, sie hatte in den letzten Wochen jemand besonderes getroffen. Jemand, den sie vielleicht heiraten wollte. Und es scheint niemand etwas davon zu wissen."

Celeste sah auf ihre Bluse hinunter und bürstete noch mehr unsichtbare Fusseln fort. „Schauen Sie, Connor, ich hab's Ihnen doch gesagt. Ich weiß wirklich gar nicht so viel über die Frau. Ja, sie hat sich nach Reubens Tod sicher etwas verändert. Sie machte sich mehr aus ihrem Aussehen. Sie wollte wieder attraktiv sein, ist mit ein paar Männern ausgegangen. Das ist ganz normal, sogar sehr gesund. Ich weiß von niemand bestimmtem, mit dem sie liiert gewesen wäre, aber ich glaube nicht, daß es wichtig war. Es ging mich ehrlich gesagt überhaupt nichts an. Und Sie eigentlich auch nicht."

Sie wurde ein bißchen empfindlich. Ich beschloß, meine Taktik zu ändern.

„Entschuldigen Sie die ganzen Fragen, Celeste. Ich versuche bloß, meine Arbeit zu machen. Wahrscheinlich werde ich langsam etwas hysterisch wegen meines Redaktionsschlußtermins. Und ich bin diese ganzen Spekulationen einfach leid. Es wäre schön, die Wahrheit zu wissen, verstehen Sie?"

Celeste nickte beinahe widerwillig.

Ich sah auf die Uhr. „Puh, ich bin erledigt. Ich weiß überhaupt nicht, wo Sie die Energie für all das hernehmen, was Sie tun, Celeste. Sie sehen nie müde aus. Selbst Ihre Frisur ist immer perfekt."

Celeste wurde leicht verlegen und schüttelte ihre Locken. Heute hatte ihr Haar eine wundervolle Magenta-Tönung, die beinahe zu ihrem Outfit paßte.

„Nun ja, ich habe nicht so viel Zeit, wie ich mir wünschen würde, aber …“ Celeste ließ den Satz unvollendet und strich sich die Haare hinter die Ohren.

Ich fuhr fort. „Ihre Haare sind natürlich deshalb immer perfekt, weil Sie ja eine ausgebildete Stylistin sind. Ich wette, Sie haben Dutzenden von Schauspielern die Haare gemacht, als Sie in Hollywood waren.“

Bei dieser Frage lebte Celeste sichtlich auf. Sie setzte sich aufrechter hin, grinste breit und nahm ihr freundliches Verhalten wieder auf.

„Oh ja, Massen! Alec Baldwin war ein Stammkunde von mir. Der hat richtig dickes, glattes Haar. Eine Zeitlang hab ich mal Angela Lansbury gehabt, bis sie den Emmy für *Mord ist ihr Hobby* bekommen hat. Da ist sie dann zu José Eber gegangen. Wahrscheinlich wollte sie mehr wie Fabio aussehen. Cher hab ich ein paarmal gemacht, Bruce Willis – da kann man natürlich nicht viel dran tun. Und einen Haufen Schauspieler, die Sie wahrscheinlich nicht mit Namen kennen, aber die Gesichter schon.“

„Haben Sie auch mal selbst als Schauspielerin gearbeitet, Celeste?“

„Ach, ein bißchen, nicht oft. Einmal hab ich eine Werbung für Frühstücksflocken gekriegt. Und eine kleine Rolle in einem Steve-Martin-Film. Ich war ein leichtes Mädchen. An den kleinen Theatern im Valley hab ich auch ein bißchen auf der Bühne gemacht, aber eigentlich wollte ich zum Film. Nach einer Weile hab ich's dann aber aufgegeben. Zu viel Konkurrenz. Mit dem Haarestylen hab ich mehr verdient.“

„Vermissen sie das Friseurgeschäft?“

Celeste sah durch die halb geöffnete Jalousie ihres Büros, dachte einen Moment nach und sagte dann,

„Manchmal. Aber ich liebe die Trauerberatung wirklich, anderen durch ihre schwere Zeit zu helfen. Um die Wahrheit zu sagen, hätte ich am liebsten eines Tages mein eigenes Bestattungsinstitut. Ich spare darauf. Ich habe glaube ich wirklich ein Talent dafür, daß die Menschen sich besser fühlen."

„Sie wollen ihr eigenes Geschäft aufmachen?" Ich mußte mehr als nur erstaunt ausgesehen haben.

„Warum denn nicht? Eine Frau kann in dieser Branche genauso gut sein, wenn nicht besser. Ich dachte, ich fange mit einem an, irgendwo an der Küste vielleicht, und versuche dann danach, Franchise-Filialen zu eröffnen. Es ziehen jetzt viele ältere Leute in das Gebiet um Mendocino. Oder vielleicht Carmel. Das ist sehr populär bei Rentnern."

„Wird Wolf irgendwie an diesen Plänen beteiligt sein?" Ich versuchte, beiläufig zu klingen. Aber an den Nuancen mußte ich wohl noch arbeiten.

Sie sah mich erstaunt an. „Wolf?"

„Ich hab Sie neulich mit ihm reden sehen, bei der Beerdigung. Und hier im Büro, als ich für die Führung vorbeikam – war er da nicht am Telefon? Ich hatte den Eindruck, daß Sie befreundet wären. Pure Neugier."

Sie musterte mich von oben bis unten mit einem prüfenden Blick, als ob sie mich zum ersten Mal sähe. Dann schien sie ihre Gedanken zu ordnen, bevor sie sprach.

„Also ehrlich, Wolf ist eine verdammte Plage. Nein, er wird definitiv nichts mit meinem zukünftigen Institut zu tun haben. Der Kerl ist so … so ein Goldgräber."

Ich saß und wartete darauf, daß sie weiterredete. Schließlich tat sie das auch, weil ihr das drückende Schweigen ungemütlich wurde. Ich bin's ja gewohnt.

„Also, wenn das alles war –"

„Es ist doch merkwürdig, finden Sie nicht, wie er Sluice in dem Grab gefunden hat, gerade als der alte Knabe hineingefallen war. Ich frage mich, was Wolf zu dieser Tageszeit auf dem Friedhof wollte. Hat er da irgendwelche Verwandten liegen?"

„Also wirklich, Connor, Sie stellen sehr seltsame Fragen. Ich weiß überhaupt nichts über Wolf Quick. Er denkt immer an sein Schmuckgeschäft. Es wird wirklich langweilig. Und das wird dieses Gespräch auch, mit Verlaub. Also, wenn –"

„Mir gefällt Ihr Ring", sagte ich schnell. Sie hatte begonnen, den goldenen Ring an ihrem Finger hin und her zu drehen, als sie von Wolf sprach. Auf meinen Kommentar hin hörte sie damit auf. „Er ist so ungewöhnlich. Hat Wolf den gemacht?"

Sie ließ den Ring los und nahm ein paar lose Blätter vom Schreibtisch, als ob sie ihre Hände verstecken wollte. „Ja, ich denke schon. Ich kann mich nicht erinnern. Ich habe viel Schmuck. Da ist es schwer, den Überblick zu behalten, was woher kommt."

„Wissen Sie, als ich sie neulich am Telefon sprechen sah, da haben Sie glaube ich von einem Ring gesprochen."

Celestes Hände hielten still. „Sie sind ja wohl die perfekte kleine Lippenleserin, wie? Das war ein Privatgespräch und es ist sehr unhöflich zu lauschen, auch wenn Sie … nun ja …"

„Gehörlos sind?"

„Wolf und ich hatten bloß einen kleinen Streit über ein paar Schmuckstücke, die er mir verkaufen wollte. Ich hatte kein Interesse, aber er ist ein sehr hartnäckiger Verkäufer. Wollen Sie einen Rat haben? Kaufen Sie Ihren Schmuck bei Goldie's in Whiskey Slide. Da sind sie nicht so aufdringlich.

Mehr so wie wir hier im Bestattungsinstitut – sanft und unauffällig, aber immer mit Information und Beratung zur Hand. Halten Sie sich von Wolf fern, wenn Sie ein gutes Geschäft machen wollen. Halten Sie sich überhaupt von ihm fern, wenn Sie meinen Rat wollen."

Wolf, der Gebrauchtwagenverkäufertyp? Konnte ich mir nicht vorstellen. In den ersten fünf Minuten, die ich in seinem Laden war, hatte er sich nicht einmal von seinem Hokker erhoben.

„Wußte Wolf, daß Lacy –"

Sie schnitt mir das Wort ab. „Wissen Sie, Connor, Sie benehmen sich nicht so, als ob sie mehr über Lacy für Ihre Zeitung erfahren wollen. Sie benehmen sich, als ob sie ihre schmutzigen Geheimnisse aufdecken wollen, oder vielleicht herausfinden, wer sie umgebracht hat. Und allmählich bekomme ich das Gefühl, daß Sie mich da irgendwo in der Sache vermuten. Wenn Sie also andeuten wollen –"

Ich lachte, wahrscheinlich zu laut, und schüttelte den Kopf. „Aber nein, ich versuche bloß, ein paar Puzzleteilchen zusammenzusetzen. Ich –"

„Hören Sie, ich hatte nichts mit Lacy Penzances Tod zu tun, falls Sie das denken. Ich habe sie lieb gewonnen wie eine Schwester. Ich habe alles getan, was ich konnte, damit sie sich besser fühlte. Als mir das gelungen war, haben sich unsere Wege getrennt. Daß Sie glauben, ich könnte irgend etwas mit ihrem Tod zu tun haben, ist einfach –"

„Ich habe doch gar nicht –"

„Connor, ich habe Arbeit zu erledigen." Sie stand wieder auf, ging zur Tür und wartete darauf, daß ich ihr folgte. Das gab mir einen Moment Bedenkzeit. Ich fragte mich, was Celeste für ein Motiv gehabt haben könnte, wenn sie wirklich eine Verdächtige war. Erpressung? Wußte Lacy etwas von ihr, das Celeste nicht öffentlich gemacht haben wollte? Eifersucht? Geld? Hatte Celeste mehr gewollt, als ihr für die Trauerberatung und Bestattungsdienste zustand?

Ich stand auf und stieß an der Tür zu ihr. „Celeste, haben Sie eine Ahnung, wer Lacy hätte umbringen wollen?"

„Nein! Natürlich nicht! Aber ich war es jedenfalls mit Sicherheit nicht. Wenn Sie es unbedingt wissen müssen, ich habe ein Alibi, wenn ich es brauchen sollte, was natürlich nicht der Fall ist. Ich war in der Nacht mit jemand zusammen. Wenn und falls der Sheriff beschließen sollte, mich zu verhören, werde ich ihm alles sagen. Aber Sie geht das alles überhaupt nichts an. Warum überlassen Sie die Untersuchung nicht einfach der Polizei, Connor? Bleiben Sie bei dem, was Sie am besten können. Nachrufe schreiben."

Sie schlug mir die Tür vor der Nase zu.

22

„Celeste Camborne, zweiunddreißig Jahre alt, auch wenn sie viel älter aussah, erlag heute nachmittag extremer Cellulite und chronischem Spliß. Sie wurde von ein paar Menschen betrauert, die sie nicht so gut kannten. Die Trauerfeier wird im Einkaufszentrum stattfinden, zu einer noch –"

Die Tür ging auf und Dan stand in der Türöffnung.

„Woran arbeiten Sie gerade?"

„Och, nichts besonderes. Bloß ein Nachruf."

„Noch jemand gestorben?"

„Noch nicht."

Er sah verwirrt aus. Ich wechselte das Thema. Es lohnte sich nicht, meine Methode zum Abreagieren zu erklären.

„Fertig zur Abfahrt?" Ich stellte den Monitor aus und stand auf. Genug Zeit verschwendet. Ich schwang mir den Rucksack auf die Schulter.

„Ich bin so weit." Er hielt einen Ordner hoch. Auf dem Deckblatt stand der Name „Rio Vista".

„Wo haben Sie das her?"

„Der war in Boones Aktenschrank, hinten, wo er die abgelegten Sachen hat."

„Ist irgendwas drin?" Ich nahm ihm den Ordner aus der Hand und schlug ihn auf. Nichts.

Dan strich sich mit den Fingerspitzen durch den Bart. „War leer, als ich ihn gefunden hab."

Ich sah ihn an und sagte nichts.

„Also, es macht Ihnen nichts aus, wenn ich mitkomme?“ fragte Dan.

Einen Moment lang hatte ich plötzlich Zweifel, ob es eine gute Idee war, ihn mit nach Rio Vista zu nehmen. Unsere Programme waren verschieden. Vielleicht sogar sehr verschieden. Und er würde vielleicht im Weg sein. Oder mich zumindest ablenken. Ich wollte nicht abgelenkt werden, vor allem nicht nach dem Abend neulich.

„Nein, das ist schon okay. Aber ich wüßte ganz gern, warum sie da hin wollen.“

„Wie ich schon sagte, ich glaube, daß es da irgendwo eine Verbindung zu meinem Bruder gibt. Diese leeren Ordner haben irgendwie mit Lacy Penzance zu tun. Ihr Ordner war leer. Risa Longos war leer. Arden Morris'. Und jetzt dieser. Ich will der Sache nachgehen.“

Es gab keinen vernünftigen Grund, ihn nicht mitzunehmen. Nur ein vages ungutes Gefühl. Und ich konnte die Ursache dafür nicht festmachen. Wir verfolgten offenbar parallele Fährten – gehörte das alles zu der Lacy-Penzance-Angelegenheit? Oder hatte Dan da noch etwas anderes im Hintergrund?

Ich radelte nach Hause, sah nach Casper, stieg in den Chevy, und fuhr zurück zum Büro, um Dan aufzulesen. Er packte schnell ein paar Sachen zusammen, während ich wartete, dann folgte er mir zu meinem Chevy. Ich fuhr die lange Strecke nach Südwesten ins Sacramento-Delta. Das ist ein Gebiet aus tausenden Kilometern von Flußläufen und Kanälen, die fünfundfünfzig winzige Inseln verbinden. Dan hörte Radio, während ich beobachtete, wie sich die Landschaft von trockenem Buschwerk und Vulkangestein allmählich zu Schilfrohr und Entengrütze wandelte. Bei der Stadt Rio Vista im zentralen Flußtal fuhr ich von der Route 160 ab und zückte eine Karte.

Die Stadt hatte sich seit den Tagen des Goldrauschs nicht sehr verändert. Entlang der zweispurigen, gewundenen Uferstraße waren Dämme gebaut, um die Fluten des Sacramento und San Joaquin in Schach zu halten. Die Dämme waren das Werk chinesischer Arbeiter, die für den Bau der Eisenbahnen hergekommen waren und sich dann, nachdem die Strecken fertig waren, dem Fangen und Eindosen von Fischen zugewandt hatten. Die meisten Leute benutzten Boote als Fortbewegungsmittel, hinauf und hinunter auf den Wasserwegen, in denen Humphrey der Wal seinen großen Auftritt hatte. In den Restaurants wie Sid's, Doc's und Al's wurde wesentlich mehr Bier als Wein ausgeschenkt.

Arden Morris' dreistöckiges viktorianisches Haus sprang vom Flußufer vor, umgeben von üppigem Rasen und buntem Löwenmaul, Rosen und kalifornischem Mohn. Als wir die enge Auffahrt hinunter fuhren, sah ich ein paar Gärtner Büsche beschneiden und an einer Seite eines schön angelegten Innenhofs Unkraut jäten.

Die Frau, die Arden Morris sein mußte, saß auf der Veranda, las ein Buch, das nach einem Danielle-Steel-Roman aussah, und nippte an einem Drink, der zu ihrem himbeerfarbenen Outfit paßte.

Sie sah auf, als unser Auto anhielt, setzte ihr Buch und ihren Drink auf dem Tisch ab, stand auf, eine Hand über den Augen, um die blendende Sonne abzuhalten, und grüßte uns zurückhaltend, als wir durch das Tor im weiß gestrichenen Lattenzaun kamen.

„Ja?"

Wir stiegen die drei weißen Stufen zur Veranda hinauf. Ich stellte mich und Dan vor. Arden Morris strich sich mit himbeerfarbenen Fingernägeln ihr flaumiges rotes Haar aus dem Gesicht und bot uns ein steifes, himbeerfarbenes

Lächeln. Obwohl sie in dem engen Jumpsuit immer noch schlank und wohlgeformt aussah, schätzte ich sie nach den feinen Fältchen auf Gesicht und Händen auf Ende fünfzig oder Anfang sechzig. Ich gab ihr eine meiner extrem allgemein gehaltenen Visitenkarten und begann meine Leier. Hoffentlich brachen wir mit unserer „Nancy Drew und Joe Hardy"- Imitation nicht allzuviele Gesetze.

„Ms. Morris, wir untersuchen einen Mordfall, der kürzlich in Flat Skunk passiert ist. Das Opfer erhielt kurze Zeit nach ihrem Tod eine Nachricht von Ihnen auf ihrem Anrufbeantworter. Wir würden Ihnen gern ein paar Fragen stellen, wenn Sie nichts dagegen haben. Kannten Sie Lacy Penzance?"

Arden Morris zog ihre Stirn ein wenig kraus. Vielleicht war es auch nur die Sonne. „Nein, ich kannte sie nicht. Warum?"

„Haben Sie sie diese Woche angerufen?"

„Nun ja, das habe ich. Ich bekam einen Brief von ihr, und dann rief sie mich vor ein paar Tagen an und hinterließ eine sehr merkwürdige Nachricht auf meinem Anrufbeantworter. Ich habe sie zurückgerufen, weil ich neugierig war. Aber anscheinend war ich zu spät. Nachdem ich die Nachricht hinterlassen hatte, las ich in der Zeitung von ihrem Tod."

„Wie lautete ihre Nachricht?"

„Sie sagte, sie wüßte etwas über meinen Mann und wollte mich treffen. Sie klang so eigenartig. Ich hatte direkt ein bißchen Angst, sie anzurufen."

„Sie haben nie mit ihr gesprochen?"

„Nein. Es ging niemand ans Telefon, als ich anrief, also hinterließ ich eine Nachricht. Dann erfuhr ich, daß sie tot war."

„Wann genau haben sie angerufen, Mrs. Morris?" fragte Dan.

„Ähm, Dienstag abend. Ich habe erst in der Abendzeitung von ihrem Tod erfahren. Ich war den ganzen Tag mit dem Boot im Delta unterwegs."

„Wann hat sie Sie angerufen?" fuhr Dan fort.

„Hm, das war Montag nachmittag, glaube ich."

Sie setzte sich in ihren weißen Korbstuhl und kippte ihren restlichen Drink. Dan und ich setzten uns ebenfalls.

„Ist Ihr Mann zu Hause, Ms. Morris?" sagte ich.

„Nein. Er ..." Sie musterte uns gründlich, bevor sie fortfuhr. „... ist bei der Arbeit."

„Wissen Sie, ob er Lacy Penzance kannte?"

„Ich ... ich weiß nicht. Ich glaube nicht."

„Ich würde ihn gerne kurz anrufen. Haben Sie seine Büronummer?"

Sie zögerte. „Er ist verreist. Ich habe keine Nummer für seinen Aufenthaltsort ..."

Ich warf Dan einen Blick zu und sah dann zu ihr zurück. „Haben Sie und Ihr Mann sich ... getrennt?" fragte ich vorsichtig.

„Oh, nein. Nichts dergleichen. Er ist nur sehr viel unterwegs. Ich möchte nicht gern, daß es bekannt wird, wie oft ich allein zu Hause bin. Wir sind erst vor ein paar Monaten hierher gezogen und ich kenne noch nicht so viele Leute. Mein Mann arbeitet als Auslandskorrespondent für *National Geographic*, und im Moment ist er in einem politischen Krisengebiet in Lateinamerika. Er ist immer sehr lange weg. Es ist nicht einfach, aber wir machen das beste daraus."

„Haben Sie vielleicht ein Bild von ihm, Ms. Morris?"

Arden Morris schwieg ein paar Minuten, als ob sie versuchte, etwas im Kopf auszutüfteln. Sie sah auf. „Ich würde wirklich gerne wissen, worum es hier geht. Ist mein Mann ..."

„Wir möchten einfach möglichst alles überprüfen.

Haben Sie ein Foto von ihm, daß ich mir ansehen könnte?" hakte ich nach.

„Wozu?" sagte sie langsam. „Hat er … irgend etwas damit zu tun?"

„Das wissen wir nicht, um ehrlich zu sein. Aber wenn Sie uns ein Bild zeigen könnten, können wir Ihnen vielleicht mehr sagen", fügte Dan hinzu.

Arden stand auf, ging ins Haus und kam kurz darauf mit ihrer Handtasche zurück. Sie öffnete ihre Brieftasche und zog ein Foto von einem Paar heraus, das Arm in Arm am Straßenrand stand. Das Bild war unscharf und die Gesichter schwer auszumachen. Ich konnte Arden Morris kaum erkennen, nur, daß die Frau genauso rote Haare hatte wie sie. Der Mann neben ihr sah aus wie zigtausende andere Männer auf diesem Planeten.

Ich gab das Bild an Dan weiter, der es sich kurz ansah und mir dann zurückgab. Bei genauerem Hinsehen entdeckte ich etwas, das ich vorher, als ich mich auf die Gesichter des Paars konzentrierte, nicht bemerkt hatte. Sie lehnten sich an ein kleines Auto.

Einen roten Miata. Genau wie der, der mich fast überfahren hatte.

„Haben Sie kein besseres Bild von ihm, Ms. Morris?" fragte ich. „Hier ist er so schwer zu erkennen."

„Das ist das einzige, das ich habe. Er läßt sich nicht gern fotografieren. Er ist lieber hinter der Kamera."

„Kein Hochzeitsfoto?"

Sie schüttelte den Kopf. „Wie sind einfach nach Vegas gegangen. Er wollte keine große Sache daraus machen. Es war für uns beide die zweite Ehe."

„Wie lange sind Sie schon verheiratet?" fragte Dan.

„Nächsten Samstag sind es acht Monate."

„Sie waren vorher geschieden?" fragte ich.

„Verwitwet. Wir beide."

„Sie sagten, sie wären erst kürzlich hergezogen? Wo haben Sie denn vorher gewohnt?"

„Angel's Camp. Das ist eine kleine Stadt im Goldgräbergebiet."

Ich schaute Dan an und wandte mich dann wieder zu Arden Morris zurück. „Wie heißt Ihr Mann, Ms. Morris?" fragte ich, und kratzte mir den wachsenden Giftsumachausschlag an meinem Handgelenk, der immer mehr zu jucken schien, wenn ich aufgeregt war.

„Del."

Ich gab Arden Morris das Foto zurück und dankte ihr für ihre Mühe. Dan und ich ließen sie verwirrt mit den letzten Resten ihres Drinks auf der Veranda zurück. „Wir halten Sie auf dem Laufenden", rief ich zurück, aber sie reagierte nicht. Sie starrte nur das Foto an.

„Was halten Sie davon?" fragte Dan, als wir wieder im Auto saßen und uns aus der gutbetuchten Gegend entfernten.

„Ich weiß nicht. Risa und Arden haben beide Ehemänner, die durch ihren Beruf viel unterwegs sind. Sie sind beide erst seit kurzem verheiratet. Und sie waren beide verwitwet. Sie wohnten beide im Goldgräbergebiet. Und beide Frauen haben Geld, genau wie Lacy. Ich frage mich, ob Risa Longos Mann einen roten Miata fährt."

„Wie kommen Sie darauf?"

„Nur so eine Eingebung." Ich lächelte geheimnisvoll. „Also, Lacy hat sich mit diesen beiden Frauen in Verbindung gesetzt und sich nach ihren Männern erkundigt. Warum?"

Dan drehte sich zu mir, als ich durch das Stadtzentrum fuhr. Ich sah zwar, daß er etwas sagte, konnte aber meine

Augen nicht lange genug von der gewundenen Straße abwenden, um seine Lippen zu lesen. Ich fuhr das Auto an einer Ausweichstelle an den Straßenrand und hielt an. „Fahren Sie, bitte."

„Warum?"

„Ich kann Ihre Lippen besser ablesen, wenn ich nicht auch noch auf die Straße achten muß."

Ich rutschte über die rot-weiße Pfeifenpolsterung, während Dan außen herum ging und auf der Fahrerseite einstieg.

„Okay, was hatten Sie eben gesagt?" Ich saß mit dem Gesicht zu ihm und beobachtete seinen Mund, als er sprach. Die seitliche Perspektive machte es schwierig, aber nicht unmöglich.

„Ich sagte, Sie piepsen." Er tippte sich ans Ohr.

Ich griff nach meinem Hörgerät. Es hatte sich in meinem Ohr leicht gelockert. Das erzeugt einen hohen, schrillen Ton, der für Hörende anscheinend nervig ist. Ich schob es wieder fest ins Ohr. Er sagte etwas, das ich nicht verstehen konnte.

„Wie bitte?" sagte ich, etwas verwirrt von der Art, wie sich seine Lippen bewegten.

Er sah zu mir herüber und lächelte. „Nichts."

„Was? Sagen Sie es mir!"

„Nichts. Ich hab bloß … gesungen."

Ich schaute auf das Radio. Das Licht war wieder an.

„Ach so." Meine Gedanken wanderten wieder zu Lacy zurück. „Okay. Wie finden Sie das. Was, wenn Lacy, aus irgendeinem unbekannten Grund, den Verdacht hatte, daß ihr neuer Freund schon eine Beziehung hatte – oder verheiratet war. Mit Risa Longo. Sie hat nicht nach ihrer Schwester gesucht, sondern nach der anderen Frau. Deshalb ist sie nach Whiskey Slide gefahren und wollte ein Foto von Risa Longos Mann sehen. Einem Mann, der viel unterwegs ist."

Dan nickte nicht unbedingt zustimmend, aber er strich sich den Bart mit den Fingern, was ich als Zustimmung interpretierte.

„Und was, wenn sie durch ihre Nachforschungen – oder mit Boones Hilfe – herausfand, daß da noch eine weitere Ehefrau war, nämlich Arden Morris. Eine ebenfalls wohlhabende Frau, die auch mit einem Mann zusammenlebt, der viel unterwegs ist."

Das Bartkämmen wurde zu einem heftigen Bürsten. Ich war auf einer heißen Fährte.

„Was, wenn Arden und Risa beide mit demselben Mann verheiratet sind. Nämlich mit dem Mann, der um Lacy Penzance warb, eine gerade erst verwitwete Frau – und ebenfalls sehr reich. Risa und Arden sind beide verwitwet und finanziell gut gestellt. Das war Lacy auch. Was, wenn er ein typischer Trickbetrüger ist, der für seine ureigenen Interessen einsamen, reichen Frauen den Kopf verdreht."

Dan preßte die Lippen aufeinander.

Ich fuhr fort. „Die Frage ist nur, wer ist der Typ?"

„Der Mann im roten Miata?"

Ich zog eine Augenbraue hoch. „Ich glaube, wir fahren besser beim Mark Twain vorbei und schauen uns mal den Gast an, der den roten Miata fährt. Kann gut sein, daß er derjenige ist, der sich mit Lacy getroffen hat, und sich gleichzeitig bedeckt halten wollte."

Dan hörte mit seiner Bartpflege auf und nahm beide Hände ans Steuer. „Wenn das alles stimmt, könnte dann nicht eine der anderen Ehefrauen Lacy umgebracht haben, als herauskam, daß Lacy die ‚andere Frau' war?"

Ich überlegte einen Moment. „Warum sollte sie dann nicht die beiden anderen Frauen umbringen?"

Dan zuckte eine Achsel. „Vielleicht, weil sie von der anderen nichts wußte. Vielleicht wußte sie nur von Lacy, wegen ihres Besuchs oder ihres Anrufs."

„Oder sie, wer immer sie ist, hat vielleicht einfach noch keine Zeit gehabt, die zweite umzubringen. Jemand umzubringen kostet Zeit und Planung. Vielleicht plant Risa gerade in diesem Moment, Arden umzubringen, oder Arden macht das gleiche mit Risa." In meinem Magen machte sich ein ungutes Gefühl breit, als ich so über die Möglichkeiten nachdachte.

Dan unterbrach meine Gedanken. „Vielleicht ist dieser mysteriöse Ehemann der Mörder. Schließlich beerbt er die Frauen wahrscheinlich."

Mein Magen krampfte sich zusammen. Ich fühlte mein Herz doppelt so schnell schlagen wie sonst. „Aber warum hätte er Lacy dann umgebracht, bevor er sie geheiratet hatte? Und warum hat er seine anderen Frauen nicht umgebracht?"

Ich saß da, kratzte an meinem Ausschlag und versuchte, meinen Magen vom Umdrehen abzuhalten. Wenn ich so weitermachte, würde ich demnächst wund und krank sein.

„Glauben Sie, daß Sluice Jackson irgendwas damit zu tun hat?" fragte ich, holte tief Luft und ließ mich gegen die Rückenlehne fallen.

Dan drehte seinen Kopf zu mir, damit ich seine Lippen auf jeden Fall sehen konnte. „Und was ist mit meinem Bruder? Wie paßt er in diese ganze Sache hinein? Und wo zum Teufel ist er?"

23

„Macht es Ihnen was aus, wenn wir hier mal kurz anhalten?“ fragte Dan. Er bog vor einer schlichten, fensterlosen Kneipe mitten in Rio Vista ein.

„Sie wollen *jetzt* etwas trinken?“

„Ich will bloß schauen, ob Boone vielleicht hier gewesen ist, als er nach Arden Morris gesucht hat. Er hatte immerhin einen Ordner mit ihrem Namen drauf. Vielleicht erinnert sich irgend jemand an ihn.“

Ich folgte Dan in die dunkle, auf Country-und-Western getrimmte Höhle voller Qualm und Schnaps. Diese Stadt gehörte nicht zu den vielen in Kalifornien, in denen Rauchen inzwischen verboten ist. Als wir auf die blankpolierte Eichenthcke zugingen, atmete ich mindestens zwei Zigarettenladungen ein. Wir befragten kurz den Barkeeper und kehrten dann zum Auto und an die frische Luft zurück.

„Nichts?“ erkundigte ich mich und schlug mein Baumwollshirt aus, um den Qualm herauszubekommen.

Dan schüttelte den Kopf. „Macht es Ihnen was aus, wenn wir noch ein paar abklappern?“

Es machte mir nichts aus, also klapperten wir. Wir hakten etliche andere Saloons entlang der Hauptstraße ab, bis wir am äußersten Ende der Stadt angekommen waren. Der Alibi-Saloon begrüßte uns mit dem x-ten „Waffen, Spucken und ärmellose T-Shirts untersagt“-Schild. Hoffentlich konnte ich meine Spucke im Zaum halten.

Der Barkeeper trug ein T-Shirt mit der Aufschrift „Elvis ist mein Erlöser“ auf der Vorderseite. Die Buchstaben waren über seinem strammen Bauch bis zum äußersten gedehnt. Wieder fragte Dan nach seinem Bruder. Der Barkeeper sah sich das Foto von Boone an.

„Ich glaub schon. Genau. Ja, ich glaub, der war hier. Hatte 'n doppelten Wodka mit Eis. Genau. Hatte eigentlich sogar mehrere. Drinks vergeß ich nie. Der Drink sagt einem 'ne Menge über 'n Menschen. Der war bestimmt 'n Bulle, oder 'n Steuerberater. Der Typ nahm seinen Schnaps ernst. Saß da drüben. Hat nich viel gesagt, bis dieser andere Mann auftauchte."

„Da war noch jemand?" fragte Dan.

Der Barkeeper sah Dan an und zeigte lächelnd eine Reihe schiefe Zähne voller Nikotinflecken. „Was wolln Sie trinken?"

Ich wollte gerade „nichts" sagen, aber Dan kam mir zuvor. „Zwei Bier. Red Dog." Er legte einen Zehn-Dollar-Schein auf die Theke. Der Barkeeper schnappte sich das Geld und brachte zwei beschlagene Flaschen mit einer häßlichen, roten Bulldogge auf dem Etikett, geöffnet und verzehrfertig. Gläser bot er uns nicht an. Und Wechselgeld bekamen wir auch nicht.

„Ja, da war noch so'n anderer Typ. Aber von dem weiß ich nich mehr viel, weil der nix zu trinken bestellt hat. Daran kann ich mich auch immer erinnern."

„Können Sie ihn vielleicht beschreiben?" fragte Dan gespannt.

Der Barkeeper ballte die Augenbrauen, rieb sich das stachelige Kinn, grub das Schmalz aus einem Ohr und wischte es an seinem T-Shirt ab.

„Nee. Sah ganz gewöhnlich aus. Ham Sie von dem auch 'n Bild?"

Dan verneinte. Der Barkeeper dachte noch einen Moment nach. Dan zückte einen zweiten Zehner und bestellte zwei Tüten Chips. Wieder behielt der Barkeeper das Wechselgeld.

„Na, lassen Sie mal sehn. Der andere Typ is glaub ich nich sehr lang geblieben. Hat Ihrem Freund einen ausgegeben, aber selbst nix bestellt. Sie ham 'ne Weile geredet, dann sind sie beide gegangen. Eins weiß ich noch – als er für den Drink von Ihrem Freund gezahlt hat, hat er mit dem Geld 'n schicken Goldring aus der Tasche gezogen. Das weiß ich noch, weil er ihm runtergefallen is und er geflucht hat, als das Ding unter den Tresen rollte. Der hatte schon fast Panik, daß er weg war. Muß richtig was wert gewesen sein. Leider hat er ihn gefunden."

Wir hatten genug Qualm eingeatmet, um unsere Lebenserwartung um fünf Jahre herabzusetzen. Es war höchste Zeit, zu gehen oder Sauerstoffmasken zu holen. Wir dankten dem Barkeeper für die halbgetrunkenen Biere und ungeöffneten Chipstüten und gingen uns einen Platz für einen richtigen Imbiß suchen. Der Barkeeper hatte ein Restaurant namens „Al the Wop's" in der nahegelegenen Geisterstadt Locke empfohlen. Locke war einmal ein chinesisches Camp für die Eisenbahnarbeiter, aber jetzt war kaum mehr übriggeblieben als das Restaurant, ein paar chinesische Museen und eine Handvoll Antiquitätenläden.

„Macht es Ihnen was aus, wenn ich noch ein paar Anrufe mache, bevor wir essen?" fragte Dan. „Ich möchte nicht aus Rio Vista weg, ohne noch in den Krankenhäusern und beim Sheriff nachgefragt zu haben."

Ich wartete im Auto, während Dan in einer Telefonzelle, die auch ziemlich antik aussah, seine Gespräche erledigte. Ich sah seine Lippen jedesmal die gleichen Fragen in den Hörer richten, und er schien bei jedem Anruf dieselbe Antwort zu bekommen.

Bis auf den letzten. Dans Körpersprache veränderte sich drastisch, nachdem er sich erkundigte hatte, ob in letzter

Zeit irgendwelche nicht identifizierten Männer gefunden worden seien. Er wurde plötzlich ganz steif, steckte einen Finger in sein zweites Ohr und drehte sich weg, so daß ich seinen Mund nicht mehr sehen konnte.

Ich stieg aus dem Auto.

„Was ist los?“ formte ich mit den Lippen durch die Scheibe, als ich Dan auf mich aufmerksam gemacht hatte. Er drehte sich wieder von mir weg. Ich setzte mich auf den Kotflügel meines Autos und wartete, mit lauter Knoten im Magen.

Nach ein paar Minuten legte Dan den Hörer auf, und stand einen Moment still, die Hand immer noch am Hörer. Ich stand auf und ging ihm entgegen. Dan öffnete langsam die Tür mit dem zerschmetterten Sicherheitsglas und kam aus der Zelle heraus.

„Das war der Sheriff hier. Sie haben eine Wasserleiche, einen Unbekannten, den sie vor ein paar Tagen aus dem Delta gefischt haben. Der Sheriff meint, er sei schon ziemlich hinüber, aber ich glaube, wir sollten ihn uns ansehen. Meinen Sie, Sie sind dem gewachsen?“

Wie sollte man so etwas gewachsen sein? Ich stieg ins Auto.

Wir fuhren in den nächsten Ort, Isleton, und fanden das Büro des Sheriffs zwischen einem Second-Hand-Laden und einer Videothek. Es war eine ausgesprochene Kleinstadtstation, mit einem großen Raum, in dem die Öffentlichkeit empfangen wurde, ein paar Büros und einer Ein-Mann-Leichenhalle im Hintergund, zu der man uns führte.

„Sie glauben, daß das hier ihr Bruder sein könnte, ja?“ fragte Sheriff Cosetti ganz sachlich. „Er sieht nicht so toll aus, also machen Sie sich besser darauf gefaßt. Eine Leiche, die ein paar Tage im Wasser war, kann ziemlich schlimm aussehen. Putreszenz nennt man das. Die wird dann so ein bißchen aufgedunsen, die Haut wird gelblich weiß und teigig, und man kann die Gesichtszüge nicht mehr so gut erkennen ..." An dieser Stelle hörte ich damit auf, seine Lippen abzulesen, und ließ die beiden Männer vorlaufen, während wir ans Ende des Gebäudes gingen.

„Tja, da wären wir. Lassen Sie sich ruhig Zeit. Da drüben ist ein Speibecken, falls ihnen komisch wird, kleine Lady."

Der Sheriff öffnete die Tür und lud uns mit einer weitausholenden Geste ein, voranzugehen. Er folgte uns, öffnete das kleine Kühlabteil und zog einen Leichnam in einem durchsichtigen Plastiksack heraus. Er öffnete den Reißverschluß. Die aufgeblähten Gesichtszüge waren ganz verschwommen.

Der Geruch gab mir beinah den Rest, ein Gestank von Chemikalien und Verwesung, die sich zu einer ekelhaft süßlichen Note vereinten. Etwas ähnliches hatte ich gerochen, als in meinem Diner eine Ratte verendet war und ich sie erst nach Tagen finden konnte. Wo war dieses Speibecken?

Der Sheriff öffnete den Plastiksack vollständig, um auch den restlichen fleckigen Körper des Mannes freizulegen. „Er hatte keine Brieftasche oder irgendwas bei sich, das uns bei der Identifizierung hätte helfen können. Wir dachten, daß er wohl ein Gammler war, weil niemand in der Stadt irgendwas gemeldet hat. Seine Kleidung ist in dem Beutel da drüben. Das ist alles, was übriggeblieben war."

„Er trug einen goldenen Ring –" fing ich an, aber der Sheriff unterbrach mich mit einem Kopfschütteln.

„Keinerlei Schmuck. Der Typ wurde vollständig ausgenommen, bis auf die Kleidung. Die haben sogar den Ohrring aus seinem Ohr genommen. Und seine Schuhe."

Ich sah, wie Dan sich für einen genaueren Blick auf die Leiche wappnete. Ich wollte gar nicht mehr sehen, als ich schon gesehen hatte. Aber ich konnte fast nicht anders. Es war so ähnlich, wie wenn man bei einem Horrorfilm durch die Finger guckt, wenn es zu gruselig wird.

Das Gesicht sah aus, als ob es aus grauem Ton geformt worden wäre, weich, feucht und überwiegend farblos. Der Körper war aufgebläht, bläulich-weiß an der Oberseite von Brust und Unterleib, und dunkelviolett an der Unterseite, an der sich das Blut gesammelt hatte. Oberhalb der rechten Brustwarze war ein kleiner Bluterguß. Ich würde bestimmt wochenlang Alpträume haben. Gerade wollte ich mich wegdrehen, als Dan hilfesuchend nach meinem Arm griff.

„Er ist es", sagte er. Das war mir klar.

Ich konnte fast Dans gesamtes Gewicht auf mir fühlen. In einem zaghaften Versuch, ihn zu stützen, legte ich ihm meinen Arm um die Schultern.

„Er ist es", sagte er noch einmal. Er senkte den Kopf und legte die Hand über die Augen.

Der Sheriff ließ ihm einen Moment Zeit, bevor er sprach. „Die Tätowierung?" Er zeigte auf den kleinen Bluterguß, der sich bei näherem Hinsehen tatsächlich als eine kleine rot-schwarze Tätowierung eines mit einem Messer durchbohrten Herzen entpuppte.

Dan preßte sich die Hand auf die Augen.

„Ich wußte nicht, daß er eine Tätowierung hatte", sagte ich erstaunt. „Die hat er mir nie gezeigt. Wahrscheinlich hab ich ihn einfach nie ohne Hemd gesehen."

Dan ließ seine Hände fallen. Seine Augen waren rot umrandet und quollen über. „Das hat er sich gleich machen lassen als … sein Vater gestorben war …" Ich dachte, er wollte noch etwas sagen, aber er drehte sich abrupt um und verließ den Raum.

Ich stieß im Flur wieder zu ihm, nahm seinen Arm und brachte ihn zu einem Stuhl im Hauptbüro. Er preßte sich wieder die Finger auf die Augen und hob dann den Kopf. „Ich bin schon okay. Sheriff, ich … kümmere mich dann um die … Vorkehrungen für ihn, wenn ich wieder in seinem, äh, wieder im Büro bin."

Der Sheriff holte ein Klemmbrett mit Papierkram hervor, den Dan ausfüllen mußte, bevor wir gehen konnten. Dan bestand darauf, daß ich draußen warten sollte, also stand ich in der Mittagssonne und dachte an den alten Boone Joslin. Er hatte es im Leben nicht leicht gehabt. Und nun war er tot. Ertrunken. Keiner wußte, wie oder warum. War er betrunken gewesen und ins Wasser gefallen? Oder war er ertränkt worden? Von dem Mann mit dem goldenen Ring? Ich unterdrückte eine Welle von Übelkeit …

Fünfundvierzig Minuten später betraten Dan und ich das Restaurant, das uns der Barkeeper empfohlen hatte. Wir hatten zwar beide keinen rechten Appetit aufs Mittagessen, aber wir brauchten einen Ort zum Nachdenken, und ein kühles Bier hörte sich auch beruhigend an.

Von außen sah „Al the Wop's" aus, als ob es dem Tode geweiht wäre. Die kleine einspurige Straße wurde auf beiden Seiten von klapprigen, verfallenen Häusern gesäumt, die den Eindruck machten, als ob sie das nächste Gewitter nicht überleben würden. Locke sah tatsächlich wie eine Geisterstadt aus, in jeder Beziehung.

Aber drinnen sprudelte das Restaurant nur so von Energie und Leben. Die restaurierte Teakholzbar mit Spiegeln war von Gästen umlagert, von denen sich die meisten zu kennen schienen. Der ganze Laden war voll von der üblichen Country-und-Western-Bardekoration – ein ausgestopfter Elch, Samtgemälde, rustikale Wurzelholzuhren und alberne Schilder. Dan deutete mit dem Daumen nach oben und ich folgte der Bewegung mit den Augen: an der Decke klebten hunderte von Dollarnoten.

Wir saßen im Restaurantteil, weit weg von der Bar. Die hölzernen Nischen waren mit so dicken Schichten von limonengrüner Farbe und Acryllack überzogen, daß sich vielleicht eines Tages ein Geologe dafür interessieren würde. Wir zogen die Speisekarten zwischen den Töpfen mit Knusper-Erdnußbutter und Traubengelee heraus.

Die Karte bot nur zwei Gerichte zur Wahl: Steak oder Hühnchen. Wer keins von beiden wollte, konnte sich aus den luftigen weißen Brotscheiben, die die Kellnerin brachte, ein Erdnußbutter-und-Gelee-Sandwich machen. Das Essen roch gut und erinnerte uns daran, daß wir seit Stunden nichts mehr gegessen hatten – es war schon fast zwei. Ich bestellte das Hühnchen und Dan das Steak. Dazu teilten wir uns ein Erdnußbutter-und-Gelee-Sandwich.

„Das mit Boone … tut mir wirklich leid", sagte ich nach einer Weile. Ich wußte nicht, was ich sonst sagen sollte. „Ich kannte ihn nicht so sehr gut, aber wir waren dabei, Freunde zu werden. Er war immer da, um mir zu helfen, wenn ich irgendein Problem hatte."

Dan lächelte fast. „Ich kannte ihn auch gar nicht so sehr gut, ehrlich gesagt. Er war so viel älter als ich und wir sind nicht immer gut miteinander ausgekommen. Wir sahen die Welt einfach verschieden, denke ich. Ich dachte, diesmal würden wir vielleicht Gemeinsamkeiten finden, vielleicht zusammenarbeiten. Aber er hatte ja wohl wieder mit dem Trinken angefangen."

„Das wundert mich auch. Seit ich ihn kenne, war er trocken. Ich glaube, er ging ziemlich regelmäßig zu den

Treffen der Anonymen Alkoholiker. Er hatte einen von diesen „Eins nach dem anderen"-Aufklebern auf seinem Schreibtisch. Darauf hab ich ihn einmal angesprochen, und da hat er mir erzählt, daß er zu den Treffen ging. Viel mehr hat er mir aber nicht anvertraut."

„Er hatte immer schon ein Alkoholproblem", sagte Dan. „Ich hatte gehofft, daß er das endgültig in den Griff bekommen hätte, aber vielleicht kann man das auch gar nicht. Es gab da ein paar Gespenster, die er gerne in Schach halten wollte. Wodka war eine Methode dafür, vermute ich. Aber das macht die Gespenster leider nur größer – und gefährlicher."

Ich fragte mich, ob hinter dieser letzten Äußerung etwas Persönliches steckte. Aber jetzt war nicht der richtige Zeitpunkt für solche Fragen.

„Was glauben Sie, was ihm passiert ist?" fragte ich, als mein Mund nicht mehr völlig von der Erdnußbutter verklebt war.

„Ich weiß nicht. Vielleicht war er betrunken, ist ins Wasser gefallen und konnte nicht wieder herauskommen. Aber ich frage mich, wer der Typ war, mit dem Boone weggegangen ist?"

„Und was ist mit dem verschwundenen Schmuck und den Schuhen? Irgend ein Beutejäger vielleicht, der es auf Betrunkene abgesehen hat?" Ich nahm noch einen Bissen Erdnußbutter und Gelee. Weißbrot hatte ich seit der fünften Klasse nicht mehr gegessen. Ich wünschte, ich hätte es auch schmecken können, aber im Moment füllte es bloß das Loch in meinem aufgewühlten Magen.

Wir saßen ein paar Minuten schweigend da, bis die Kellnerin unser Essen brachte. Ich zerlegte lustlos mein Hühnchen, während Dan sein Steak auf dem Teller herumschob, als ob es lebendig wäre.

„Erzählen Sie mir was von Boone", sagte Dan, legte seine Gabel hin und verschränkte die Arme auf der Tischplatte.

Ich schluckte das Stückchen Huhn in meinem Mund hinunter und nahm einen Schluck Bier, während ich über meine Antwort nachdachte.

„Er war … interessant. Unvorhersehbar. Ich mochte ihn, aber viele andere mochten ihn nicht. Er hatte ein paar merkwürdige, irritierende Angewohnheiten, die viele Leute störten. Boone konnte wahrscheinlich ziemlich laut werden, nach dem, was man mir so erzählt hat. Das hat mich natürlich nie gestört. Er sagte oft ‚Scheiße'. Als Adjektiv, Adverb, Substantiv, einfach dauernd. Ihr Bruder machte keinen besonders glücklichen Eindruck, hat nicht viel gelacht. Hat sich, soweit ich weiß, nie mit irgendwelchen Frauen getroffen. Hatte keine engen Freunde. Einmal die Woche haben wir uns eine Pizza geteilt und auf seinem kleinen Fernseher *Mord ist ihr Hobby* geguckt. Dann haben wir immer versucht, den Täter zu erraten. Er hat's nie geschafft."

„Und Sie?"

„Immer. Das hat ihn zum Wahnsinn getrieben. Wir hatten eine Wette laufen. Wer den Täter erriet, brauchte die Pizza nicht zu bezahlen. Ich mußte nie zahlen. Aber ansonsten hab ich nicht viel von ihm gesehen. Wir hatte beide unsere Arbeit."

Dan nippte an seinem Bier und stach geistesabwesend mit der Gabel auf sein Steak ein.

„Und Sie?" fragte ich. „Sie waren sein Bruder. Wie haben Sie ihn gesehen?"

„Wie ich schon sagte, habe ich ihn nicht oft gesehen. Er ist mit einem anderen Vater aufgewachsen, der sich nach einer Weile davon machte. Dann kam Vater Nummer zwei, als er zehn war, und kurz danach kam ich. Ich glaube, diese beiden Ereignisse haben ihn etwas aus der Bahn geworfen. Er fing an zu rebellieren, machte Ärger, trank. Mit dem Trinken wollte er anscheinend irgendeinen Schmerz betäuben, den er mit sich herumschleppte. Später bekam ich heraus, daß sein richtiger Vater ihn ziemlich regelmäßig verprügelt hatte. Als sein Dad schließlich ging, war Boone glaube ich ganz erleichtert. Aber als Mama wieder heiratete, hat Boone dem Mann nie eine Chance gegeben. Er ist dann mit fünfzehn oder sechzehn von zu Hause weg, als ich fünf oder sechs war."

„Wo ist er hingegangen? Was hat er gemacht?"

„Das haben wir lange nicht gewußt. Schließlich hörten wir, daß er zur Armee gegangen war."

„Also sind Sie eigentlich ohne ihn aufgewachsen?"

„Ja. Ich ging zur Schule, machte einen Abschluß in Rechtsprechung und bin dann Cop in New York City geworden. Klassische Karriere, oder?"

„Wow. Sie waren ein echter Cop? Warum haben Sie aufgehört?"

„Lange Geschichte."

„Ich hab Zeit."

Er trank sein Bier in einem Zug aus und bestellte noch eins. Ich folgte seinem Beispiel.

„Nachdem Boone aus der Armee raus war, hat er sich verändert. Ich bekam immer mal einen Anruf oder einen Brief, je nachdem ob er gerade voll oder nüchtern war. Nach Vietnam schien er etwas seßhafter zu werden. Ging wieder zur Schule, machte seinen Abschluß, studierte dann Jura. Ganz schön paradox – während ich zusah, daß ich die Typen in den Knast bekam, boxte er sie da raus. Aber das Trinken war immer noch ein Problem. Er ging immer eine Weile zu den Anonymen Alkoholikern, war dann wochen-

oder monatelang trocken und dachte, er hätte es endgültig im Griff. Dann passierte wieder irgendwas, er verlor einen Fall oder eine Freundin, und dann ging er auf eine dreitägige Sauftour mit Blackouts und allem drum und dran."

„Kann das diesmal auch passiert sein?"

„Möglich. Wenn er so einen Blackout hat, weiß er nicht, wo er ist oder was los ist. Am nächsten Tag kann er sich an nichts erinnern. Er hat ein paar ziemlich verrückte Sachen gemacht. Hat sich die Kleider vom Leib gerissen und ist nackt durch die Berge gelaufen, dann ist er eingeschlafen, wenn der Alkohol seine Wirkung getan hatte, und wenn er zu sich kam, wußte er nicht, wo er war, wie er da hingekommen war, oder was er getan hatte."

„Das macht einem ja richtig Angst."

„Kann man wohl sagen. Na, eines Tages kam er bei uns vorbei. Er hatte getrunken. Ich glaube nicht, daß er wußte, was er tat."

„Was ist denn passiert?"

„Mein Vater war da schon gestorben. Mama war wieder allein. Ich war gerade bei einem Einsatz wegen eines Mordfalls, als Boone vorbeikam und Mama mit seinem Vater erwischte. Der alte Knabe war wohl wieder aufgetaucht. Jedenfalls hatte er sie geschlagen."

„Was hat Boone gemacht?"

„Die Nachbarn riefen die Polizei, als sie Mama schreien hörten. Ich bekam eine Einsatzmeldung wegen häuslicher Auseinandersetzung und stellte fest, daß es die Adresse meiner Mama war. Als ich ankam, fand ich Boones Vater dort. Jemand hatte ihn erschossen."

„Ach du großer Gott."

Dan zögerte, nahm noch einen kleinen Schluck Bier und schaute unverwandt auf die Gabel, die wie ein Schwert mitten in seinem unberührten Steak steckte. Er sprach langsam und suchte nach Worten.

„Boone hatte ihn mit der Waffe erschossen, die Mama im Haus hatte. Die Waffe, die ich ihr zu ihrem Schutz gegeben hatte. Als ich dort ankam, war Boone im Delirium, sturzbetrunken, weinend, völlig weggetreten. Mama hatte einen hysterischen Anfall. Ich wußte, daß sie Boone zur Höchststrafe verdonnern würden, auch wenn sein Vater Mama geschlagen hatte und sie vielleicht getötet hätte. Ich dachte mir, wenn ich einspringe und behaupte, ich hätte geschossen, könnte ich ihn vor dem Gefängnis retten, damit sein Leben nicht völlig ruiniert war. Ich war schließlich ein Cop. Cops schießen auf Leute."

„Also haben Sie die Schuld auf sich genommen."

Er preßte einen Moment die Lippen zusammen. „Boone wußte gar nicht, was er getan hatte. Er wachte am nächsten Tag auf und konnte sich an nichts erinnern. Ich nahm Mama einen Schwur ab, daß sie es ihm nie erzählen würde. Er versprach, wieder zu den Anonymen Alkoholikern zu gehen, und diesmal klang es so, als ob er es wirklich ernst meinte. Er verließ die Stadt, zog so weit weg wie möglich – ‚ab nach Westen', sagte er immer – und wurde Privatdetektiv. Hin und wieder ließ er von sich hören, aber ich hab ihn nie wieder gesehen ... bis heute."

„Und was ist mit Ihnen passiert? Sind Sie davongekommen?"

„Nicht ganz. Meine Geschichte hatte ein paar undichte Stellen. Ich wurde vor den internen Untersuchungsausschuß gebracht und der entschied, daß es keine gerechtfertigte Tötung war, daß ich mehr hätte tun können, um den Typ zu stoppen, zu verhaften oder ihn aus der Situation herauszukriegen. Sie fragten mich, warum ich nicht meine Dienstwaffe benutzt hatte, warum ich die Waffe im Haus genommen hatte – die auf meinen Namen registriert war. Ich bin wahrscheinlich kein besonders guter Lügner. Es funktionierte einfach nicht. Sie wußten, daß da mehr dahinter steckte, aber von da an hab ich die Aussage verweigert."

„Wurden Sie verhaftet?"

„Nee. ‚Versetzt'. Man versprach mir einen Job als Lehrer an der Justizvollzugsanstalt, wenn ich freiwillig meinen Abschied einreichte. Aber inzwischen brauchte ich dringend eine Luftveränderung. Irgendwie fiel alles auseinander. Ich ging aus New York weg und bekam eine Stelle als Dozent für Rechtsprechung an der Universität von New Mexico und der JVA. Mein Collegeabschluß war ganz praktisch für all die Jungs, die keine guten Anwälte gehabt hatten und mit ihren Fällen vors Berufungsgericht gehen wollten. Die konnte ich gut beraten."

„Aber da hat man Ihnen auch gekündigt."

Er sah mich an. „Woher wissen Sie das?"

„Ich … ich dachte, Sie hätten mir's erzählt."

„Sie sind auch eine saumäßige Lügnerin", sagte Dan mit einem halben Lächeln.

„Bin ich nicht. Ich bin eine großartige Lügnerin!"

„Ihre Körpersprache verrät Sie. Sie sind rot geworden, haben gestottert und wollten mich nicht direkt ansehen."

„Wo haben Sie denn all das über Körpersprache gelernt?"

„Gehört zur Polizeiausbildung. Den Gegner einschätzen."

„Ich bin nicht Ihr Gegner. Bei Ihnen bin ich mir da allerdings nicht so sicher."

Er warf mir einen Blick zu, bei dem ich ein bißchen Gänsehaut bekam, und trank dann sein Bier aus. „Okay, ich wurde rausgeworfen. Eigentlich habe ich gekündigt, aber das ist bloß eine Formsache. Ich arbeitete mit diesem einen

Typen zusammen, der sagte, daß man ihn nicht vorschriftsmäßig über seine Rechte aufgeklärt hätte. Also half ich ihm, ein Wiederaufnahmeverfahren zu bekommen. Zufällig lautete die Anklage auf Vergewaltigung der Tochter des Polizeichefs. Die fanden meine Einmischung nicht komisch. Also wurde ich abserviert."

„Hatte er sie denn vergewaltigt?"

„Nicht nach der Aussage von sechs anderen Männern, die mit ihr ausgegangen waren. Diese Vergewaltigungsmasche hat sie bei jedem abgezogen. Gehörte anscheinend zu ihrem Vorspiel. Aber mein Bursche wurde erwischt – und aufs Kreuz gelegt, sozusagen."

„Und dann sind Sie also hier heraus gekommen um – ja, was? Um mit Ihrem großen Bruder zusammenzuarbeiten?"

„Ich weiß nicht. Ich wollte ihn sehen. Gucken, wie Kalifornien so ist. Ein bißchen Zeit damit verbringen, mir zu überlegen, was ich als nächstes mache. Ich war ein Polizist, der die Kriminellen eingebuchtet, und ein Lehrer, der sie rausgeholt hat. Was bleibt da noch übrig? Selbst kriminell werden?" Er lachte.

Ich nicht. Da war immer noch irgend etwas, das er mir nicht erzählte. Was immer es war, es saß genau hinter diesen dunklen Augen.

Ich bestand darauf, daß wir uns die Rechnung teilten – zwanzig Piepen für zwei Erdnußbutter-Sandwiches und zwei Teller mit leicht verstümmeltem, aber im wesentlichen unberührten Fleisch und Huhn. Dann verließen wir das Restaurant und fuhren still nach Flat Skunk zurück. Jedenfalls war es für mich still. Dan ließ das Radio laufen und drückte dauernd an den Knöpfen herum, um andere Musiksender zu finden. Er fragte mich, warum ich ein Radio hätte. Ich sagte, daß es bei der Autoausstattung dabei war.

Als wir wieder in meinem Büro ankamen, blinkte die Lampe an meinem Anrufbeantworter.

„Dan, könnten Sie bitte die Nachrichten für mich abhören? Miah ist nicht da und ich erwarte einen Anruf vom Sheriff wegen –“ Ich wollte gerade sagen, wegen des Einbruchs in meinem Diner, entschied mich aber, das nicht zu erwähnen. Ich wußte ja immer noch nicht, wer dafür verantwortlich war, und im Moment konnte es jeder gewesen sein.

Dan faßte nicht nach. Er drückte den Wiedergabeknopf, nahm einen Stift und begann, die erste Nachricht aufzuschreiben.

„Connor – Mickey hier. Ruf mich an – es ist wieder …“

Dan legte langsam den Stift hin, drückte den Rückspulknopf und strich sich den Bart mit den Fingern, während er die Nachricht noch einmal abhörte. Dann sah er mich mit großen Augen an.

„Was ist?“ fragte ich und fühlte, wie sich ich meinem Bauch wieder die Schmetterlinge sammelten.

„Da war noch einer.“

„Noch ein was?“ sagte ich und versuchte, in seinem Gesicht zu lesen.

„Noch ein … Mord. Irgendein Typ, der in der Pension drüben an der Front Street gewohnt hat. Er wurde erstochen.“

24

Beau stand vor dem Mark Twain Bed & Breakfast und sprach mit einem halben Dutzend Schaulustigen, Gaffern und Aasgeiern, die immer noch herumlungerten, obwohl der Krankenwagen schon weg war. Und mit ihm der Leichnam des Manns mit dem roten Miata, wie Beau uns erzählte.

Es war später Nachmittag bis wir ankamen und wurde schon wieder kühler, eine kleine Erinnerung an die Launenhaftigkeit des Frühlings. Der Sheriff und Mickey standen in einer Gruppe von Pensionsgästen und nahmen Aussagen auf, während die Fernsehteams ihre Ausrüstung in den Minivans verstauten.

Dan und ich hatten offenbar das meiste verpaßt.

Ich konnte nicht gleich zum Sheriff oder zu Mickey durchkommen. Sie waren offenbar beide mit offiziellen Dingen beschäftigt, deuteten und nickten und rückten ihre Gürtelschnallen zurecht. Aber Beau sah so aus, als ob er sich ganz gerne von den Mordgroupies losreißen ließe. Er winkte halbherzig, als wir herankamen.

„Entschuldigen Sie mich“, sagte er zu ein paar älteren Damen, die mit der Zunge schnalzten, „aahten“ und „oohten“ und wohl noch ein paar andere Geräusche von sich gaben, die ich nicht erkennen konnte. Er kam zu uns herüber und umklammerte meine Hand. „Connor! Hast Du gehört, was passiert ist?“

Ich sagte ja und stellte Dan vor. „Was ist denn nun genau passiert?“

Beau nahm meine Hand und zog mich an die Seite des Hotels zu dem Gartenteich, den er letztes Wochenende angelegt hatte. Dan folgte zögerlich, als ob er sich nicht ganz sicher wäre, ob die Einladung auch für ihn galt. Wir setzten uns auf weiß lackierte Eisenstühle, die eigentlich ein ruhiges Plätzchen bilden sollten.

„Oh Gott, Connor, ich glaub's einfach nicht! Dieser Typ, der, der dich neulich angefahren hat –"

Dan sah mich neugierig an. Ich rieb mir bei dem Gedanken an den Unfall die Knie.

„Der ist umgebracht worden! Irgendwann letzte Nacht! Hier in meiner schönen Pension! Oh Gott, es ist furchtbar."

Beaus Lippen zitterten. Seine Wimpern flatterten.

„Hast du ihn gefunden, Beau?" fragte ich, legte eine Hand auf sein Knie und tätschelte es tröstend.

Er nickte heftig, biß sich auf die Unterlippe und drehte sich einen Moment weg, um einen Frosch zu betrachten, der aus seiner feuchten Behausung herausgehüpft war. Als Beau sich wieder gefaßt hatte, fuhr er fort.

„Es war entsetzlich. Ich hab mit dem Frühstück an die Tür geklopft – Cranberry-Scones und Kiwimarmelade. Er nahm das Frühstück immer auf dem Zimmer, hat sich nie zu den anderen Gästen an den Eßtisch gesetzt. Na, ich hab also geklopft und es kam keine Antwort, also dachte ich, er schläft noch. Ich hab das Tablett in die Küche zurückgetragen und dachte mir, daß ich die Scones ja wieder aufwärmen konnte, wenn er so weit war – obwohl sie natürlich nicht mehr ganz so schön gewesen wären. Jedenfalls kam zwei Stunden später ein Anruf für ihn, also ging ich wieder hin, um ihm das zu sagen und noch mal Frühstück anzubieten. Aber er antwortete immer noch nicht."

Er schwieg einen Moment, um nach dem abenteuerlustigen Frosch zu schauen. Das schleimige Amphibium hatte seinen Hals mit Luft gefüllt und machte das Maul auf und zu. Ich erwischte mich dabei, daß ich seine Lippen zu lesen versuchte. Beau nahm seine Geschichte mit einem besorgten Gesichtsausdruck wieder auf.

„Ich hab mir etwas Sorgen gemacht, also nahm ich meinen Schlüssel, um nach ihm zu sehen. Und da hab ich ihn gefunden, mitten auf der Patchwork-Steppdecke meiner Urgroßmutter. Aus seiner Brust ragte einer der antiken Goldgräberpickel von der Wand! Der Mörder hat ihn einfach heruntergenommen und – oh Gott!" Er schauderte. „Ich hab sofort den Sheriff gerufen."

Jemand tippte mir auf die Schulter. Ich schaute mich um und sah den Hilfssheriff.

„Wie ich sehe, hast du meine Nachricht bekommen", sagte Mickey und klappte sein Notizbuch zu.

Ich stand auf, damit ich ihm ins Gesicht sehen konnte. Ich war beinah wütend. „Was ist hier eigentlich los, Mikkey? Das läuft wirklich alles total aus dem Ruder! Noch ein Mord? Verdammt noch mal! Was ist denn bloß passiert?"

Mickey legte den Kopf zur Seite. „Wir wissen nicht viel mehr, als das, was uns Beau erzählt hat." Beau setzte sich gerader hin, als er seinen Namen hörte. „Das Opfer wurde mit einem alten Goldgräberpickel erstochen. Sieht aus, als ob er direkt das Herz getroffen hätte."

Ich dachte an Lacy Penzances Stichwunde. War die nicht ganz ähnlich? „Ein Pickel? Wie merkwürdig."

„Lacy ist nicht mit einem Pickel erstochen worden, oder?" fragte Beau.

Mickey schüttelte den Kopf. „Nein. Wir sind ziemlich sicher, daß Lacy mit einem Instrument erstochen wurde, daß bei der Einbalsamierung von Kadavern verwendet wird. Das Bestattungsinstitut hat kürzlich einen Diebstahl gemeldet."

„Ein Einbalsamierungsinstrument! Ein Goldgräberpikkel! Wir haben hier irgendeinen Verrückten frei in der Stadt herumlaufen!" sagte Beau dramatisch und rieb seine Handflächen an den Hosenbeinen. Seine flatternden Wimpern unterstrichen die Äußerung.

Mickey schüttelte wieder den Kopf. „Er ist nicht verrückt, so viel ist sicher. Meiner Ansicht nach ist dieser Bursche sehr intelligent, sehr vorsichtig und äußerst berechnend. Wir wissen noch nicht, wer es ist, aber wir werden ihn finden – oder auch sie, natürlich. Wir haben ein paar Haare gefunden, ein paar Stoffasern von Kleidung, und wir haben einen partiellen Fingerabdruck auf einem Blatt Papier, das wir im Zimmer gefunden haben, der anscheinend nicht dem Opfer gehört. Wir werden ihn finden. Es ist nur eine Frage der Zeit, das könnt ihr mir glauben. Und ich hab auch schon eine ziemlich gute Vorstellung davon, wo ich suchen muß." Mickey blickte zu Dan hinüber und rieb den Griff seiner Waffe, während er sprach.

Dan war anscheinend ganz in Gedanken und folgte dem Gespräch nicht mehr. Ich schaute zu Beau hinüber, der einen völlig verängstigten Eindruck machte. Der Hilfssheriff schien dagegen ganz zuversichtlich und Herr der Lage, auch wenn er mit seinen hochstehenden Haaren leicht bekloppt aussah.

„Haben Sie den Toten schon identifiziert?" fragte Dan, der wieder aus seiner Trance auftauchte.

Der Hilfssheriff nickte. „Jawoll. Wir haben seine Brieftasche gefunden, Führerschein, einen Mitgliedsausweis der Filmschauspielergewerkschaft – abgelaufen –, ein paar Kreditkarten und einen Terminkalender. Er ist ein Schauspieler, vormals wohnhaft in Santa Monica. Der Name ist James Russell. Klingelt's da bei irgend jemand?"

„Klingt nicht, als ob ich das schon mal gehört hätte", sagte Dan.

„Und wie steht's mit Chad Anderson?" Mickey machte eine Pause.

Ich schaute verständnislos.

„Larry Longo?"

Ich runzelte die Stirn. „Der Mann von Risa Longo?"

„Und Del Morris."

Ich schnappte nach Luft. „Ach du liebe Güte!"

„Und Jeff Knight. Seine Frau Gail drüben in Volcano wurde bereits von seinem Tod unterrichtet."

Da setzte ich mich erst einmal hin.

Auf der Fahrt zu dem winzigen ehemaligen Goldgräbercamp Volcano schwiegen Dan und ich eine Weile. Dann schlug Dan seine Hand mit Wucht auf das Lenkrad. „Verdammt noch mal!"

„Was ist? Haben wir einen Platten? Stimmt etwas nicht?"

„So was Dämliches!"

„Wer? Ich?"

„Nein! Ich! Hat Dingsbums nicht gesagt, daß der Typ irgendwo aus Südkalifornien stammte? Und Schauspieler war?"

Ich kaute einen Moment auf meiner Wange. „Ja, genau. Er hat gesagt, daß der Typ mit Risa Longo in Whiskey Slide und Arden Morris in Rio Vista verheiratet war. Und jetzt hat er in Volcano noch eine Frau namens Gail Knight."

„Klingt mir stark nach Hollywood." Dan strich sich mit den Fingern durchs Haar.

„Sie glauben also, das er vielleicht seine Liebe zu diesen

Frauen ‚spielte', sie heiratete und dann – was? Ihr Geld genommen hat? Das wär ja nicht das erste Mal, daß jemand so was gemacht hat."

„Hat Ihr Hilfssheriff nicht gesagt, daß der Typ noch vier andere Personalausweise und ein Adressbuch voller Namen und Adressen von Frauen hatte?"

„Einschließlich Lacy Penzances Namen und Adresse. Wie kommt man an so viele gefälschte Ausweise? Ist das wirklich so einfach?" Ich dachte kurz nach und fügte dann hinzu, „Und er ist nicht mein Hilfssheriff."

Dan nickte. „Unglaublich einfach. Man muß bloß in einen anderen Bundesstaat gehen, die Mikrofilme in der Bibliothek nach einer Todesanzeige von einem Kind absuchen, das ungefähr zur gleichen Zeit geboren wurde wie man selbst und vor seinem zweiten Geburtstag gestorben ist. Dann schreibt man im Namen des toten Kinds ans Standesamt und bittet um eine Kopie der Geburtsurkunde. Damit holt man sich einen Führerschein und eine Sozialversicherungsnummer, indem man behauptet, man wäre einige Jahre im Ausland gewesen und hätte die deshalb noch nicht beantragt. Das ist alles."

„Sie wissen ja eine ganze Menge darüber." Ich dachte an Dans Ausweis und spürte ein Kribbeln im Nacken. Ich verdrängte den Gedanken und fuhr fort. „Also muß er der geheimnisvolle Unbekannte gewesen sein, mit dem sich Lacy getroffen hat. Sie kam darauf, daß der Typ ein Bigamist ist, und begann, nach den anderen Frauen zu suchen, um ihren Verdacht zu bestätigen. Risa Longo hatte sie schon gefunden. Und dann wollte sie sich gerade mit Arden Morris treffen, als sie umgebracht wurde."

„Von ihm?"

Ich wußte es nicht. Aber jetzt war er auch tot. Was hieß

das denn nun? Die Puzzleteile wollten sich einfach nicht so zusammenfügen wie bei *Mord ist ihr Hobby*.

„Dieser Terminkalender, den sie in seinem Zimmer gefunden haben, wie Mickey sagte. Wenn der voller Belastungsmaterial war, warum hat ihn der Mörder dann nicht mitgenommen ... oder die Mörderin?" fragte Dan.

„Sie glauben, es könnte eine Sie sein? Eine Exfrau, die etwas über seine Vergangenheit herausbekommen hatte und ihn dann umgebracht hat? Und vorher Lacy umbrachte, damit sie aus dem Weg war?"

„Könnte sein", meinte Dan. „Vielleicht war es Risa oder Arden, die Lacy ermordet hat, und dann hat sie den Betrüger um die Ecke gebracht, weil er sie reingelegt hatte."

„Wenn das stimmt, könnte wer immer es war es jetzt auf die anderen Frauen auf der Liste im Kalender abgesehen haben. Der Sheriff sagte, daß eine Seite herausgerissen war."

„Da gibt es unendlich viele Möglichkeiten", sagte Dan.

Ich dachte einen Moment nach. „Die Waffen sind nicht gerade alltägliche Mordwaffen."

Dan zog die Stirn kraus, schaltete das Radio ab und griff das Lenkrad fester.

„Was haben Sie da gehört?" fragte ich.

„Weiß ich nicht. Ich hab nicht aufgepaßt. Äh –" er bemühte sich anscheinend, sich zu erinnern. „Ich glaube, es war Pearl Jam."

Musik ist so unsichtbar für mich. Ich versuche Formen und Farben daraus zu machen, aber das ist nicht einfach. Es ist ein Geheimnis, unfaßbar, aber ich weiß ja, daß sie da ist, weil andere Leute darauf reagieren. Sie tanzen. Sie singen. Ihre Stimmung verändert sich plötzlich. Die Lösung dieses Falls war für mich auch so ähnlich wie Musik. Ich wußte, daß es sie gab, aber ich konnte sie nicht hören. Weil ich nicht hören kann, versuche ich anders auf Lösungen zu kommen. Ich versuche, sie zu sehen, schmecken, riechen oder fühlen. Und schließlich kann ich sie dann auf meine Art auch hören.

„Schauen Sie, Dan, es kann sein, daß wer immer Lacy mit diesem Trokar getötet hat, auch diesen Dingsda in der Pension mit dem Goldgräberpickel ermordet hat. Jemand, der mit dem Bestattungsinstitut zu tun hat? Jemand, der eine Verbindung sowohl zu Lacy Penzance als auch zu dem toten Mann hatte und beide umbringen wollte."

Wir kamen gut durch nach Volcano und waren kurz vor halb neun dort, aber der Ausflug entpuppte sich als Zeitverschwendung. Gail Knight wollte niemand sehen. Ein bulliger Mann, der sich als ihr Bruder vorstellte, machte uns das ganz unmißverständlich klar. Ich versuchte es mit ein paar wie ich fand außerordentlich kreativen und glaubwürdigen Argumenten, aber er kaufte sie mir nicht ab.

„Sie will niemand sehen", sagte der große Mensch bestimmt.

„Aber ich habe wichtige Informationen über –"

„Ich sagte, sie will niemand sehen. Sind Sie taub, Lady?"

Zufällig ja, sagte ich, und da schlug er mir die Tür vor der Nase zu. Die armen Pfadfinderinnen, die diesem Mann Kekse verkaufen wollten, taten mir wirklich leid. Dan und ich machten uns auf den Heimweg.

Wieder fuhren wir vor dem Hotel vor und stiegen die Treppe hinauf. Es war schon spät, aber ich mußte unbedingt noch etwas Arbeit aufholen. Mein Redaktionsschluß stand unbarmherzig drohend vor mir. Dan wollte sich noch in Boones Umgebung über Boone klar werden, also sagten wir einander gute Nacht und trennten uns. Ich schloß meine Bürotür auf und stieg in das Chaos ein, das ich zurückgelassen hatte.

Nach etwa einer Stunde, in der ich versucht hatte, klar zu denken, aber mich einfach nicht auf die Arbeit konzentrieren konnte, machte ich Schluß, völlig erschöpft von diesem aufregenden Tag. Es war einfach zu viel passiert und ich glaubte nicht, daß ich schlafen können würde, aber es war jedenfalls den Versuch wert. Ich löschte das Licht, schloß die Tür ab und ging an Boones Büro vorbei. Da brannte noch Licht.

Ich klopfte und öffnete die Tür, ohne auf eine Einladung zu warten. Ich hätte sie ja sowieso nicht gehört.

Dan saß zusammengekauert auf Boones Stuhl, mit den Armen auf den Knien. Er sah müde und erschöpft aus.

„Bist du okay?" fragte ich. Er nickte ohne aufzusehen. Ich kam näher heran und sah, daß seine Augen voller Tränen waren. Er schniefte und wischte sich mit dem Handrücken die Nase. Ich legte ihm eine Hand auf die Schulter und streichelte sie unbeholfen. Im Trösten bin ich nicht so gut. Ich bleibe immer auf Distanz zu anderen Menschen, körperlich und emotional. Das war ein Teil der Probleme, die ich mit meinem Exfreund gehabt hatte.

Dan langte zu mir hoch und legte seine Hand auf meine. Ich massierte seine Schulter. Nach einer Weile zog ich ihn hoch und führte ihn zu Boones Couch. Ich klappte das Bettsofa auf, riß die Laken auseinander und steuerte ihn auf die unebene Matratze. Bevor ich weggehen konnte, zog er mich neben sich, und ich lag mit seinem Kopf auf meiner Brust, bis wir beide einschliefen.

25

Ich mußte wirklich damit aufhören, auf Sofas zu schlafen. Mein Arm war irgendwann in der Nacht eingeschlafen, als der Rest schon weg war, und fühlte sich jetzt an, als ob eine ganze Bienenkolonie darin wohnte. Der Knick im Hals war wieder da, der Giftsumachausschlag hatte sich neues Areal erobert und auf beiden Knien setzten Schorfkrusten in der Farbe eines billigen Rotweins Akzente.

Und meine Haare waren völlig verlegen.

Dan war fort. Statt seiner lag ein Zettel auf der klumpigen Couch neben seiner zusammengerollten Katze: „Wie wär's mit Mittagessen im Nugget gegen zwölf? Muß heute morgen noch ein paar Dinge erledigen. Dan. P.S. Du schnarchst."

Ich schnarche nicht. Das war bestimmt die Katze.

Ich wälzte mich aus dem Bettsofa, lockerte mein plattgelegenes Haar auf, rieb mir den tauben Arm, massierte den steifen Hals, kratzte einmal um den Ausschlag herum und ignorierte meine häßlichen Knie.

Im Geiste erschien mir ein Bild des toten Unbekannten. Es könnte mir weiß Gott schlimmer gehen.

Nach einem kurzen Zwischenstop in meinem Diner, um Casper zu füttern, zu duschen und frische Jeans und ein Dr.-Seuss-T-Shirt anzuziehen, suchte ich kurz nach der Zinktinktur. Ich konnte die Flasche nicht finden, merkte mir vor, Nachschub zu besorgen und klebte mir neue Bandagen auf die Knie. Vorübergehend wieder geflickt fuhr ich mit dem Rad zur „Mark Twain Slept Here"-Pension.

Beau saß mit einem Schok-Mok auf der Veranda und las das Konkurrenzblatt. Er sah nicht mehr ganz so verängstigt aus wie am Tag davor.

„Irgendwelche skandalösen Neuigkeiten?“ rief ich ihm zu, als ich das Rad an der Seite der Veranda parkte.

„In diesem Käseblatt? Machst du Witze? Nichts als eine billige Zeitung voller Lügen. Darum lese ich sie natürlich. Aber ich könnte ein paar mehr Stories über Sean Connery brauchen und weniger über Leviathan Smiths neuesten Enkel. Übrigens fand ich dein Krimirätsel letzte Woche toll.“

„Hast du's rausgekriegt?“ Ich ließ mich in einen Korbstuhl neben ihm fallen und schaute begehrlich auf seine Tasse.

„Hätte ich, wenn du die Hinweise nicht so obskur gemacht hättest. Woher sollte ich denn wissen, daß man den Steuerprüfer mit zwei Flaschen Rattengift umbringen konnte. Ich hätte gedacht, man braucht mindestens doppelt so viel. Hast du die Story über den ‚Frühstückspensions-Mord‘ gelesen?“ Er hielt mir die Schlagzeile entgegen. Sie lautete „Tod zum Frühstück“, Autorin Mary Meek. „Das *mußten* sie ja so nennen, nicht wahr. Ach ja. Das Geschäft läuft glänzend. Das Telefon hört gar nicht mehr auf zu klingeln. Die wollen wahrscheinlich alle einen Mordschauplatz zu ihren Blaubeerscones und alten Steppdecken. Möchtest du einen Schok-Mok?“

„Für einen deiner Schok-Moks könnte ich einfach sterben, wenn du den Ausdruck entschuldigst. Mit Zimt, bitte. Und Schlagsahne. Und Schokoflöckchen. In einem dieser riesigen Becher mit –“

„Einmal Instant, schwarz, kommt sofort.“

Wenig später war Beau mit meinem Kaffee-und-Schokolade-Getränk zurück, genau so, wie ich es mag. Die kleine Pause gab mir eine Chance, über die Tragödie der letzten Nacht nachzudenken.

„Hast du letzte Nacht geschlafen?“ fragte ich, als Beau wieder da war.

„Kein Auge zugetan. Allerdings glaube ich, daß der Tote vorher auch nicht viel Schlaf bekommen hat, also sollte ich gar nicht meckern. Jedenfalls bin ich heute morgen wach geworden. Das kann man von ihm nicht behaupten.“

„Was meinst du damit?“ fragte ich, als ich mir den Schok-Mok-Bart von der Oberlippe geleckt hatte.

„Er ist tot.“

„Das *weiß* ich! Ich meine, was meinst du damit, daß er nicht viel Schlaf bekommen hätte?“

Beau schürzte die Lippen. „Na ja, ich klatsche ja normalerweise nicht“, sagte er und wurde rot, als ich die Augen verdrehte. „Aber unser geheimnisvoller Unbekannter hatte praktisch jede Nacht Besuch, wenn er hier war. Und die beiden haben da drin nicht grade Kniffel gespielt.“

„Ach was! Wer war es? Lacy?“

„Weiß ich nicht. Ich spioniere meinen Gästen nicht nach, egal was du vielleicht denkst. Aber ich habe jeden Morgen Hinweise auf einen späten Gast gefunden.“

„Wie zum Beispiel?“

„Na ja, Weingläser und leere Flaschen. Kosmetikdöschen. So Frauenzeugs eben. Du kennst das doch.“

Frauenzeugs kannte ich.

„Und diese Flasche mit Haarfärbemittel, die der Sheriff gefunden hat. Das war keine normale Marke wie Clairol. Es hieß „Persistence“ oder „Permanence“ oder so ähnlich. Der Farbton war Cappuccino, glaube ich. Ich persönlich ziehe ja Zimt vor. Das ist etwas subtiler.“

Der Bigamist hatte also eine Besucherin, die ihre Haare färbte. Lacy? Ich fragte Beau, ob er irgend etwas von den Überresten aufgehoben hatte, aber er verneinte. Der Sheriff hatte die Flasche mit der Haarfarbe konfisziert und die anderen Überbleibsel waren längst weg. Eine halbe Stunde lang diskutierten wir noch alle Möglichkeiten durch, wen der Mann zu Gast gehabt haben könnte, kamen aber auf nichts, das nach einer Lösung aussah. Beau hatte kein fremdes Auto gesehen, keine verräterische Silhouette auf der Jalousie, und außer dem „Frauenzeugs" hatte er nichts gefunden.

Ich dankte Beau für den Schok-Mok und fuhr mit dem Rad ins Büro. Miah tippte gerade den Nachruf für das gestrige Mordopfer ein.

„Als ob man aus einer Mücke einen Elefanten machen will", sagte Miah. „Wir wissen überhaupt nichts über diesen Typ." Er lehnte sich zur Seite, damit ich den Text lesen konnte. Elefant? Eher eine Elefantenspitzmaus.

„Ich hab eine Idee. Laß uns ein paar Anrufe machen."

Miah wählte die erste Nummer, die ich ihm gab. Ich las seine Lippen, während er die Fragen stellte, die ich aufgeschrieben hatte, und beobachtete, wie er die Antworten notierte. Er rief die nächste und die dritte Nummer an und benutzte die Nachrufmasche, um an die Informationen zu kommen, die wir brauchten.

„Gute Arbeit!" Ich gab ihm mit beiden Händen ein kräftiges „Daumen hoch"-Zeichen. „Hör mal, ich muß noch mit jemand reden. Kannst du hier die Stellung halten, während ich weg bin? Barbara Libbey wollte in ungefähr einer Stunde mit dem Bericht über den Kartenverkauf für das Froschfestival vorbeikommen und es müssen noch drei Füllartikel eingebaut werden. Kannst du das für mich übernehmen? Dann bin ich dir was schuldig."

„Du bist mir immer was schuldig", sagte Miah und warf sein blondes Haar zurück. Brustwarzenring hin oder her, er war immer noch der süßeste Junge in Flat Skunk. Ich war ihm wirklich dankbar für seine Hilfe. Hoffentlich war er mir auch dankbar für den Gehaltsscheck.

Meine nächste Station war das Bestattungsinstitut. Ich hatte auf einen weiteren kleinen Schwatz mit French und Celeste gehofft, aber French war nicht da. Ich klopfte an Celestes Tür. Sie begrüßte mich höflich, schien aber nicht so fröhlich wie sonst. Unter ihren Augen saßen verquollene Tränensäcke. Die sonst immer perfekte Frisur hing matt herunter. Sie trug eine Extraschicht Make-up, als ob sie statt irgendwelcher Makel ihre Gefühle abdecken wollte. Ihre Hände hielt sie zu Fäusten geballt an den Seiten.

Mit hängenden Schultern führte sie mich in ihr Büro und versprach mir ihre Aufmerksamkeit für die nächsten paar Minuten, bis der erwartete Kunde ankam – ein Mann, der offenbar genau wußte, wie wertvoll ein „Vorsorgekauf“ war.

„Tut mir leid wegen meiner ganzen Fragen neulich“, sagte ich. „Ich wollte einfach ein paar Informationen für die Zeitung haben. Diese Sache mit Lacy Penzance ist eine Riesenstory, und ich möchte den Bericht so gut schreiben, wie ich nur kann. Da hab ich wohl ein bißchen übertrieben.“

Sie gab mir ein halbes Lächeln. Die Fäuste blieben geballt. Ich redete weiter.

„Vorsorgekauf, ja? Ist bestimmt sehr beliebt. Das sollte ich wahrscheinlich für meine Tante auch machen.“

Celeste sprach leblos und ohne Begeisterung, beinahe, als ob sie ihren Text auswendig aufsagte. „Die meisten Leute möchten ihren trauernden Hinterbliebenen nicht die finanzielle Belastung aufbürden. Wie geht es denn Ihrer Tante?“ Sie sah zwar in meine Richtung, aber nicht in meine Augen.

„Gut, eigentlich“, sagte ich schnell. „Könnte gar nicht besser sein.“

Celeste schien nicht besonders beeindruckt. Sie sah an mir vorbei und ich fragte mich, ob vielleicht jemand hinter mir in der Tür aufgetaucht war. Ich drehte mich schnell um, sah aber niemand.

„Celeste, ich hab mich gefragt, ob Sie eigentlich die Beerdigung des Mannes betreuen, der letzte Nacht gestorben ist?"

Celeste preßte plötzlich die Lippen zusammen. Sie sah auf die Uhr und wühlte dann in einigen Unterlagen auf ihrem Schreibtisch herum. „Welcher Mann?"

„Der Mann, der letzte Nacht in der Pension umgebracht worden ist. Sie haben doch die Neuigkeit gehört?"

Sie unterbrach mich mit einer Handbewegung. „Oh – ja, natürlich. Ähm, nein, ich glaube nicht, daß das Memory Kingdom etwas mit der ... der Abwicklung der Leiche zu tun haben wird. Jedenfalls habe ich noch nichts gehört. Er – sie ist bestimmt noch in der Gerichtsmedizin."

„Sie kannten ihn nicht zufällig, oder, Celeste?"

Celeste hörte auf, in den Unterlagen herumzufingern, preßte ihre Hände auf die Tischplatte und sah mich direkt an. „Verdammt noch mal, Connor! Nicht schon wieder. Was ist denn mit Ihnen los? Nein, ich habe ihn nicht gekannt. Wie kommen Sie denn überhaupt darauf?"

Da hatte ich definitiv einen Nerv getroffen.

„Entschuldigung. Ich hab wohl einfach gedacht, daß Sie jeden kennen, der hier das Zeitliche segnet, wo Sie doch im Bestattungsgeschäft sind und so. Ziemlich kurz gedacht, wie?"

Sie starrte mich bloß wütend an. Ich fuhr fort. „Das denken die Leute von mir auch immer. Ob ich diesen oder jenen Gehörlosen kenne. Sie glauben, wir wären alle eine große Familie, bloß weil wir gehörlos sind." Ich lachte und machte dann statt dessen ein Husten daraus. So kam ich nicht weiter.

Ich strich meine Haare zurück. „Gott, diese Morde lassen mich wirklich frühzeitig altern. Ich glaube, ich bekomme ein paar graue Haare mehr von dieser ganzen Aufregung."

Sie verstand die Anspielung nicht und bekam nur ganz schmale Augen, als ob sie versuchte, herauszufinden, wovon zum Teufel ich eigentlich redete. Ich tappte weiter.

„Diese Haarfarbe, die Sie nehmen. Das sieht wirklich ganz natürlich aus. Ich hab's neulich mal mit einer neuen Farbe versucht, aber davon sind meine Haare bloß ganz schrecklich grün geworden. Sie färben wahrscheinlich selbst, nicht wahr, wo sie doch früher Kosmetikerin waren und so."

„Stylistin. ‚Kosmetikerin' sagt man nicht mehr." Celeste drückte geistesabwesend an ihrem schlaffen Haar herum, zog ein paar Strähnen von unten heraus und zwirbelte sie zwischen ihren manikürten Fingern.

„Welche Farbe ist das?"

Sie antwortete lustlos. „Ich mische sie selbst. Ich könnte Ihnen Ihre mal machen, wenn Sie möchten."

„Das wäre toll. Wo kann man die Farben kaufen, die Sie nehmen?"

„Ich kann sie Ihnen beim Friseurbedarfshandel besorgen. Da bekomme ich Rabatt."

Immer noch nichts. Ich brauchte einen Namen. Versuchen wir es anders.

„Ist es Clairol? Meine Mutter hat immer Clairol genommen."

Sie schüttelte ihre welke, aber glänzende Mähne. „Nein, das ist für Hausfrauen, die selbst färben wollen, obwohl sie's lieber lassen sollten. Ich nehme professionelle Farben."

„Welche Marke denn?"

Celeste sah mich an, schwieg, runzelte die Stirn und sagte dann. „Ich weiß es nicht mehr. Ich benutze alle möglichen Sorten."

Okay. „Beau sagt, er nimmt eine Farbe, die Cappuccino heißt, glaube ich. Oder, nein, warten Sie – Zimt. Er –"

Celeste wurde blaß und ihre Augen flackerten weit auf. Ich dachte, daß sie etwas sagen wollte, aber sie schwieg.

„Celeste, stimmt irgend etwas nicht? Sie sehen aus, als ob Ihnen nicht gut wäre."

Sie blinzelte und setzte sich gerade hin. „Nein. Alles in Ordnung. Bin wohl bloß müde. Hab letzte Nacht nicht viel Schlaf bekommen. Wahrscheinlich arbeite ich zuviel."

Willkommen im Club. Sie stand auf, um mich hinauszuführen. Ich rührte mich nicht, sondern drehte mich bloß auf meinem Stuhl und beobachtete sie auf ihrem Weg zur Tür. „Celeste, ich hätte da noch eine kleine Frage."

„Ich habe diesen Termin, Connor. Können wir das ein andermal machen, wenn Sie nichts dagegen haben?"

„Kennen Sie Risa Longo?"

Celeste guckte erstaunt und begann, den Kopf zu schütteln. „Ich –"

„Arden Morris?"

Celeste machte den Mund wieder zu und sah mich an.

„Gail Knight?"

Celeste schloß die Tür, drehte sich um und verschränkte die Arme.

„Nein, nie gehört. Was wollen Sie von mir, Connor?"

Ich war mir sicher, daß es da eine Verbindung gab, aber die Details mußte ich mir noch zurechtlegen. Als Gehörlose lernt man, gut zu bluffen, vor allem wenn man sich nicht anmerken lassen will, wie wenig man manchmal versteht.

„Aber sie kannten Sie alle … sie haben Sie getroffen, als

ihre Ehemänner starben … sie sind alle während ihrer Trauerzeit von Ihnen beraten worden … und sie hielten Sie alle für eine Heilige." Für jeden Punkt streckte ich einen Finger aus. Die Telefonanrufe, die Miah für mich erledigt hatte, begannen sich auszuzahlen.

Celeste hatte für das Kompliment, mit einer Heiligen verglichen zu werden, kein Lächeln übrig. „Und? Hier kommen und gehen jede Menge Leute. Ich habe viele Klienten. Und jetzt muß ich wirklich –"

„Celeste, ich glaube, Sie waren gestern nacht in der Pension, bei dem Mann, der manchmal unter dem Namen James Russell bekannt war. Am Tatort wurde eine Flasche mit Haarfarbe gefunden. Ich wette, das war Ihre."

„Wie bitte? Sie sind verrückt. Warum um alles in der Welt sollte ich dorthin gehen, um meine Haare zu färben? Außerdem sind meine Mahagoni, nicht Cappuccino –" Sie hielt abrupt inne.

„Woher wußten Sie, daß man in der Pension die Farbe Cappuccino gefunden hat?"

Sämtliche Farbe verschwand aus Celestes Gesicht, nur das künstliche Rot auf den Wangen blieb stehen. Sie sah aus wie eine Stoffpuppe.

„Sie kannten den Mann, der dort gewohnt hat. Der Mann, der anscheinend mit mindestens drei reichen Frauen verheiratet war. Der Mann, der gerade eine vierte heiraten wollte: Lacy Penzance."

„Ich … habe nicht …"

„Wissen Sie, was mit ihm passiert ist, Celeste?"

„Nein, ich …"

„Haben Sie ihn umgebracht, Celeste?" fragte ich spontan, bevor mir aufging, daß ich vielleicht unbewaffnet und schutzlos vor einer kaltblütigen Mörderin stand. Ich sah mich nach einer Verteidigungswaffe um, aber Celeste riß kein Trokar heraus und versuchte mich aufzuspießen.

Statt dessen brach sie in Tränen aus. Wilde Schluchzer schüttelten ihren Körper und Tränen strömten ihr über das überschminkte Gesicht und verpaßten ihr eine bizarre Faschingsmaske. Sie lehnte sich an die Tür und rutschte allmählich zu Boden.

Ich konnte nichts tun als dasitzen und den Ausbruch abwarten. Als die großen Schluchzer weniger wurden, sprach sie, ihr Mund ganz naß von den vielen Tränen.

„Ich ... hab ... Jim ... nicht ... umgebracht. Ich hab's nicht ... getan ... ich ... hab ihn geliebt."

Ich kniete mich über sie und nahm ihre Hand, aber sie zog sie weg. Ich setzte mich dicht neben sie auf den Boden, so daß ich ihre Lippen sehen konnte.

„Sie waren letzte Nacht dort."

Sie biß sich auf die Unterlippe und sagte dann, „Ich war bei ihm, ja, für eine Weile."

„Warum?"

Celeste biß sich so fest auf die Lippe, daß eine Delle zurückblieb, und wischte sich mit der Handfläche ihre laufende Nase. „Ich hab ihm bei seinen Haaren geholfen. Und dann bin ich gegangen. Das war alles. Da war er lebendig und völlig in Ordnung – und jetzt ist er tot." Sie brach wieder in Tränen aus.

Ich wartete eine Weile. „Er war ihr Mann, nicht war?"

Sie sah mich mit einem halb panischen, halb erstaunten Ausdruck an.

„Der Ring." Ich deutete mit dem Kopf auf den schmalen Goldreif, den sie um ihren Finger zwirbelte.

Wir saßen uns auf dem Boden gegenüber und ich wartete ab, bis der nächste Tränenstrom versiegt war. „Haben

Sie seine Verbindung zu Lacy entdeckt und ihn umgebracht? Und sie auch?"

„Nein! Nein! Ich hab's Ihnen doch gesagt! Ich hab ihn nicht umgebracht – und sie auch nicht."

„Aber Sie wissen von den anderen Frauen ..."

Celeste nickte. Ein Tropfen fiel ihr von der Nase auf den Mund. Sie wischte ihn mit dem Handrücken fort.

„Was werden Sie tun?" fragte sie, ruckartig und mit Schluckauf durchsetzt. Ich mußte meine Augen ziemlich anstrengen, um ihre veränderte Sprache verstehen zu können.

„Nichts. Ich möchte nur wissen, worum es hier eigentlich ging. Ich bin sicher, daß Sie das Richtige tun werden."

„Werden Sie es dem Sheriff erzählen?"

„Nein, aber Sie sollten das machen. Wenn Sie es nicht tun, wird er selbst darauf kommen. Er hat Haare und Fingerabdrücke gefunden – und die Flasche mit der Haarfarbe, mit der Ihr Mann sein Aussehen verändert hat. Er wird nicht lange brauchen."

Ihre Augen füllten sich wieder mit Tränen. „Ich hab Jim nicht getötet. Ich hab ihn vor ein paar Jahren kennengelernt, als ich Friseurin in Hollywood war."

Mit einem Nicken ermunterte ich sie fortzufahren.

„Er war Schauspieler, oder wollte jedenfalls einer werden. Wir verstanden uns glänzend und haben eines Abends spontan geheiratet. Eine Weile lief alles bestens, ganz wunderbar sogar. Aber dann verlor ich meinen Job und er bekam auch nicht viel Arbeit als Schauspieler. Also nahm ich die Stelle hier im Bestattungsinstitut an, während er in L.A. blieb und sich um Rollen bemühte."

Celeste holte tief Luft und kniff sich in die Nase.

„Wie kamen Sie auf die Idee, ihn Ihren Klientinnen vorzustellen?"

Sie sah zur Seite und wischte eine Träne weg, die über ihre scheckigen Wangen rollte. „Ich … ich begann, für French als Trauerberaterin zu arbeiten. All diese reichen Witwen erzählten mir ihre ganzen Probleme, nur damit sie mit jemand reden konnten. Ich hab Jim immer von ihnen erzählt. Was die mir alles erzählt haben …"

Sie langte zu ihrem Schreibtisch hinüber, griff nach einem Kleenex und schneuzte sich.

„Und sowie Sie die Informationen über sie hatten, haben Sie sie mit James zusammengebracht?"

„Er kam auf die Idee, sich mit ihnen zu treffen. Er rief bei ihnen an und behauptete, er wäre ein alter Kumpel aus der Armee oder ein Freund aus der Collegezeit ihres toten Manns. Dann führte er sie zum Essen aus und brachte ein paar von den Informationen an, mit denen ich ihn versorgt hatte. Sie wissen schon, um zu beweisen, daß er ein alter Freund war."

„Also war es seine Idee, sie verliebt zu machen?" deutete ich an.

Celeste lachte. „Jimmys Charme konnte keine widerstehen. Nicht einmal ich. Er war ein großartiger Schauspieler."

Sie wischte sich die feuchten Streifen unter ihren Augen und holte noch einmal tief Luft.

„Und dann hat er sie geheiratet?"

„Zuerst nicht. Zuerst nahm er einfach so viel Geld, wie er kriegen konnte. Wir fanden das nicht so schlimm. Sie waren alle reich. Sie konnten es gut entbehren. Und er hat ihnen ein wunderbares Märchen geschenkt. Aber mit der Zeit hat er sich zu mehr hinreißen lassen."

„Und ist weiter gegangen?" mutmaßte ich.

Celeste zog noch ein Kleenex vom Schreibtisch und knautschte es in ihren Fingern. „Wenn die Situation vielversprechend aussah, machte er einen Heiratsantrag, weil er dachte, daß ihm das noch mehr einbringen würde – Grundbesitz, Testamente, so was. Und eines Tages sagte er, daß er eine von ihnen heiraten wollte."

„Und dann – das Geld nehmen und abhauen?"

Celeste verschmierte eine Träne auf ihrer Wange. „Manchmal hob er Geld von der Bank ab oder machte die Häuser oder Autos zu Geld. Er sagte dann, daß er Bargeld für eine geheime Mission oder einen journalistischen Auftrag oder sonstwas brauchte. Er war sehr erfinderisch, wenn es darum ging, Ausreden für eine wochenlange Abwesenheit aufzutischen. Und wieviel Geld wir – er machte – das war einfach unglaublich!"

Sie lächelte wehmütig. Anscheinend hatte sie an ihrem Mann vor allem sein Talent zum effektiven Lügen bewundert.

„Wie ist er denn damit durchgekommen? Haben die Frauen keinen Verdacht geschöpft?"

„Erst Lacy. Er war sehr vorsichtig. Die Frauen wollten alle so sehr an ihn glauben, daß sie ihm fast alles abkauften, was er sagte. Er war wochenlang weg, angeblich auf irgendeiner Mission, kam dann für ein paar Tage wieder, versetzte sie in Entzücken, nahm noch ein bißchen mehr Geld und verschwand wieder."

„Wie hat er das denn bloß durchgehalten? Vor allem mit so vielen Frauen?"

Celeste zuckte die Achseln. „Nach einer Weile kehrte er zu den früheren einfach nicht mehr zurück. Er schickte dann ein fingiertes Telegramm, daß er gestorben sei, ohne dabei nachprüfbare Informationen zurückzulassen. Er nahm, was er konnte, und ging dann zur nächsten über."

„Und Sie haben das für ihn arrangiert."

Celeste antwortete nicht. Ihre Augen quollen wieder

über. „Es sollte nicht so sein. Aber Jimmy konnte mich immer überreden. Er sagte, daß er keine von ihnen liebte. Nur mich. Ich hab es gehaßt, ihn mit all diesen alten Frauen teilen zu müssen, aber was konnte ich machen?“

„Sie beide haben also so eine Art Polygamiering betrieben“, sagte ich und faßte so ihre Machenschaften in einem klaren, häßlichen Bild zusammen.

Sie schniefte und sah mich flehend an. „Wir haben doch eigentlich niemand weh getan. Die Frauen waren glücklich, daß sie wieder jemand gefunden hatten, der sie liebte. Sie brauchten das ganze Geld doch gar nicht – sie konnten schließlich nicht ewig leben, und sie hatten reichlich davon. Sie fanden es toll, diesen aufregenden, geheimnisvollen Mann in ihrem Phantasieleben zu haben, auch wenn er weg war.“

„Wie hat er denn die Frauen voneinander fern gehalten? Hatte er keine Angst, daß die einen von den anderen erfahren würden?“

„Er war vorsichtig. Sie waren alle in verschiedenen Städten. Ich reise ja für die Memory-Kingdom-Kette von Ort zu Ort, das machte es leicht, im ganzen Mother Lode neue Objekte zu finden.“

„Und Arden Morris? Was war mit ihr?“

„Die ist nach Rio Vista gezogen, nachdem sie geheiratet hatten.“

„Hat er Lacy umgebracht, weil sie den Bigamieschwindel entdeckt hatte?“ fragte ich.

„Nein! Er hat niemand umgebracht! Keiner von uns hat das getan! Er hat es bloß wegen des Gelds gemacht. Und ich hauptsächlich seinetwegen. Niemand ist verletzt worden – nur Jimmy.“

„Das können Sie nicht sicher wissen. Was ist mit Lacy? Sie wurde verletzt. Sie ist tot. Und ich bin ziemlich sicher, daß sie ihm auf die Schliche gekommen war. Und Ihnen vielleicht auch."

„Ich wußte, daß sie etwas gemerkt hatte. Sie hatte von Risa Longo erfahren – wahrscheinlich hat sie Jims Brieftasche durchsucht und die Visitenkarte gefunden oder so. Sie fuhr nach Whiskey Slide, um sich zu überzeugen. Aber das war nicht schlimm. Jimmy wäre einfach eine Weile verschwunden, bis die Sache abgekühlt war. Sie hätten ihn nie gefunden, weil er so viele falsche Ausweise hatte."

„Aber Lacy starb."

„Ja, sie ist tot. Und es tut mir auch leid. Nicht, daß ich sie besonders gemocht hätte. Sie war auch bloß eine verwöhnte, reiche Dame. Aber mit ihrem Tod hatten wir nichts zu tun."

„Jemand hat ein Trokar benutzt, Celeste. Aus dem Bestattungsinstitut."

„Ich weiß! Ich weiß! Ich weiß nicht, woher er das gehabt hat. Aber ich schwöre Ihnen, wir haben es nicht getan. Das wäre viel zu heiß für uns."

„Aber für James Russell können Sie eigentlich nicht sprechen, oder?"

Celeste sah mich an. Eine große Träne sammelte sich in ihrem Augenwinkel, rollte unter ihre Nase und über die Lippen, fiel zu Boden und hinterließ einen winzigen feuchten Kreis auf dem dunklen Teppich.

26

„Was geht hier vor?" wollte French wissen. Er schob sich mit gerötetem Gesicht ins Zimmer und versuchte, mit den Augen das wenige, was er drinnen sehen konnte, zu überblicken. Celeste, die an der Tür lehnte, rückte schnell ein Stück zur Seite, um ihn hereinzulassen. „Hast du mich denn nicht klopfen gehört? Celeste, du hast eine Klientin! Celeste?"

Celeste kauerte in einer senkrechten Embryohaltung zu seinen Füßen. French sah fragend zu mir herüber.

„Liebeskummer", sagte ich und schaute zu ihm auf. „Sie kommt schon wieder in Ordnung. Geben Sie uns ein paar Minuten, okay? Glauben Sie, Sie können das da draußen regeln?"

Für Liebeskummer war French offensichtlich kein Experte. Er nickte dümmlich und trat schnell den Rückzug an. Ich glaube, er hatte Celeste bis jetzt immer nur forsch erlebt.

„Kommen Sie, Celeste. Ich hole ihnen ein Glas Wasser." Ich stand auf, zog sie sanft hoch und führte sie um den Schreibtisch zu ihrem Stuhl. Sie schnappte sich einen Haufen Kleenex aus der Schmuckbox neben ihrem Namensschild aus Messing und wischte sich damit im Gesicht herum, während ich in der Eingangshalle auf die Suche nach einem Wasserhahn ging. Ich füllte den Universal-Studios-Becher voller Kaffeeflecken mit Wasser und fand sie mit roter Nase, verquollenen Augen und in ziemlich gedämpfter Stimmung, als ich zurückkam.

Ich stellte den Becher auf ihren Schreibtisch. „Hat French mit irgendwas davon zu tun?“ fragte ich.

Sie schüttelte heftig den Kopf. „Großer Gott, nein. Er hat gar keine Ahnung. Nicht einmal von seinem eigenen Geschäft. Mensch, im Grunde leite ich doch den Laden.“

„Hatte er vielleicht etwas herausgefunden und James damit konfrontiert?“

Celeste schniefte. „Das glaube ich wirklich nicht. Dazu langt's bei ihm einfach nicht. Und wenn Sie mich jetzt fragen wollen, ob er irgend jemand umgebracht hat, vergessen Sie's. Völlig ausgeschlossen. Sicher, er ist ein paarmal mit Lacy ausgegangen, nachdem Reuben gestorben war. Aber als sie ihn abserviert hat, hat er bloß den Schwanz eingezogen und ist zu Jilda zurückgegangen. Er ist ein Weichei.“

„Na, wenn er nichts mit dem Tod von Lacy und James zu tun hat und Sie auch nicht, wer bleibt denn dann noch übrig?“ Ich beschloß, erst einmal nichts von Boone zu sagen.

„Ich weiß es nicht!“

Ich schaute zu, wie sie den goldenen Ring an ihrer Hand rieb.

„Das ist wirklich ein schöner Ring. Er sieht sehr teuer aus.“

Celeste hörte mit dem Reiben auf und faltete die Hände, so daß der Ring verdeckt war.

„Haben Sie den von Wolf?“

„Natürlich nicht. Den habe ich von Jimmy bekommen.“

„Ich meinte, er sieht aus, als ob Wolf ihn gemacht hätte. Nicht wie eine Kopie.“

Da rastete sie aus. Sie stand auf, bürstete sich eingebildeten Schmutz vom Rock und sagte: „Connor, jetzt hab ich wirklich genug von Ihnen. Mehr ertrage ich einfach nicht.

Wissen Sie, das geht Sie alles überhaupt nichts an. Warum bleiben Sie nicht einfach bei dem, was Sie am besten können – was immer das ist – und hören auf, mir Gott-weiß-was für Sachen vorzuwerfen. Merken Sie denn nicht, daß ich völlig durcheinander bin. Und jetzt, bitte –"

In diesem Moment platzte French wieder durch die Tür. „Celeste! Sie wollen mit dir reden! Was ich zu sagen habe, interessiert sie überhaupt nicht. Kannst du jetzt bitte rauskommen? Wir wollen doch diese Kunden nicht verlieren."

Celeste würdigte mich keines Blicks, als sie aus der Tür ging. Ein paar Minuten später verließ ich das Bestattungsinstitut, gerade als ein junger Mann in einem grünen Overall einen Strauß gelber Margeriten anlieferte.

Mit dieser aggressiven Methode konnte ich nicht jedem kommen, dachte ich, als ich Wolfs Laden betrat. Ich würde mich etwas mehr zurückhalten müssen. Ich hatte natürlich immer die Ausrede mit der Zeitung, und die wollte ich bei der Befragung von Leuten auch einsetzen. Wenn ich überhaupt noch eine Zeitung hatte und nicht bloß einen Haufen leere Blätter, so wie ich die Redaktion im Moment schleifen ließ. Außerdem erhob ich Anschuldigungen, ohne irgendwelche Beweise zu haben. Was dachte ich mir eigentlich?

Wolf kam mit einer Art Schweißmaske auf dem Kopf aus dem Hinterzimmer. Er hob den Plastikschirm hoch, als er hereinkam, zog ein Paar Handschuhe aus und begrüßte mich knapp, ohne aufzusehen.

„Woher wußten Sie, daß ich hier bin?" fragte ich und suchte den Raum nach irgendeiner Klingel ab. „Sie haben mir ja nicht mal die Chance gegeben, ein paar Schmuckstücke mitgehen zu lassen."

Er lachte nicht. „Die Fußmatte hat einen Summer. Der

geht hinten los. Suchen Sie immer noch nach einem Ring für Ihren Onkel? Oder wollen Sie Ihren Goldklumpen zu etwas verarbeiten lassen, das Sie in Ihrem kleinen Büro tragen können?"

„Nö, der Klumpen gefällt mir. Der ist eine Metapher für mein Liebesleben. Ich glaub, das laß ich so."

„Ja? Ich hab da eine Theorie über die Liebe", sagte Wolf und legte die Handschuhe auf die Ladentheke. „Das ist nichts weiter als eine chemische Abhängigkeit. Ich mag es nicht, von irgend etwas abhängig zu sein. Außer von meiner Arbeit."

„Also gibt's keine Mrs. Wolf, ich meine Quick?" sagte ich neckisch. Das schien ihn nicht zu amüsieren. Wir gehen alle auf unsere eigene Art mit Einsamkeit um. Ich ging zum nächsten Thema über. „Wolf, äh ... ich schreibe da an einer Story für meine Zeitung ... über den ersten Mord in Flat Skunk seit hundert Jahren. Ich wollte Ihnen ein paar Fragen stellen, weil Sie ja schon so lange hier leben – seit Ihrer Geburt?"

Wolf setzte sich auf den hohen Hocker hinter der Theke und untersuchte einen Ring, den er aus der Tasche gezogen hatte. Er sagte nichts. Ich interpretierte das als Einverständnis.

„Sie haben von dem Mann gehört, der in der Frühstückspension umgebracht worden ist?"

Wolf musterte weiter den Ring.

„Meine, ähm, Recherchen haben ergeben, daß er mit jemand hier in der Stadt verheiratet war."

Keine Reaktion. Nicht einmal ein Wimpernzucken.

„Mit Celeste."

Wolf hörte auf, den Ring zu untersuchen und sah auf. Er schien ehrlich überrascht. „Sie machen Witze."

„Kannten Sie den Typ?"

Wolf schüttelte den Kopf, ohne die Augen von mir zu wenden. Eine schweigsame Natur.

„Celeste trug einen goldenen Ring, den er ihr angeblich gegeben hatte. Sehr kunstvoll, Phantasieform. Er … nun ja, er sieht aus, als ob Sie ihn gemacht hätten."

Wolf zuckte die Achseln. „Eine Menge Leute tragen meinen Schmuck."

„Können Sie sich daran erinnern, einem Mann namens James Russell einen Ring verkauft zu haben? Oder Celeste?"

„Ich verkaufe jede Menge Ringe an jede Menge Leute. Da kann ich mich nicht an alle erinnern. Was hat das denn mit dem Artikel zu tun, den Sie schreiben?" Wolf ließ den Ring zurück in seine Tasche gleiten und griff wieder nach den Handschuhen.

„Sluice Jackson hatte auch einen von Ihren Ringen, Wolf. An dem Tag, an dem er in das Grab gefallen ist. Ich hab ihn da am nächsten Tag gefunden."

„Und?" Er sah mich ausdruckslos an, seine braunen Augen waren kalt und leer. Ich wandte mich der Schmuckvitrine zu und strich mit einem Finger über die Mitte des Glases, als ob ich jeden der Ringe berührte. Es war Zeit für ein bißchen Risiko.

„Dieser Ring, den ich im Grab gefunden hab, der gehörte nicht Sluice. Er gehörte jemand im Bestattungsinstitut. Einem der Verstorbenen. Genauer gesagt war es einer von mehreren, die einem Toten namens Leonard Swec gestohlen wurden."

Ich sah Wolf an. Er sagte nichts, zog aber die Handschuhe wieder an und preßte ganz langsam jeden Finger an seinen Platz. Ich redete weiter – damit konnte man Leute gut ablenken, jedenfalls eine Zeitlang. Den Text improvisierte ich beim Sprechen.

„Ich hab da diese Theorie. Jemand nimmt den Leichen den Schmuck ab, wahrscheinlich nachts, und gibt ihn dann an jemand anders weiter, der –“

„Der was?“ fragte Wolf und sah mich herausfordernd an.

Eigentlich habe ich kein Problem damit, jemand in die Augen zu sehen. Das ist ein Muß, wenn man gehörlos ist. Aber Wolfs durchdringende dunkle Augen waren beinah schon eine körperliche Bedrohung. „Der, äh, nun ja, der Kopien davon macht und die Fälschungen ins Bestattungsinstitut zurückbringt, aber die Originale behält. Und dann –“

Wolf lachte, faltete die behandschuhten Hände und dehnte seine Finger. Ich schielte aus dem Augenwinkel zur Tür, um für den Fall, daß er plötzlich reagierte, einen Fluchtweg auszugucken.

„Sie könnten doch Kopien anfertigen, nicht wahr? In ein paar Stunden könnten Sie Duplikate machen, die auf die Hände des lieben Dahingeschiedenen zurückgesteckt werden, während sie die echten Ringe einschmelzen und neu verarbeiten. Dann könnten Sie die neuen Modelle mit einem Riesengewinn an die goldgierigen Touristen verkaufen. Wer würde das schon merken?“

„Sie sind verrückt“, sagte Wolf und ließ seine dicken, starken, behandschuhten Finger spielen. Ich schaute wieder zur Tür.

„Lacys Goldschmuck ist aus ihrem Haus verschwunden, als sie tot war, Wolf. War sie auch hinter Ihr kreatives Juweliergeschäft gekommen?“

Wolf rutschte von seinem Hocker herunter und drehte sich zum Hinterzimmer. Sein Kopf bewegte sich leicht. Nach ein paar Sekunden drehte er sich mit einem seltsamen Grinsen langsam wieder zu mir um.

„Ach ja richtig. Das hatte ich vergessen. Sie können mich nicht hören, nicht wahr? Gut, ich sag's noch mal. Sie sind nicht bloß taub, Sie sind dumm. Und Sie sind gefährlich, wenn Sie solche Gerüchte verbreiten. Gerüchte, die Sie unmöglich beweisen können. Weil sie nicht wahr sind. Das ist kein Journalismus, das ist Verleumdung."

„Dazu wird Sluice vielleicht etwas zu sagen haben, wenn er sich von seinem Sturz erholt hat. Sie waren auf dem Friedhof, als er ‚fiel', nicht wahr? Ganz zufällig?"

Wolf stieß wieder ein kurzes Lachen aus. „Sie sind wirklich meschugge. Genau wie Sluice. Und der wird sich nie wieder erholen, jedenfalls nicht im Kopf. Der alte Knabe ist völlig hinüber. Was der sagt, wird keiner mehr glauben, das können Sie vergessen. Außerdem hatte ich mit seinem Sturz nichts zu tun. Warum sollte ich? Er war doch –" Er brach ab und schaute über meine Schulter. „Ich hab Arbeit zu erledigen."

Er drehte sich wieder um, verließ den Raum und ließ mich mitten im Laden stehen. Ich überlegte, ob ich ihm nachgehen sollte, als ich eine Bewegung hinter mir erhaschte. Ich schnellte herum und sah zwei Pärchen, die irgendwann während unseres Gesprächs den Laden betreten hatten. Mir blieb nichts anderes übrig, als hinauszugehen.

Ich schaute auf die Uhr. Ein paar Minuten hatte ich noch, bevor ich Dan zum Mittagessen im Nugget treffen sollte. Ich beschloß, schon eher hinzugehen und noch ein Schwätzchen mit Jilda Renfrew zu halten, und vorher noch schnell im Black Bart Drugstore eine Flasche Zinktinktur zu holen.

Um halb zwölf Uhr vormittags war das Café gerammelt voll. Anscheinend tauschten alle die Gerüchte über den neuesten Todesfall in Flat Skunk aus. Ich winkte zu Deputy

Arnold und Sheriff Mercer hinüber, die in einer Ecke Cheeseburger vertilgten. Ich nickte French zu, der in einer anderen Nische Kunden beschwatzte. Celeste war nicht auf ihrem Stammplatz neben ihm.

Lacys Anwalt Croaky Wheeler saß allein in einer Fensternische, las den *Mother Lode Monitor* und aß etwas, das nach einem Hackbratensandwich aussah. Ich überging ihn, weil ich mich im Moment noch nicht mit dem Fünftausend-Dollar-Scheck befassen wollte, der in seinem Büro auf mich wartete. Die restlichen Nischen waren ebenfalls besetzt, also nahm ich am Tresen Platz und bestellte bei Jilda ein Glas Orangensaft.

„Du hast ja bestimmt auch von dem Typ im Mark Twain gehört, oder, Connor? Boah! Einfach unglaublich!" Sie stellte mir meinen Saft hin und stützte dann ihre Ellenbogen vor mir auf den Tresen. „Mann, das ist, als ob hier irgendein Serienmörder los wär oder so. Ich kriege schon Verfolgungswahn."

„Es kann einem wirklich Angst machen. Kanntest du den Typ zufällig? James Russell?" Ich bemühte mich, beiläufig zu klingen.

„Im Leben nicht. Aber ich hab gehört, daß er mit einem ganzen Haufen Frauen verheiratet war. Muß ja ein richtiger Bulle gewesen sein."

„Du warst also keine von seinen Frauen, wie?" zog ich sie auf.

Sie lachte. „Nee, ich hab nur einen zur Zeit. French ist mein Schätzchen." Sie blickte zu ihm hinüber, aber er war zu sehr in sein Verkaufsgespräch vertieft, um es zu merken.

„Na, ich hoffe ja bloß, daß du letzte Nacht sicher zu Hause gesessen hast, Fenster zu und Licht an."

„Ich war bei Frenchy, Gott sei Dank. Aber schreib das

nicht in deine Zeitung. Es soll keiner wissen, daß wir zusammen schlafen. Da ist er ganz altmodisch, weißt du. Er glaubt, daß die Leute das nicht verstehen würden, weil ich doch so jung bin und er älter ist. Cool, nicht?"

Cool. Ich trank meinen Saft aus und sah, daß der Sheriff und der Hilfssheriff ihren Tisch räumen wollten. Ich ging zu ihnen hinüber.

„Kann ich den Tisch haben?" fragte ich, als der Sheriff ein paar Dollar für das Trinkgeld aus der Tasche zog.

„Gehört ganz dir", sagte er mit einem Zahnstocher im Mund. Er wedelte mit der Hand über die rote Kunstlederbank. „Das Maalox kann ich heute sehr empfehlen."

„Danke. Hoffentlich verträgt es sich mit Zinktinktur." Ich stellte die Flasche auf den Tisch und kratzte mir den Arm. „Jedenfalls passen die Farben zusammen. Irgendwelche Neuigkeiten über den Typ, den ihr gestern gefunden habt?"

Der Sheriff zog den Zahnstocher aus dem Mund, was meinem Verständnis entschieden weiterhalf.

„Jawoll."

Ich grinste. „Und was? Nun sag schon!"

Der Sheriff sah erst Mickey an und dann wieder mich. Er machte eine „Meine Lippen sind verschlossen"-Geste.

„Ach komm schon, Sheriff! Laß mich nicht hängen! Polizei und Presse müssen bei so was zusammenarbeiten. Ich will eine ernsthafte Story darüber machen." Hoffentlich klang ich nicht weinerlich.

„Du wirst es schon früh genug erfahren. Sobald das Beweismaterial vom Labor zurückkommt. Dann ist alles ÖI."

„Öffentliche Information", erklärte Mickey.

„Wir werden vermutlich schon bald eine Verhaftung vornehmen", fuhr der Sheriff fort. „Jawoll. Aber mehr kann ich jetzt noch nicht sagen. Wenn meine Vermutungen stimmen, dann steht allen eine große Überraschung bevor. Vor allem dir, Connor Westphal. Übrigens, du steckst doch nicht zufällig hinter der ganzen Sache, bloß um deine Auflage zu steigern, hm?"

„Meine Zeitung ist noch nicht mal erschienen! Hör mal, Sheriff, ich –"

Gerade in diesem Moment kam Dan in das Café. Der Sheriff und der Hilfssheriff sahen beide zu ihm hinüber und wechselten dann einen Blick. Während der Sheriff die Rechnung bezahlte, formte Mickey mit dem Mund die Worte, „Ich seh dich dann heut abend, Connor. Paß auf dich auf", und folgte Sheriff Mercer nach draußen.

„Hi", sagte Dan und ließ sich in die Nische gleiten. „Worum ging's denn da? Die sahen ja aus, als ob sie grade Elvis' Geist gesehen hätten oder so was."

„Ich weiß nicht. Der Sheriff sagt, er stünde kurz vor einer Verhaftung im Mordfall James Russell, oder wer immer er ist. Aber er will nicht sagen, wen, oder was er für Hinweise hat. Er tut sehr geheimnisvoll. Warum schmeißen sich eigentlich alle mit solcher Begeisterung auf das Drama in dieser Geschichte?"

Dan und ich bestellten beide Hangtown Fry, das Gemisch aus Austern, Eiern und Speck, das für Dans Gaumen sehr und für meinen immer noch ziemlich neu war. Sowie wir aufgegessen hatten, strebten wir nach draußen in die helle Nachmittagssonne, vollgestopft und zufrieden.

„Ich brauche einen Spaziergang", sagte ich. „Kommst du mit?"

Wir unterhielten uns über unsere neuesten Informationen, während wir auf das Ende der Main Street zu zum Friedhof gingen. Dan folgte mir den Pioneer Hill hinauf und wir fanden Lacys frisch gefülltes Grab. Dan wollte sich hinsetzen und ich packte gerade noch seinen Arm.

„Giftsumach. Genau da. Paß auf."

Er richtete sich wieder auf.

„Wir können uns da drüben auf die Bank setzen." Ich zeigte auf eine Betonbank in etwa fünfzehn Meter Entfernung. Dan nickte und wir bummelten hinüber. Am Tage bot der Friedhof eine sehr entspannte Atmosphäre, Eile schien hier ganz fehl am Platz.

„Okay, es sieht so aus, als ob jeder – und keiner – einen Grund hatte, Lacy und James Russell umzubringen", sagte ich. „Die Leute hier haben natürlich alle ihre kleinen Geheimnisse, und sie geben sich alle Mühe, sie zu hüten. Hast du dem Sheriff von Boone erzählt?"

Dan nickte. „Er wußte es schon. Der Sheriff von Rio Vista hat ihn wahrscheinlich verständigt, nachdem wir weg waren. Er hat mir ein paar Fragen gestellt. Sagte, daß die da drüben es als Unfall ansehen, aber er schien zu meinen, daß ich mehr wüßte, als ich tatsächlich tue."

„Tatsächlich?" sagte ich und hoffte, daß er fortfahren würde. Ich wartete und dachte an die Gespräche, die ich mit Celeste, Wolf und Jilda gehabt hatte. Dan kaute auf einem Grashalm.

„Es sieht allerdings so aus, als ob jemand vom Bestattungsinstitut darin verwickelt ist – das Trokar, der fehlende Schmuck, Sluices Sturz in das Grab. Aber ..."

„Aber was?" fragte Dan.

„Was ist mit Boone? Wie paßt er da rein?"

Er schüttelte den Kopf, nahm dann den Grashalm zwischen seine Daumen und hielt ihn an den Mund. Seine Backen bliesen sich auf.

„Was machst du da?" fragte ich.

„Ich mache ein –“ Er sah mich an und warf den Grashalm auf den Boden. „Nichts.“

Ich hakte nicht nach. „Boone muß etwas so Wichtiges herausgefunden haben, daß er zum Schweigen gebracht wurde. Wenn wir davon ausgehen, daß er nicht einfach so ertrunken ist. Vielleicht war er hinter die Bigamiemasche gekommen. Oder er wußte vielleicht von den ausgetauschten Schmuckstücken.“

Etwa eine halbe Stunde lang versuchten wir noch, alles auseinanderzudröseln, aber im Laufe des Nachmittags verhedderten sich die einzelnen Fäden nur immer weiter. Wir spazierten zum Hotel zurück und gingen jeder in sein Büro, um unsere Arbeit zu erledigen. Dan mußte sich mit dem mysteriösen Tod seines Bruders befassen. Ich hatte immer noch eine Zeitung herauszubringen – und zwar morgen, du lieber Himmel. Den Rest des Nachmittags verbrachte ich damit, im Eiltempo die Außenseiten zu erstellen. Ich nahm mir fest vor, mich nicht ablenken zu lassen, bis das ganze Material druckfertig war.

Um fünf bekam ich einen Anruf auf dem Schreibtelefon.

„connor mickey hier wir hatten doch eine verabredung für heute abend erinnerst du dich abendessen bist du noch frei**“

Oh Gott, das hatte ich völlig vergessen. Ich schaute starr auf die Buchstaben und versuchte, auf eine glaubhafte Ausrede zu kommen. Heute abend war mir einfach nicht nach Plauschen.

„Mickey! Hi. Tut mir leid. Ich HAB’s vergessen! Heute war einfach zu viel los!! Kannst Du mir verzeihen? Kann ich einen Gutschein haben?**“

„kein problem dieser fall wird sehr zeitaufwendig der sheriff steht kurz vor einer verhaftung und ich sollte da bleiben bis es soweit ist**“

„Wunderbar. Danke für Dein Verständnis. Du weißt nicht zufällig, wen er verhaften will?**"

„das kann ich wirklich nicht sagen aber soviel kann ich sagen die haare und fasern die wir am tatort gefunden haben sind celestes! wir haben auch etwas von lacys gestohlenem schmuck gefunden aber der fingerabdruck gehört jemand anderem ich darf nicht sagen wem aber du solltest vorsichtig sein connor**"

Ich dachte einen Moment nach und tippte dann, „Danke, Mickey. Mach' ich. Halt mich auf dem laufenden, ja? Kannst Du nachher bei mir zu Hause vorbeikommen? Ich werde da noch bis spät nachts arbeiten.**"

„klar ich schau noch nach dir bis dann**"

„Tschüs.**ENDE"

„das mit ende vergeß ich immer** ENDE"

Ich legte den Hörer auf.

Ich fuhr mit dem Rad nach Hause und betrat vorsichtig meinen Diner. Sekunden später begrüßte mich meine treue Hündin Casper. Sie beruhigte meinen Streßpegel etwas. Ich servierte ihr einen großen Napf Hunde-Boeuf-Stroganoff und war froh, einen Hund zu haben. Nicht nur wegen der Gesellschaft. Bei all dem, was hier in der Stadt so passierte, fühlte ich mich mit ihr um einiges sicherer.

Ich bediente mich aus meinen Kühlschrankresten – eine Schüssel Reis, ein paar Melonenspalten, ein bißchen Roggen-Dill-Toast und eine Hühnerkeule – und spülte alles mit einem hellen Bier hinunter.

Als ich gerade ins Bett gehen wollte, fing Casper an zu bellen. Ich konnte sie nicht hören, aber ich sah, wie sie ihren Kopf ein paarmal ruckartig nach oben warf, und die zum Knurren gefletschten Zähne waren unverkennbar.

„Was ist los, Mädchen?“ fragte ich, auf einmal hellwach. Die Schlösser waren ausgetauscht worden – aber Schlösser hatten den Eindringling neulich auch nicht aufgehalten.

Mit sträubten sich plötzlich die Nackenhaare. Ich drehte mich um, um noch einmal die Eingangstür zu überprüfen, als im Diner alle Lichter ausgingen.

Ich erstarrte. Schweißperlen prickelten auf meiner Haut. Nicht bewegen, nicht atmen. Ich konnte Casper in der Dunkelheit nicht sehen, aber ich spürte ihren Schweif an meinen Beinen, als sie neben mir zurückwich. Ich langte nach unten, um sie zu berühren, und fühlte ihren Kopf immer noch wie wild bellen.

Und dann spürte ich sie nicht mehr.

Ich mußte mich zusammenreißen, um nicht „Casper!“ zu rufen. Ich wollte im Dunkeln nicht meinen Standort verraten, wenn da jemand war. Eine Schweißperle rann meine Brust hinunter.

Ich mußte mich bewegen. Wenn da jemand war, dann wußte er wahrscheinlich schon, wo ich stand. Ich unterdrückte die aufkommende Panik und versuchte, mich zur Eingangstür durchzutasten. Nach zwei Schritten stolperte ich über einen Beistelltisch. Es war gar nicht leicht, den Impuls, laut „Scheiße!“ zu rufen, zu unterdrücken.

Verzweifelt stolperte ich weiter in Richtung Tür. Etwas bewegte sich neben mir – ich konnte den Luftzug spüren. Casper? Ich langte nach unten, um nach ihr zu tasten. Nichts.

War da jemand? War da –

Die Antwort kam in einem ruckartigen Griff von hinten.

Ich holte schnell Luft – Pfefferminz? – und versuchte, mich zu ducken. Zu spät.

Ein Tuch mit etwas stark Riechendem, wie Ammoniak, bedeckte mein Gesicht. Ich hatte das Gefühl, keine Luft zu bekommen. Meine Lungen füllten sich in einem schmerzhaften Keuchen, während ich mit Armen und Beinen auf den Angreifer hinter mir einschlug. Mein Hals brannte.

Ich griff nach dem beißenden Tuch, trat – überwiegend in die Luft – und versuchte, mich loszureißen. Kalte, feuchte Hände hielten meinen Kopf fest umklammert, krallten sich in mein Haar, preßten das Tuch auf mein Gesicht und raubten mir mit dem durchdringenden Geruch den Atem.

Auf einmal war mir sehr, sehr schwindelig.

Ich kam im Dunkeln wieder zu mir. Ich lag auf dem Rükken und konnte nichts als Finsternis sehen. Ich konnte meinen eigenen Atem auf meinem Gesicht spüren, aber sonst fühlte ich fast nichts, außer dem stechenden Brennen in Hals und Lungen und einem pochenden Schmerz im rechten Bein. Ich versuchte, den Kopf zu heben, aber er tat so weh, daß ich mich wieder hinlegte, die Anstrengung und der Schmerz waren einfach zuviel. Ich versuchte, die Arme zu heben. Sie waren schwer wie Blei und wollten sich nicht bewegen.

Oh Gott, ich war gelähmt!

Ich wackelte mit den Fingern und Zehen. Ich beugte leicht die Ellenbogen und bewegte meine Schultern auf und ab. Ich schob meine Beine auf einer glatten, samtartigen Oberfläche hin und her. Nein, gelähmt nicht. Jedenfalls nicht völlig.

Aber was dann? Ich streckte meine Finger aus und befühlte noch einmal den weichen, samtigen Stoff. Ich folgte der Wölbung des Materials, das um mich herumlief und mich bedeckte. Vollständig bedeckte.

Oh Gott. Ein Sarg.

27

Ich versuchte, mich aufzusetzen, und stieß mir den Kopf. Die meisten hätten wohl angefangen zu schreien. Das war nicht der erste Gedanke, der mir kam. Ein lautes Geräusch zu produzieren, fiel jemand wie mir, die an Lautlosigkeit gewöhnt ist, nicht ein. Mein erster Gedanke war, ich werde hier drin ersticken – und dann stellte ich plötzlich fest, daß ich kaum atmen konnte.

Keuchend versuchte ich, Arme und Beine anzuheben, aber sie saßen zwischen bauschigen, weichen Kissen fest. Vor Platzangst drehte ich meinen Kopf mit dem Gesicht nach oben und wäre beinah erstickt. Der Schweiß lief mir in Bächen den Hals hinunter. Ich drehte den Kopf wieder zu Seite. Im Nacken prickelte und juckte es.

Ich versuchte, den Deckel meines Gefängnisses mit beiden Füßen hochzutreten, aber meine Beine hatten bei den wenigen Zentimetern Platz nach oben kaum Kraft oder Hebelwirkung. Trotzig kickte ich noch ein paarmal.

Ich hatte immer noch Mühe, Luft zu bekommen, von dem brennenden Gefühl ganz zu schweigen.

Celeste hatte so etwas gesagt, fiel mir ein, daß die Särge luftdicht wären, um das Ungeziefer fernzuhalten. Eine Art Gummidichtung. Ich fühlte mich, als ob ein großes Gewicht auf meiner Brust lag. Wie lange war ich schon hier drin?

Ich wanderte mit meinen Fingern an beiden Seiten der samtenen Glätte entlang, in der Hoffnung, irgendeinen Riegel auf der Innenseite zu finden. Ha! So ein Blödsinn! Etwa eine Sicherheitsvorrichtung für all die lebendig Begrabenen?

Schließlich kam ich auf die Idee zu schreien. Das hatte ich im Film gesehen. Meistens kam dann Hilfe. Den Versuch war es jedenfalls wert.

Ich schrie. Zumindest fühlte es sich so an. Ich schrie und trat und hämmerte, bis ich heiser, wund und völlig entkräftet war.

Scheiße, dachte ich. Ich muß hier irgendwie rauskommen.

Wie groß waren meine Chancen, wenn ich stundenlang unentdeckt in diesem Ding eingeschlossen wäre? In ein paar Stunden konnte ich in diesem luftdicht abgeschlossenen Behälter erstickt sein. Oder vielleicht in ein paar Minuten. Was hatte meine Naturwissenschaftslehrerin über den Sauerstoffgehalt pro Kubikmeter Luft gesagt? Die Frage hatte ich im Test glaube ich ausgelassen.

Ich begann, daran zu denken, was ich in meinem Leben noch alles machen wollte: Die Zeitung zum Erfolg führen. Den Diner restaurieren und vielleicht am Wochenende für Cappuccino und Croissants wieder eröffnen. Mir die Haare wachsen lassen. Fünf Pfund abnehmen. Okay, zehn Pfund. Die Heimat meiner Vorfahren in Cornwall sehen. Jemand kennenlernen …

Ich dachte an meinen Exfreund. Auf einmal vermißte ich den Mistkerl. Er war jedenfalls besser als nichts, oder? Ich dachte an Jilda und French. Celeste und ihren bigamistischen Ehemann. Ich dachte an Mickey. Und Jeremiah. Ich dachte an Dan.

Verdammt noch mal! Jetzt mußte mir wirklich etwas einfallen, wenn ich nicht völlig durchdrehen wollte.

Ich holte tief Luft – hoffentlich war noch genug für eine kleine Weile übrig. Okay, angenommen, ich war im Bestattungsinstitut, dann müßte doch irgend jemand – der Wachmann – da sein. Ich mußte einfach davon ausgehen, daß er mich irgendwann hören würde, wenn ich schrie. Was hatte ich schon für eine Wahl?

Ich schrie und trat und hämmerte wieder, unendlich lange, wie mir schien. Ich schnappte keuchend nach Luft, als es wärmer und stickiger wurde und mir das Atmen in diesem Kasten immer schwerer fiel. Diesem von Menschen gemachten Grab.

Ich schrie „Scheiße!" bis sich mein Hals noch rauher und trocken und zerkratzt anfühlte. Ich konnte spüren, wie mir kleine Schweißtropfen das Gesicht hinunterliefen und sich im Nacken sammelten. Mein Rücken war völlig durchnäßt. Das bißchen Luft, das noch übrig war, erdrückte mich fast.

Ich trat noch einmal gegen den Deckel, mehr aus Wut als sonst etwas. Ein Gefühl der Hoffnungslosigkeit begann mich zu überwältigen und trieb mir die Tränen in die Augen.

Und dann kam mir eine Idee. Das Wichtigste war jetzt ein Luftloch. Dann würde ich nicht nur am Leben bleiben, es würde mich auch vielleicht jemand hören, wenn ich den Schall nach draußen transportieren konnte. Konnte ich genügend Lärm machen, um Tote aufzuwecken?

Wie ein Schlangenmensch arbeitete ich mich mit den Fingern meiner rechten Hand frustrierend langsam an meinem Körper entlang zur Brust, den Hals hinauf und um die Außenseite der linken Schulter herum. Jede Bewegung wurde zusehends schmerzhafter, als ich meinen Arm allmählich in völlig unnormale Positionen hineinmanövrierte. Fast am oberen Ende des Sargs, genau über meinem Kopf, spürte ich das kühle metallene Rechteck, nach dem ich gesucht hatte.

Von der Führung wußte ich noch, daß jeder Sarg eine Bronzeplakette mit einem eingravierten Namen hatte, das irgendwie an dem gerafften Futter befestigt war. Klebstoff?

Ich faßte das metallene Namensschild mit meinen kurzen Fingernägeln und zog ungelenk daran. Nach einigen Minuten Krallenarbeit riß das Ding von dem polsterartigen Material ab. Mit der Plakette in der Hand zog ich meinen Arm Stück für Stück wieder an meinem Körper herunter. Das Schild war klein, etwa fünf mal fünfzehn Zentimeter. Hoffentlich würde es reichen.

Ich kroch mit den Fingern der linken Hand die Längsseite des Sargs an der Linie entlang, an der nach meiner Vermutung Deckel und Unterteil zusammenstoßen mußten. Nach einer Weile Stechen, Pieksen und Drücken fand ich die Gummidichtung, die an der Verbindungsstelle entlanglief. Ich schob die Bronzeplakette in den Spalt hinein und drückte fest dagegen, in der Hoffnung, daß ich mit der Plakette als Keil eine Öffnung aufstemmen könnte.

Der Deckel rührte sich nicht. Ich versuchte es noch einmal. Und noch einmal. Ich konnte einfach keine Hebelwirkung erreichen. Die Sache war aussichtslos, und allmählich war ich einer echten Panik sehr nahe.

Ich atmete langsam und vorsichtig ein, dachte einen Moment nach und versuchte es dann mit einer anderen Strategie. Ich drehte die Plakette diagonal, stieß die scharfe Ecke an der Stelle, an der Deckel und Boden zusammenstießen, in die Gummidichtung hinein und begann wild zu schürfen, wie ein Goldgräber an einer frisch entdeckten Ader.

Nach ein paar Minuten, die mir wie Stunden vorkamen, merkte ich, wie das Gummi allmählich nachgab und riß. Allmählich kam ich durch. Ich grub, meißelte und bohrte weiter in der unendlichen Finsternis, bis auch das weiche Holz des Sargs abzusplittern begann. Wie lange brauchte ich, bis ich die Plakette etwa eine Fingernagellänge ins Holz gebohrt hatte? Es war nicht viel, aber es war jedenfalls ein Anfang. Und ich hatte nichts besseres zu tun.

Ich drehte und preßte die Ecke der Plakette weiter herum, bis noch mehr Holz nachgab. Ich drehte die spitze Ecke immer wieder hin und her, bis meine Finger von der Reibung und dem Druck wund und aufgeschürft waren.

Schließlich zog ich die Plakette aus der winzigen Ritze heraus, die ich gebohrt hatte. Ein schwacher Lichtschein flimmerte hindurch.

Ich versuchte, meinen Hals zu dem Luftloch hinzubiegen, aber ich hatte nicht viel Bewegungsraum. Immerhin saugte ich mit Mühe ein paar Atemzüge ein, und dann ließ ich einen hoffentlich ohrenbetäubenden Schrei los. Ich schrie, bis ich das Gefühl hatte, vielleicht nie wieder sprechen zu können. Als ich schließlich mit dem Schreien aufhörte, um Luft zu holen, fühlte ich den Sarg vibrieren.

Jemand hatte mich gehört! Ich spürte, wie der Sarg sich bewegte. Jemand war dabei, ihn zu öffnen!

Ein ernüchternder Gedanke versetzte meiner freudigen Erregung einen Dämpfer: Wer war da draußen?

Mir brach wieder der Schweiß aus, während ich bewegungslos dalag und darauf wartete, daß der Deckel sich hob. Nach ein paar Sekunden unerträglicher Regungslosigkeit fühlte ich einen kühlen Luftstrom über mich streichen, als der Deckel abgehoben wurde.

Ich nahm schnell ein paar tiefe Atemzüge, richtete mich auf, schwindelig und etwas wirr, und holte noch ein paarmal tief Luft, bis meine Atmung wieder regelmäßiger wurde. Das Licht tat meinen Augen weh, obwohl es gar nicht hell war, und ich brauchte einen Moment, um mich daran zu gewöhnen.

Ich riß den Kopf herum, um meinem Retter ins Gesicht zu sehen.

Sluice Jackson stand da und starrte mich mit großen Augen an, blaß und angstgelähmt, als ob er ein Gespenst gesehen hätte.

„Sluice! Gott sei Dank! Ich … ich war hier drin eingesperrt. Jemand … wenn du nicht …"

Ich wußte, daß ich wirres Zeug von mir gab. Sluice sah immer verwirrter aus. Er wich vor mir zurück, als ich redete. Blaurote Blutergüsse auf seinem Gesicht und Händen zeugten von seinem Sturz in das offene Grab. Ich kletterte wackelig aus dem Sarg heraus und sah überrascht, daß die Hand, in der ich die Bronzeplakette hielt, blutig war. Auf dem hellblauen Stoff waren scharlachrote Tröpfchen, wo ich gegraben hatte.

„Sluice, hör mir genau zu", sagte ich sanft. „Jemand hat mich da drin eingesperrt. Hast du irgend jemand gesehen?" Nach all dem Schreien tat das Sprechen weh.

Sluice schüttelte den Kopf. Sein Mund war weit offen und in seiner Unterlippe stand Speichel. Er stank nach Alkohol und Zigarrenqualm.

„Ich hab's nich gemacht! Ich hab's nich gemacht. Ich hab bloß das Schrein gehört. Ich dachte, es wär die blöde Katze. Ich hab nichts gemacht."

Ich sah den völlig verängstigten Mann an und wußte nicht, was ich sagen sollte. Im Umgang mit alten, geistig minderbemittelten Goldgräbern fehlte mir die Erfahrung.

„Sluice, es ist alles in Ordnung", beruhigte ich ihn. „Jemand hat mich hier drin eingeschlossen und du hast mich rausgeholt. Du hast mir das Leben gerettet." Ich wischte mir meine blutige Hand an der Hose ab und spürte einen frischen blauen Fleck am Schenkel. An meiner Hose fehlte ein Knopf und mein Oberteil war zerknautscht und am Hals eingerissen.

„Ich hab nichts gemacht." Er drehte sich um und schlurfte schnell aus dem Selektionszimmer. Ich blieb mit einem Raum voller Särge zurück.

Und der Erinnerung an einen bleibenden Geruch. Pfefferminz? Mundwasser? Oder roch Chloroform wie Tic-Tacs?

Ich klopfte mich ab und sah mich nach etwas um, das ich um meine blutende Hand wickeln konnte. Das Bestattungsinstitut lag bis auf die Nachtbeleuchtung im Schummerlicht. In allen Räumen schienen Schatten zu tanzen und mich überlief ein Schaudern. Wer immer mich hier eingeschlossen hatte, konnte immer noch in der Nähe sein. Ich ging auf Celestes Büro zu und fragte mich, wie – und wann – Sluice aus dem Krankenhaus gekommen war.

Celestes Tür war abgeschlossen. Ich erwog, das verdammte Gebäude zu verlassen, kehrte dann aber noch einmal in die Empfangshalle zurück, wo ich in einer Ecke bei den Toiletten ein Münztelefon fand. Ich wählte eine Nummer über meine Kreditkarte und wartete ein paar Sekunden, bevor ich sprach.

„Hier ist Connor. Wenn du mich hören kannst, komm bitte so schnell wie möglich hier ins Bestattungsinstitut. Ich brauche dich dringend. Ich warte draußen. Gott, ich hoffe, du hörst mich. Bitte mach schnell!" Ich wiederholte die Nachricht noch zweimal, dann legte ich auf.

Beim Büro des Sheriffs hinterließ ich eine ähnliche Nachricht und legte den Hörer wieder auf. Ich stolperte aus der Eingangstür heraus. Mir zitterten die Hände und ich konnte mein Herz immer noch rasend schnell schlagen fühlen. Auf halbem Weg sah ich Dan Smith die leichte Steigung der Einfahrt des Bestattungsinstituts hochlaufen. Er war wohl ziemlich außer Atem, so wie seine Brust sich hektisch hob und senkte.

„Was ist los? Ich hab deinen Anruf gekriegt! Was zum Teufel ist hier los?"

Ich sah zu ihm auf. „Dan, wo warst du? Was hast du die letzten –" ich schaute auf meine Uhr – Oh Gott, zwei Stunden – „die letzten zwei Stunden gemacht?"

„Deine Hände zittern ja. Und du blutest! Connor, was ist denn –"

„Bitte, Dan, antworte mir einfach. Wo warst du?"

Er zuckte eine Achsel, eine Geste, die mir schon vertraut war. „Ich weiß nicht. Ich ... mal sehen. Ich hab Boones Büro aufgeräumt, seinen kleinen Fernseher eingeschaltet und irgendeinen Hitchcockfilm gesehen. Die laufen schon die ganze Woche. *Der unsichtbare Dritte.* Hab ein bißchen Mikrowellenpopcorn gegessen und begann, einzudösen. Dann hast du angerufen."

Ich lehnte mich dicht zu ihm herüber und versuchte, seinen Atem zu riechen. Aber ich mußte ihm wohl einen falschen Eindruck vermittelt haben, denn er faßte mich an den Schultern und zog mich näher heran. Dann küßte er mich.

Der Kuß dauerte etwas länger, als es für meine Rechercheabsichten unbedingt notwendig gewesen wäre. Aber man muß eben ganzen Einsatz leisten.

„Popcorn", sagte ich und leckte mir die Lippen.

Dan zog die Stirn kraus. „Ist das alles, was du sagen kannst?"

„Du schmeckst nach Popcorn. Und du riechst nach Popcorn."

„Hast du mit Popcorn ein Problem? Ich könnte auf Kartoffelchips umsteigen. Kaugummi kauen. Mit ein bißchen Brut gurgeln."

Ich lachte. „Nein, du schmeckst prima. Ich meine –" Ich bin sicher, daß ich rot wurde. Ich konnte das Kribbeln auf Brust und Hals spüren, als sich die Hitze wie ein Virus ausbreitete.

Er versuchte, ein Grinsen zu unterdrücken, schaffte es aber nicht ganz. Ich nahm seine Hände, hob sie an mein Gesicht und nahm eine großzügige Prise. Sie rochen auch nach Popcorn. Mit Butter. Und Salz. Und einem Hauch Kieferndufseife. Er muß gedacht haben, ich hätte irgendeinen Handfetisch. Da hätte er vielleicht sogar recht gehabt. Hände sind für mich genauso ausdrucksvoll wie Gesichter.

„Also, worum geht's hier eigentlich?" fragte er und hielt meine Hände fest, als ich seine loslassen wollte.

Ich erzählte ihm mein neuestes Abenteuer und das letzte, an das mich erinnern konnte, bevor ich in dem Sarg aufwachte – den Geruch von Pfefferminz und Chemikalien.

„Mensch, Connor! Also dachtest du, ich könnte …" Dan ließ meine Hände los, während er den Satz ins Nichts auslaufen ließ.

„Nein, natürlich nicht", sagte ich etwas zu hastig. „Aber ich mußte dich ausschließen können, weißt du, nur um ganz sicher zu sein."

„Connor … kennst du mich denn noch nicht?" Er hob meine aufgeschürfte, blutige Hand hoch und streichelte sanft über den Handrücken.

Ich sagte nichts. Ich kannte ihn nicht besser als jeden anderen in dieser Stadt. Aber er roch nicht nach Tic-Tac oder Chloroform, also, dachte ich mir, war er wohl nicht derjenige, der mich in diesen Edgar-Allan-Poe-Alptraum gesperrt hatte.

Wir machten im Büro des Sheriffs halt, um einen Bericht abzustatten, aber es war nur die Einsatzbearbeiterin da. Aus irgendeinem Grund hatte sie meine Nachricht nicht erhalten, also hinterließ ich einen Zettel für den Sheriff, daß er mich zu Hause anrufen sollte. Dan und ich gingen zum Hotel zurück. Ich wusch mir im Waschraum auf dem Flur das Blut ab, während Dan in meinem Büro wartete. Als ich zurückkam, war er gerade dabei, sich meine Bücher, Poster und Comics anzusehen.

„Nettes Plätzchen hast du hier." Er zog eine Ausgabe von Robert Louis Stevensons *Dr. Jekyll und Mr. Hyde* aus dem Regal.

Ich hatte kein Interesse an Smalltalk. „Wer immer das war, muß einen Schlüssel zu meinem Diner gehabt haben. Er war fest verschlossen – da bin ich ganz sicher. Das merkwürdige ist nur, wer immer es war, hätte mich gleich umbringen können, aber das hat er nicht getan. Warum hat er mich dann in diesen Sarg gesperrt?"

„Du wärst wahrscheinlich irgendwann da drin erstickt", sagte Dan.

Ich ordnete einen Augenblick meine Gedanken. „Es deutet alles auf das Bestattungsinstitut hin. Der Sarg, das Trokar, der Tod eines Manns, der mit drei Witwen verheiratet war, die das Memory Kingdom für die Beerdigung ihre verstorbenen Ehemänner in Anspruch genommen hatten."

Dan stellte das Buch ins Regal zurück und setzte sich in den Stuhl auf der anderen Seite meines Schreibtischs.

„Vielleicht wollte dir jemand Angst einjagen."

„Warum? Was hab ich getan?"

„Vielleicht wollen sie nicht, daß du etwas in deiner Zeitung schreibst. Vielleicht bist du zu neugierig. Und vielleicht bist du einer Sache auf der Spur und der Killer weiß es, auch wenn du es nicht weißt."

„Aber das bin ich nicht! Ich weiß gar nichts! Ich weiß nicht, wer Lacy oder James Russell umgebracht hat. Ich weiß nicht, wer deinen Bruder ermordet haben könnte, oder wer Sluice in dieses Loch gestoßen hat, oder wer mich ersticken wollte! Ich weiß überhaupt nichts!" Ich war wütend und verwirrt und kurz davor, in Tränen auszubrechen.

Um nicht zu weinen – und um ein bißchen von meiner Wut abzureagieren – schlug ich meine Hand fest auf den Tisch. Das war ein Fehler. Durch den Aufprall platzte der frischgebildete Schorf auf und meine Hand fing wieder an zu bluten. Ich griff nach einer zerknüllten Papierserviette auf meinem Schreibtisch und preßte sie auf die blutende Wunde. Wenigstens juckt mein Ausschlag nicht, dachte ich, als sich der Zellstoff allmählich mit Blut vollsog.

Und dann, als ich zusah, wie die Papierserviette langsam von weiß zu rot überging, ging es mir auf. Ich wußte doch etwas. Ich wußte sogar eine ganze Menge. Ich mußte nur einen Weg finden, es auch zu beweisen.

28

Das Memory Kingdom war vielleicht für einige eine Goldgrube. Aber meine ganz persönliche Goldgrube der unbegrenzten Möglichkeiten war die *Eureka!*

Es war schon spät – nur noch ein paar Stunden bis zu meinem Drucktermin – als ich die Datei mit der Titelstory öffnete, die am nächsten Morgen in der Zeitung stehen sollte, und eine neue Schlagzeile eintippte.

LACY PENZANCES MÖRDER ENTLARVT!

Ich sollte mehr Regenbogenpresse lesen. Ich begann zu schreiben:

> Lacy Penzance, die am frühen Dienstagmorgen mit einer Stichwunde in der Brust tot aufgefunden wurde, war kein Selbstmordopfer, wie ursprünglich im *Mother Lode Monitor* berichtet.
>
> Sheriff Elvis Mercer bezeichnet Penzances Tod jetzt als Mord. Als Mordwaffe wurde ein Trokar identifiziert, ein Werkzeug, das im Bestattungsinstitut bei der Konservierung der Toten eingesetzt wird.
>
> Nach einer langen und gründlichen Untersuchung durch die Kommission des Sheriffs ist der unbekannte Killer weiterhin auf freiem Fuß.
>
> Der Verdächtige ist möglicherweise auch für die Ermordung James Russells verantwortlich, eines Reisenden, der vorübergehend in Beau Pascals ‚Mark Twain Slept Here'-Frühstückspension wohnte. Russell

wurde am Donnerstag tot aufgefunden. Auch er starb an einer Brustverletzung, die durch einen antiken Goldgräberpickel verursacht wurde. Weitere Details werden im Zuge der polizeilichen Untersuchung noch zurückgehalten.

Eine kürzlich der Redaktion der *Eureka!* zugestellte anonyme Nachricht bietet wichtige Informationen zur Identität des Killers. Ein verschwundenes Tagebuch, das die verstorbene Ms. Penzance kurz vor ihrem Tode führte, weist darauf hin –

Und das war's.

Es war ein billiger journalistischer Versuch, aber vielleicht funktionierte er. Ich faxte die Neufassung an die Druckerei in Whiskey Slide und wies sie an, die Story an die Stelle des Froschunsinns, der gerade gedruckt werden sollte, zu setzen. Im Morgengrauen würde die Zeitung fertig sein und bis zum Frühstück war sie in der ganzen Stadt verteilt. Jetzt blieb mir nichts mehr zu tun, als nach Hause und zu Bett zu gehen und zu hoffen, daß ich nicht noch weiteren unerwarteten Besuch bekam.

Ich überlegte kurz, in Dans Büro vorbeizuschauen und ihn zu fragen, ob er zur Abwechslung einmal auf meiner Couch schlafen wollte, entschied aber, daß ich allmählich paranoid wurde. Ich konnte nicht zulassen, daß der nächtliche Jäger mein ganzes Leben diktierte.

Aber vielleicht war es das auch gar nicht. Vielleicht hatte es mehr mit Dan zu tun als mit irgendeinem Eindringling. Doch ich war auch noch nicht so weit, Dan weiter in mein Leben hineinzulassen. Ich war daran gewöhnt, so zu leben, wie ich es tat – allein. Ich wollte keine Verwicklungen. Sich zu jemandem hingezogen zu fühlen war nichts als eine Hormonstörung – hatte das nicht irgend jemand gerade erst gesagt?

Aber Dan, der wohl meine Gedanken gelesen hatte – oder meine Schritte gehört –, paßte mich auf dem Weg zur Treppe ab und bestand darauf, mich nach Hause zu bringen.

„Schau, Connor. Du hast schon zwei Einbrüche und einen Mordanschlag gehabt. Entweder bleibst du heute nacht hier bei mir auf der Couch, oder ich komme mit dir, um deine Bude zu überprüfen."

Ich widersprach nicht. Um ehrlich zu sein, war ich erstaunlich erleichtert. Dan fuhr mich in seinem Bronco nach Hause. Ich schloß die Tür auf und ließ eine überschwengliche Casper heraus, die in ihrer Aufregung mich und alles, was ihr sonst noch begegnete, abschleckte. Ich hatte mir Sorgen um sie gemacht und wollte unbedingt wissen, ob mit ihr alles in Ordnung war.

„Hi, Mädchen!" Ich gab ihr einen ausführlichen Willkommensgruß und ließ sie Make-up, Schmutz und Schweiß von meinem Gesicht herunterlecken. „Bist du okay, ja? Was haben sie mit dir gemacht, Casper? Hm? Was ist passiert?"

Casper sagte ganz viel, das ich nicht verstehen konnte. Ihre Lippen waren wirklich sehr schwer abzulesen. Aber aus ihrer Körpersprache schloß ich, daß es ihr gut ging, sie verdammt froh war, mich zu sehen, und daß sie einen Mitternachtssnack gebrauchen könnte.

Während ich die großzügige Schnellgerichtküche nach etwas Eßbaren durchforstete, sah Dan sich in meinem Diner und dem Wohnquartier im Hinterzimmer um. „Irgendwas gefunden?" rief ich, während ich meine geliebten Fiesta-Schüsseln heraussuchte, die allerdings nicht zusammenpaßten. Ich nahm eine rosa, eine gelbe und eine türkisfarbene herunter.

„Alles in Ordnung“, sagte Dan, nachdem er wieder in die Küche gekommen war. Er ließ sich auf einen der frisch gepolsterten Vinylsitze gleiten und legte die Arme auf die Rückenlehne der Nische. Casper sprang neben ihn. Ich machte ihr ein Zeichen, daß sie herunterkommen sollte, und stellte eine Schale mit Cornflakes für sie auf den Boden. Für Dan stellte ich eine auf den Tisch und setzte mich zu ihm in die Nische.

Dan gab keinen Kommentar über meine ungewöhnliche Wohnung ab, er sah sich nur zwischen Löffeln voll Cornflakes das Dekor an. Als wir aufgegessen hatten, folgte er mir in den hinteren Wohnraum.

„Interessante Bude hast du hier“, sagte er schließlich und stöberte in einem halben Dutzend Comics, die auf einem der hellen Holzbeistelltische lagen. „*Crusader Rabbitt. Heckle and Jeckle. Richie Rich.* An den erinner ich mich noch. Hast du auch einen *Green Hornet*?“

„Nein, das ist ein Jungscomic. Ich mag Mädchencomics. *Lulu, Little Audrey, Little Lotta, Katy Keene, Betty and Veronica.*“

„Ich hab immer *Archie* gelesen, bis ich *Die Schleimmonster vom Planeten Zero*, den *Tümpelschlick-Mann* und *Es kam aus der eisigen Tundra* entdeckt hab.“

„Du ziehst mich auf, stimmt's? Von denen hab ich noch nie was gehört.“

Er lächelte.

Ich gähnte.

„Entschuldige. Halte ich dich vom Schlafengehen ab?“

„Nein, nein. Es war bloß ein ziemlich anstrengender Tag, weißt du? Ich glaube, das schlägt sich allmählich nieder.“

„Ist gut. Ich, äh, ich geh dann wohl besser. Ich seh dich dann morgen." Er sah die Couch an und dann mich.

„Danke, daß du mich nach Haus gebracht hast."

Ich brachte ihn zur Tür. Er zögerte einen Moment und sah auf seine Schuhe. Dann schaute er zu mir auf, streckte den Arm aus und nahm für einen kurzen Moment meine zerkratzte, geschwollene Hand. „Bist du auch wirklich in Ordnung? Ich lasse dich nicht gern allein."

Hoffentlich konnte ich ihn von der Röte ablenken, die plötzlich meinen ganzen Körper einhüllte. Er wollte näherkommen, aber ich drehte mich weg. Er trat einen Schritt zurück.

„Ich –" Was konnte ich sagen? Ich war noch nicht so weit? Ich wollte mich nicht zu stark engagieren? Ich kannte ihn nicht gut genug? Was für Ausreden konnte ich noch finden?

Er tätschelte meine Hand. „Ich seh dich dann morgen."

Ich preßte die Lippen aufeinander, als er hinausging. Ich schloß die Tür hinter ihm. Meine Hände zitterten, als ich die neuen Schlösser verriegelte.

Nachdem ich den Diner gesichert hatte, zog ich mir die zerknitterten Kleider und bleischweren Doc-Martens-Schuhe vom Leib, schlüpfte in seidene Boxershorts und mein Oversize-T-Shirt mit dem Nachthimmel, der im Dunkeln leuchtet, und versuchte einzuschlafen. Über eine Stunde lang wälzte ich mich herum, bis mich Piraten – die alle aussahen wie Dan – in ihr Inselversteck verschleppten.

Bis acht Uhr morgens hatte sich die *Eureka!* über ganz Flat Skunk und die restlichen Mother-Lode-Städtchen verbreitet wie ein übler Geruch. Mein Leitartikel war im Nugget in aller Munde – zumindest in denen, die ich ablesen konnte. Und alle beschwerten sich.

„Was ist denn mit Ihrer Zeitung passiert?" fragte French, als ich in das Café kam. Er hielt sie für mich hoch. „Probleme mit dem Drucker?"

„Was?" fragte ich und nahm ihm die Zeitung ab. Der Leitartikel und die dick unterstrichene Schlagzeile sahen toll aus. Aber der Artikel endete abrupt mit einem Rezept für Froschschenkel in Pesto.

„Ach du lieber Himmel! Die haben die Artikel durcheinandergeworfen! Wo ist denn der restliche Artikel?"

Ich suchte das Titelblatt verzweifelt nach einer Erklärung für diesen grauenvollen Fehler ab.

Für diese Szene hätte ich einen Oscar verdient gehabt.

„Verdammt noch mal! Diese Idioten! Na klasse. Nun muß ich die Story morgen noch einmal mit dem richtigen Text rausbringen. Die größte Story meiner Karriere! Mist!"

French kicherte, als er mir die Zeitung wieder aus der Hand nahm. Ich setzte mich auf eine leere Bank, überflog ein Exemplar, das ein früherer Gast zurückgelassen hatte, und tat, als ob ich über die Ungeschicklichkeit meines Druckers schäumte.

Aber er hatte es genau richtig hinbekommen.

Ein paar Minuten später betrat Dan das Café und setzte sich zu mir. Er schaffte es gerade eben, nicht über die Zeitungspanne zu lachen.

„Mist gebaut, wie?" sagte er bloß, während ihm Jilda Kaffee eingoß. Ich gab ihm ein leicht gequetschtes Lächeln. Gerade wollte ich einen Bagel bestellen, als Mickey aufgeregt und erhitzt hereingeschossen kam. „Connor! Da bist du also!"

Er kam zu unserem Tisch hinüber und setzte sich neben mich, Dan gegenüber. Er drehte sich zu mir. „Tolle Schlagzeile!

Klingt, als ob du einen Hinweis auf den Mörder von Lacy Penzance hättest. Was ist mit dem Rest der Story passiert?"

„Der Drucker hat's vermasselt. Ich kann es noch nicht bestätigen, aber –" Ich lehnte mich zu Mickey hin. „Jemand hat mir eine anonyme Nachricht geschickt, über eins von Lacys Tagebüchern, das verschwunden war. Ich glaube, das ist der Schlüssel zu allem. Ich werde die Zeitung noch mal neu setzen müssen und morgen eine neue Ausgabe mit den Korrekturen drucken. Und mit den neuen Informationen. Aber das wird natürlich teuer."

„Was steht denn da über das Tagebuch? Weiß es der Sheriff schon?"

„Das weiß ich gar nicht. Jedenfalls noch nicht. Ich kann es erst heute abend bekommen. Das stand jedenfalls in der Nachricht. Das sollte alles in der Zeitung stehen." Hoffentlich klang ich schön aufgebracht.

„Connor, wenn du wichtiges Beweismaterial zurückhältst, mußt du es wirklich mir oder dem Sheriff geben."

Ich sah mich im Café um, ob irgend jemand auf uns achtete. Im Gegensatz zu mir kümmerten sich alle um ihre eigenen Angelegenheiten. Ich sprach, wie ich hoffte, ganz leise.

„Ich habe wirklich noch nichts, Mickey. Aber ich müßte es bald haben. Die Story sollte die Leute bloß heiß machen. Ich wollte morgen eine Fortsetzung bringen."

„Versuchst, mehr Zeitungen zu verkaufen, wie? Hört sich riskant an, Connor." Mickey nickte langsam, während er die neuen Puzzleteile zusammensetzte und an dem trokkenen Giftsumachschorf an seinem Arm herumzupfte. Da juckte es natürlich sofort bei mir und ich scheuerte an meinem eigenen Ausschlag, der auch allmählich trocknete.

„Wo hast du denn diese neuesten Informationen her?" fragte Mickey.

„Äh, das kam übers Schreibtelefon. Ich weiß nicht mal, wer angerufen hat."

„Verdammt!" sagte er.

Dan machte Jilda ein Zeichen, daß sie Kaffee nachschenken sollte. Ich hatte fast vergessen, daß er da war.

„Mickey, kennst du eigentlich Dan Smith?"

Mickey streckte die Brust heraus. „Sie sind Boones Bruder."

Dan warf mir einen kurzen Blick zu und sah dann wieder Mickey an, der aber nichts mehr über Boone sagte. Hatte Dan den Tod seines Bruders denn nicht dem Sheriff gemeldet, wie er gesagt hatte?

„Bleiben Sie eine Weile in der Stadt?"

„Weiß noch nicht."

Der Hilfssheriff kniff die Augen zusammen. „Sie kannten nicht zufällig den Mann, der drüben im Mark Twain umgebracht wurde? Hieß Russell?"

Dan schüttelte den Kopf.

„Komisch. Wir haben da einen Fingerabdruck auf einem Stück Papier gefunden. Haben gerade die Identifikation bekommen. Ich kann nicht viel dazu sagen, aber es wäre vielleicht besser, wenn sie die Stadt fürs erste nicht verließen, Mr. Smith." Er betonte das „Smith".

Bevor ich irgend etwas Zusammenhängendes herausbringen konnte, stand Mickey auf.

„Na, ich muß los. Bei uns spitzen sich die Dinge auch zu. Wie ist das mit dem Gutschein, Connor? Sehn wir uns heut abend? Vielleicht können wir das alles bei Pizza und Bier besprechen."

Ich nickte vage. Etwas hatte mich plötzlich abgelenkt.

„Ich ruf dich an", sagte er möglicherweise, bevor er ging.

Dan und ich waren schon wieder im Büro, als wir unsere Unterhaltung fortsetzten.

„Dan, ich dachte, du hättest dem Sheriff von deinem Bruder erzählt", sagte ich vorwurfsvoll. Ich hatte langsam die Nase voll von Dans Geheimnissen.

„Ich sagte, ich hätte den Sheriff angerufen. Er wußte schon von Boone – zumindest wußte er von der Wasserleiche in Rio Vista. Ich hab ihm bloß nicht erzählt, daß ich wußte, wer das war."

„Warum denn nicht, um Himmels willen?"

Er zuckte wieder eine Achsel, was mich mittlerweile aufregte. „Ich wollte sehen, wie sich die Dinge entwickeln. Ich dachte, es würde zu diesem Zeitpunkt nichts bringen. Außerdem wollte ich selbst ein bißchen Detektivarbeit machen." Dan setzte sich auf die andere Seite meines Schreibtischs. Ich blieb stehen, mit verschränkten Armen und gerunzelter Stirn. Härter konnte ich nicht aussehen.

„Und was ist mit den Fingerabdrücken, von denen Mikkey erzählt hat?"

Er lehnte sich in seinem Stuhl zurück und faltete die Hände auf der Brust. „Ich habe nicht die leiseste Ahnung. Ich bin nie dort gewesen. Ich kannte den Typ noch nicht mal."

„Am ersten Tag, als ich dich getroffen hab, hatte ich eine Papierserviette mit meinen Kriminotizen bei mir. Ich bin nach nebenan gegangen, um nach Boone zu sehen, aber statt dessen warst du da. Erinnerst du dich daran?"

„Nein."

Ich ging im Geist noch einmal die Strecke ab. „Ich hatte sie bei mir, als ich ins Büro zurückkam. Ich weiß noch, daß ich sie in die Tasche gestopft hab, als ich aus dem Café ging. Ich hab sie hierher zurückgebracht ... und hab angefangen, daran zu arbeiten ... dann ist Lacy gekommen ..."

Ich hatte laut mit mir selbst gesprochen. Es überraschte mich, als Dan einwarf, „Lacy hat sie mitgenommen?“

Ich antwortete nicht, sondern beugte mich über den Abfalleimer und holte ein blutgetränktes Stück Papier heraus. Es war nicht die Krimiserviette. Aber allmählich fügten sich die Teile zusammen. Ich hatte mich in meiner Vermutung, wer Lacy Penzance ermordet hatte, geirrt, ganz fürchterlich geirrt.

„Dan, ich muß noch was erledigen. Macht es dir was aus, wenn wir später weiterreden?“

Dan spürte die abgekühlte Atmosphäre im Raum und stand auf. Er sah verdutzt aus, oder vielleicht ein bißchen verletzt, aber er sagte nur, „Ist gut. Bis später dann.“

Ich mochte nicht unhöflich sein, aber ich mußte mir noch über ein paar Dinge klar werden, bevor ich meinen neuen Plan ausführen konnte. Ich arbeitete den ganzen Tag daran, trug Miah auf, die Anrufe neugieriger Leser zu beantworten, die mehr über den fehlenden Teil des Artikels oder den Rest des Froschrezepts wissen wollten. Ihm sagte ich auch nicht, was ich vorhatte.

Ungefähr um halb fünf blinkte das Licht am Telefon noch einmal. Miah hörte das Rauschen eines Schreibtelefons und setzte den Hörer auf das Empfangsgerät.

„Schreibtelefon“, gebärdete er. Ich unterbrach meine Arbeit und wartete auf die Meldung, aber es erschien kein Name. Ich sah die Nachricht über den Bildschirm laufen. Sie lautete einfach:

„die zeit ist abgelaufen“

Die Zeile verschwand, als am anderen Ende aufgelegt wurde.

29

Ich setzte den Hörer wieder auf das Telefon und kaute an meiner Wange. Mein Herz raste, als ich über die Nachricht nachdachte, die da gerade auf meinem Schreibtelefonbildschirm erloschen war. Was sollte das bedeuten? Und von wem kam sie?

Ein paar weitere Puzzleteile fanden ihren Platz.

Ich nahm den Hörer auf, um den Sheriff anzurufen, und legte dann abrupt wieder auf.

„Miah, du hörst doch Musik. Machst du dir manchmal deine eigenen Kassetten?"

„Dauernd. Warum?" gebärdete er.

„Könntest du mir einen Gefallen tun?"

„Was?"

„Ein Band für mich machen?"

Er schaute verdutzt. „Klar, aber warum?"

Statt einer Antwort gab ich ihm Anweisungen für das, was ich haben wollte, und ging dann ins Büro nebenan.

„Sheriff? Hier ist Connor.**", tippte ich, als ich ein paar Minuten später zurück war.

„Connor. WAs gibt's?"

Ich wartete auf die Sternchen und gab dann auf.

„Hast Du meine Nachricht wegen des Bestattungsinstituts bekommen?**"

„KLar, Connor. Was ist los? WAs ist passsiert?"

„Ich weiß nicht. Jemand ..." Ich brach ab. Beim Erzählen kam es mir ein bißchen unwahrscheinlich vor. „Es war wieder jemand in meinem Haus. Man hat mich betäubt und in einen Sarg eingesperrt. Im Bestattungsinstitut. Und gerade eben hatte ich einen Anruf. Jemand ..." Ich dachte einen Moment nach und fragte mich, wie das alles auf der anderen Seite des Schreibtelefons ankam. „... bedroht mich. Ich glaube, die wollen, daß ich mich aus der Lacy-Penzance-Geschichte heraushalte.**"

„Ein SArg? Ist das Dein ERnst? Waurm hast Du mich nicht angrufen?"

„Tu ich doch! Jetzt!**"

„Viielleicht ist es eine prma Idee, sich hearuszuhalten, COnnor. DU sagst, man hat Dich fast überfahren. BEi Dir ist eingebrochen worden – zweimal. JEtzt sgats Du, jemand hat Dich in einen Sarg eingesperrt und Du bekommst Drohanrufe. ICH bekomme Beschwerden über Dich von den Leuten drüneb im MEmory Kingdom, ganz zu schweigen von derm penzance-mädchen, die sagt, daß jemand vorbeigekomen ist und sich als Versicherungsagentin ausgegeben hat – und das klang mächtig nach Dir. Ich weiß nicht, was ich mit Dir machen soll, CONnnor? Diese Zeitungsstory, die Du geschrieben hast. Was sollte die Scheiße?**"

„War nichts, Sheriff. Ein Irrtum. Ich weiß eigentlich gar nichts. Jedenfalls noch nicht.**"

„DU mußt da irgendwie drinhängen CW. Und Du kannst Dich in echte Gefahr bringen, wenn Du nicht a0ufpaßt. Ich kann auch nur begrenzt was machen, weißt Du."

„OK, Sheriff. Ist Mickey zufällig da? Ich sollte ihn heute abend treffen.**"

„ER hat vrsucht, Dich anzurifen, aber bei Dir war besetzt. SAgte, er würde auf dem Weg zum bestattungsinstitut bei Dir im Büro vorbeischauen."

„Überprüft er die Sache mit dem fehlenden Schmuck?**"

„CoOnnor!"

„Sheriff, wegen dieses Fingerabdrucks auf dem Papier, das Ihr in der Pension gefunden habt. Wem gehörte der?**"

„TUt mir leid, Connor, aber diese Information kann ich Dir noch nichtb geben. Erst, wenn wir eine Verhaftung vornehmen können.**"

"Sagst Du mir Bescheid, sobald Du kannst?** ENDE"

„PAß auf Dich auf, COnnor. Ich meine es ernst. Wir haben hier einen Killer herumlaufen, und es sieht so aus, als ob er Dich durchschaut hat. Hast Du irgendwas, wo Du die nächsten Tage schlafen kannst, das würde ich nämlch empfehelen.** ENDE"

Ich log und sagte, daß ich ein Quartier hätte, dann legte ich auf und drehte mich einen Moment in meinem Stuhl, bis mir schwindelig wurde. Ich drehte mich langsam zum Fenster um. Mickey kam die Straße herauf auf mein Gebäude zu und schmierte sich Fettstift auf seine Lippen.

Ich beobachtete ihn, bis er das Hotel erreicht hatte und um die Ecke zur Treppe bog. Ich suchte in einem Ordner, fand das Tagebuch, das ich aus Lacys Versteck entwendet hatte, und schlug es auf meinem Schreibtisch auf.

Das Türlicht blinkte. Ich rief, „Herein", und Mickey öffnete die Tür, mit dem verlegenen Lächeln auf dem Gesicht, das er offenbar nicht loswerden konnte, wenn er in meiner Nähe war.

„Hi Connor. Paßt es heute –"

Er brach ab und sah auf das Tagebuch. Seine Augen wurden ganz groß. Ich klappte das Buch zu und legte meine Hand darauf.

„Ist das –" Er beendete den Satz nicht.

„Nein, das ist eins von ihren alten, nicht das, was fehlt."

Mickey sah mich mißtrauisch an. „Connor, hast du das aus Lacys Haus gestohlen?"

„Nein, ich hab's mir bloß geliehen. Es hat mich auf eine Idee gebracht."

Ich erklärte dem Hilfssheriff einen Teil meines Plans. Er nickte immer wieder und drängte mich, fortzufahren. Als ich fertig war, grinste er breit.

„Immer zu – aber erzähl dem Sheriff nicht, daß ich irgendwas davon wußte, falls du erwischt wirst. Ich könnte großen Ärger bekommen, wenn er das erfährt."

Während Mickey unten an der Treppe auf mich wartete, schloß ich das Büro ab, schaute zuerst noch schnell in Miahs Laden vorbei, um zu sehen, wie weit er mit meiner Bitte gekommen war, und dann in Dans Büro, um noch ein paar Dinge zu erledigen. Ich ging mit Mickey über die Straße zum Nugget. Der Laden war für das Saturday-Night-Special vollgestopft: Hackbraten mit Sauce und Erbsen und Himbeergrütze. Wir setzten uns in eine Nische in der Mitte des Cafés, bestellten Schinkensandwiches und Boysenbeerkuchen, und dann holte ich das Tagebuch heraus.

Niemand achtete auf uns.

„Ich glaube, das hier könnte dich interessieren, Mickey", sagte ich etwas zu laut. Die ersten Köpfe drehten sich zu uns um. „Das hat jemand anonym in der Redaktion abgegeben. Ich glaube, es enthält einige wichtige Informationen, die du brauchen kannst."

„Was ist es denn?" fragte Mickey mit gespieltem Interesse. Ein paar Schauspielstunden bei Celeste hätte er noch gebrauchen können, aber für unsere Amateurvorstellung sollte es wohl reichen.

„Das ist das fehlende Tagebuch von Lacy Penzance. Da steht so ziemlich alles drin, was sie gemacht hat, bis ganz kurz vor ihrem Tod."

Es wurde still im Raum. Der Satz „Man hätte eine Stecknadel fallen hören können" wäre vermutlich passend gewesen.

Mickey tat so, als ob er ein paar Abschnitte las, und schaute dann auf. „Boah, in diesem Ding sind aber jede Menge bekannte Namen." Er blickte sich im Café nach den Stammgästen um: Wolf, der allein saß; Beau, der mit Rebecca Matthews, der Einsatzbearbeiterin, klatschte; French, ohne Celeste; Croaky Wheeler mit einem Klienten, den ich nicht kannte, Sluice am Tresen und Jilda dahinter.

„Sogar der Typ, der im Mark Twain umgebracht wurde, ist hier drin erwähnt. Danke, Connor. Das sieht nach genau dem Durchbruch aus, auf den wir gewartet haben!"

Ich sah mich um, um zu testen, was für Aufmerksamkeit Mickey erregte. Da war eine bunte Mischung an Reaktionen zu sehen. Wolf sah noch wütender aus als sonst. French schien einfach sprachlos. Beau blinzelte ein paarmal mehr als gewöhnlich. Croaky sah alle anderen prüfend an. Jilda reagierte mit übertriebenem Erstaunen – das sah man an den Augenbrauen. Und Sluice starrte wieder so panisch wie ein Hirsch im Licht von Autoscheinwerfern.

Mickey schlug das Tagebuch zu und sah sehr offiziell und ernst aus. „Ich werde das hier dem Sheriff bringen müssen, und –"

Er brach mitten im Satz ab. Ich wußte zuerst nicht, warum – ich dachte, daß doch alles prima lief. Aber er schaute plötzlich zu Jilda, die ihn anscheinend gerufen hatte. Und dann sah ich das Objekt seiner Aufmerksamkeit: Jilda hielt den Telefonhörer hoch.

Mickey ging zum Telefon, das Tagebuch fest umklammert, und nahm das Gespräch an.

„Deputy Arnold“, sagte Mickey. In Sekundenschnelle wich die Farbe aus seinem Gesicht. Kleine Schweißperlen glitzerten auf seiner Stirn wie winzige Diamanten. Er legte den Hörer auf und wischte sich mit dem Handrücken über die Stirn, ohne noch etwas zu sagen. Dann sah er zu den Gästen im Diner hin, die ihn alle groß anblickten, und begann zu stottern.

„… da ist ein Notfall. Ich muß gehen. Alle – alle hierbleiben!“

Mickey trug das Tagebuch zur Tür. Ich sprang rasch auf. „Mickey, was ist los?“

Mickey hielt an und deutete mit dem Finger auf mich, als ob ich ein kleines Kind wäre. „Bleib da, Connor. Ich bin gleich zurück. Tu, was du kannst, um alle hier drin zu halten. Ich erklär's dir später.“

So beunruhigt hatte ich ihn noch nie erlebt.

Deputy Arnold floh aus dem Nugget und ließ die Hackbratenfeinschmecker mit ihren halbgegessenen Menüs zurück.

„Okay, ihr habt ja gehört, was der Hilfssheriff gesagt hat. Alle hierbleiben“, wiederholte ich Mickeys Worte mit meiner frisch verliehenen Autorität für die Zuschauer.

Dann folgte ich ihm schnurstracks durch die Tür.

Ich wollte Mickey nicht beunruhigen, indem ich seine Anordnung vorsätzlich mißachtete – jedenfalls wollte ich nicht, daß er es merkte –, also hielt ich Abstand, als er zum Büro des Sheriffs ging, um den Streifenwagen zu holen. Ich zog mich zum Penzance-Hotel zurück, schloß mein Fahrrad auf, stellte mich knapp außer Sichtweite und wartete.

Kurz danach fuhr Mickey die Main Street hinunter, und ich blieb mehr oder weniger hinter ihm, strampelnd wie eine Olympiawettkämpferin. Ich folgte ihm mit einigem Abstand zur Gold Dust Street. Er bog in eine unebene Straße ein, die auf meinem Fahrrad im nachlassenden Abendlicht nur schwer zu bewältigen war. Wir kamen an winzigen bretterverkleideten Häusern vorbei, die schon vor Jahrzehnten gebaut worden waren, ohne Zäune oder schön angelegte Gärten, mit briefmarkengroßen Rasenflächen, verwilderten Blumenbeeten, unbarmherzigem Unkraut und verrosteten Autos.

Ich war noch nie bei Mickey zu Hause gewesen, aber ich dachte mir, daß wir wohl auf dem Weg dorthin sein mußten. Das Haus, nicht größer als eine Hütte, stand zwei Blöcke weiter die Straße hinunter, eingerahmt von einem pflegeleichten Steingarten. Auf der vorderen Veranda stand eine auseinandergenommene Harley Davidson, anscheinend Mickeys Freizeitbeschäftigung. Das paßte kaum zu seinem Image, aber vielleicht reizte es ihn gerade deshalb. Ich beobachtete, wie er aus dem Auto sprang, ohne die Tür zu schließen. Er rammte seinen Schlüssel in die Eingangstür und ging ins Haus, wieder mit einer weit geöffneten Tür hinter sich.

Der Mann hatte es eilig.

Ich stellte mich hinter einen Schuppen in der Nähe und wartete auf Mickeys Rückkehr. Allmählich wurde es dunkel und kühl. Ich würde ihn nicht mehr gut sehen oder mit ihm mithalten können, wenn er eine größere Strecke zurücklegte. Und ich war sicher, daß das hier nicht das Ende der Reise war. Sonst hätte er die Türen zugemacht.

Was machte er bloß da drin?

Ich stellte das Rad ab, ging zum Straßenfenster hinüber

und spähte hinein. Kein Mickey. Ich suchte den winzigen Wohnraum ab. Der Couchtisch war voller Polizeizeitschriften, Krimis und Waffenmagazine. An der Wand hingen verschiedene Waffen und Polizeigerätschaften: antike Handschellen, ein Schlagstock, eine Sammlung von Geschossen und ein Arrangement historischer Schußwaffen.

Auf dem Kaminsims stand ein Bild von Mickey direkt nach seinem Abschluß an der Polizeiakademie, ganz aufgeblasen vor Stolz in seiner neuen Khakiuniform. Neben seinem Bild waren Schnappschüsse bekannter Polizeibeamter, die sich im Laufe der Jahre einen Namen gemacht hatten: Serpico, Joseph McNamara, Daryl Gates, Napoleon Hendrix – alle in Uniform, und alle mit der Widmung „Für Mickey".

Ich wollte nicht erwischt werden – ich wußte ja, daß ich ihn nicht kommen hören würde –, also duckte ich mich zurück in mein Versteck und wartete, bis er wieder in der Tür erschien. Nach einer Weile kam Mickey hastig und schnaufend heraus, mit einem Schlüsselring in der einen und dem Tagebuch in der anderen Hand. Er rannte schnell zum Auto zurück und warf das Tagebuch auf den Beifahrersitz.

Ich wartete, bis er an mir vorbeigefahren war, dann kam ich aus der zunehmenden Dunkelheit heraus und fuhr die paar Häuserblöcke zur Main Street zurück. Hoffentlich konnte ich an ihm dranbleiben. Wenn er aus der Stadt heraus wollte, hatte ich keine Chance.

Aber das wollte er nicht. Er bog abrupt in die Auffahrt des Memory Kingdom ein.

Das Bestattungsinstitut. Da hatte alles angefangen. Ich hatte so das Gefühl, daß es hier auch enden würde.

Mickey war bereits durch die Eingangstür verschwunden, als ich ankam. Hatte French die Türen unverschlossen gelassen? Machte Celeste Überstunden? Ich erinnerte mich unwillkürlich ganz kurz an meine Einkerkerung und schlich vorsichtig hinein.

Es schien niemand da zu sein. Im Haupteingang war die Nachtbeleuchtung an, aber die Büros waren dunkel und die Jalousien heruntergelassen.

In Celestes Büro ging flackernd das Licht an.

Ich duckte mich in eine Nische und wartete. Nichts. Ich ging im Schummerlicht noch einen Schritt weiter vor, in der Hoffnung, unbeobachtet durch eine Lücke in der Jalousie spähen zu können, als Mickey aus dem Zimmer herauskam, die Hand zieh- und schußbereit am Holstergurt. Er war sehr erstaunt, mich zu sehen.

„Um Himmels willen, Connor! Was machst du hier?" Mickey hielt das Tagebuch in der einen Hand; der Schlüsselring beulte seine Hosentasche aus.

„Ich … ich hab mir Sorgen gemacht. Du bist so plötzlich weggegangen und sahst so beunruhigt aus. Ich … wollte nur nachsehen, ob du auch in Ordnung bist."

Mickeys Augenbrauen zogen sich zusammen. Er schien aufgeregt zu sein, rieb seinen Daumen über die Kante des Tagebuchs und trat von einem Fuß auf den anderen.

„Ist etwas passiert? War das der Sheriff, der dich im Café angerufen hat –"

Er drehte sich plötzlich weg und ich brach ab. Er schaute auf Celestes Telefon. Und er sah gar nicht zufrieden aus.

„Mickey, stimmt etwas nicht?"

Er sah mich an und dann wieder auf das Telefon. Wieder schien die Farbe aus seinem Gesicht zu weichen.

„Ist es das Telefon?“

Er sah mich verdutzt an, dann entspannten sich seine Gesichtszüge. „Nein! Nein, ich versuche bloß, nachzudenken. Connor, du bist hier nicht sicher –“

Abrupt wandte er sich wieder dem Telefon zu. Wieder wurde sein Gesicht blasser und seine Stirn war mit kleinen Schweißdiamanten übersät.

Die Lampe am Anrufbeantworter begann zu blinken.

Mickey hörte eine Nachricht.

Die Nachrichtenanzeige sprang von einem blinkenden Punkt auf die Zahl „1“ um.

Mickey sah wieder zu mir, mit angstverzerrten Gesicht. Er sah mich ein paar Sekunden ausdruckslos an, als ob er versuchte, in meinem Gesicht zu lesen.

Dann fuhr er zusammen, als ob ihn etwas erschreckt hatte, und drehte sich ruckartig zu dem metallenen Karteischrank um. Sein panikverzerrtes Gesicht sah aus, als ob es unter der Belastung auseinanderbrechen würde.

„Mickey, was ist hier los?“ forderte ich. Seine Verwandlung begann allmählich, mir Angst zu machen.

„Nichts, Connor. Setz dich. Rühr dich nicht vom Fleck. Es … es ist vielleicht ein Eindringling hier. Ich überprüfe das. Bleib hier, Connor. Ich meine es ernst. Das hier könnte … gefährlich werden.“

Er sprach langsam, mit übertriebenen Mundbewegungen, als ob ich nicht gehörlos, sondern zurückgeblieben wäre. Ich gehorchte und setzte mich in Celestes Besucherstuhl. Mickey ging aus dem Zimmer, eine Hand auf der Waffe und in der anderen immer noch das Tagebuch.

Irgend etwas an diesem Tagebuch beunruhigte mich. Das Ding besaß eigentlich keinen echten Nutzen. Ich hatte das ganze Zeug mit den verräterischen Namen und neuen

Informationen erfunden. Und das wußte Mickey, als er mir bei der Szene im Nugget geholfen hatte.

Aber genau das war es: er hielt gar nicht das Tagebuch umklammert, das ich ihm gegeben hatte. Jedes von Lacys Tagebüchern hatte eine andere Farbe in Rosa- und Lilatönen gehabt. Das eine war, was, blaßrosa? Dieses hier war lavendelfarben. Mickey hatte das fehlende Tagebuch gefunden!

Ich gab ihm genügend Zeit, einige Schritte weit zu gehen, dann rückte ich näher an den Karteischrank heran, den Mickey so entsetzt angestarrt hatte, und versuchte, die Tür zu öffnen. Hatte er das Tagebuch in Celestes Aktenschrank gefunden? Abgeschlossen. Ich rüttelte noch ein paar Mal am Griff herum. Vielleicht würde er ja wie von Zauberhand aufgehen, wenn ich nur richtig zerrte. Nichts.

Ich wollte gerade die Hand vom Knauf nehmen, als ich eine Vibration im Inneren spürte. Ich legte meine Hand auf die Metalltür. Sie brummte hin und wieder unter meinen Fingerspitzen. Waren das die Schwingungen der Klimaanlage oder Heizung? Vorbeifahrende Lastwagen? Ein Flugzeug über uns?

Oder etwas im Schrank.

Ich brauchte einen Schlüssel.

Ich riß Celestes Schreibtischschublade auf und prüfte das naheliegendste Versteck. Nichts als einige Visitenkarten, ein paar Süßigkeiten und ein halb aufgebrauchter Lippenstift. Tropical Sunset. Kein Schlüssel.

Der Schlüssel! Natürlich.

Ich mußte Mickey finden.

Nach einer schnellen Suche in den Haupträumen stieß ich die Tür zum Konservierungsraum auf. Mickey stand mit dem Rücken zu mir an einem Stahltisch. Er hatte das

Tagebuch auf den Instrumententisch gelegt und hielt noch etwas anderes in der Hand –

Ich mußte ein Geräusch gemacht haben, denn er schnellte mit einem angsterfüllten Ausdruck auf seinem teigigen Gesicht herum.

„Mickey! Ich hab Angst bekommen und …“

Er hob seine Hand. Das Ding, das er hielt, lang und scharf und glänzend, blinkte bedrohlich in der schwachen Raumbeleuchtung.

Ein Skalpell.

30

„Connor", sagte Mickey kopfschüttelnd. „Um Himmels willen, ich hab dir doch gesagt, rühr dich nicht vom Fleck. Du hättest mir nicht nachgehen sollen, weder aus dem Café noch aus dem anderen Raum."

Er trat einen Schritt vor. Ich trat einen zurück.

„Ich wollte nicht, daß du in das hier reingezogen wirst, Connor. Darum hab ich dir gesagt, daß du mit dem Schnüffeln aufhören solltest. Die Sache ist viel gefährlicher, als du weißt. Ich hab versucht, dich zu warnen, Connor. Verstehst du das denn nicht?" Es war schwer, sein Gesicht im Zwielicht zu lesen. War dieser Blick Hilflosigkeit? Verzweiflung? Oder war es Angst?

Er kam noch einen Schritt vor. Ich trat noch einen Schritt zurück und stieß an die Kante der Tür. Sie fiel zu.

„Ich wollte dir bei deinen Zeitungsstorys helfen, vor allem bei den Morden, damit du aus der *Eureka!* die Zeitung machen konntest, die du wirklich wolltest. Siehst du, Connor, ich versteh dich."

Über Mickeys Gesicht lief ein ganzes Kaleidoskop von Gefühlen. Der erschrockene Ausdruck wechselte in Sekunden zu Mitleid, Eifer, und Sympathie. Ich versuchte, mein eigenes Gefühl wachsender Angst zu verbergen. Ich griff hinter mich, tastete nach dem Türknauf, drehte ihn langsam und zog die Tür zentimeterweise auf.

„Du hättest mir auch helfen können, Connor. Hättest mir helfen können, Anerkennung für all meine Bemühungen zu bekommen, diese Stadt sicherer zu machen. Ich hab so viel für diese Stadt getan, aber niemand weiß es. Ich wollte, daß du es weißt, damit du mich verstehst."

Fast tat er mir leid, er sah so verletzlich aus. Aber das Skalpell in seiner erhobenen Hand erinnerte mich ständig daran, daß ich es hier nicht mit einem Opfer zu tun hatte, und jagte mir eine Scheißangst ein. Mit der Tür hatte ich noch keine großen Fortschritte gemacht. Mickey war nicht einmal einen Meter von mir weg. Mehr als nur bestürzt registrierte ich, daß er die ganze Zeit in der Vergangenheitsform von mir sprach. Er hatte definitiv etwas vor.

Mir war klar, daß man mit ihm nicht vernünftig reden konnte. Er hatte bereits zwei Menschen getötet – vielleicht auch mehr. Das gehörte alles zu seinem Plan: Mickey Arnold wollte der Supercop sein.

Mickey kam langsam näher. Sein Gesicht trug einen Ausdruck gerade noch im Zaum gehaltener Güte, als ob ich ein ausgerissenes Kaninchen wäre, das er vorsichtig wieder einfangen und dann zum Abendessen auftischen wollte. Die Tür war jetzt ein Stück offen und ich wollte wegrennen, aber er packte mich am Handgelenk und riß mich grob zurück.

„Ganz ruhig, Connor. Ich bin bei dir. Wir gehen jetzt zusammen in Celestes Büro. Ich möchte dir etwas zeigen." Sein Griff wurde mit jedem Wort fester. Aus dem Augenwinkel konnte ich sehen, wie er mit seinem Daumen den Rücken des Skalpells streichelte. Ein Hauch von Pfefferminz lag in der Luft.

Ich schrie, in der Hoffnung, daß mich jemand hören würde.

Mickey lächelte nur. Er wußte wohl, daß außer uns beiden niemand im Bestattungsinstitut war – abgesehen von ein paar einbalsamierten Leichen. Er hielt mich an den Haaren fest, stieß mich durch die Tür und zwang mich die

Eingangshalle zu Celestes Büro hinunter. So ein Todesgriff im Haar hat irgend etwas an sich, das einen davon abhält, allzuviel zu zappeln.

Als wir im Büro angekommen waren, schloß er die Tür und drückte mich neben Celestes Schreibtisch zu Boden. Die kleine Schreibtischlampe warf ein geisterhaftes Licht über den Raum.

Ich setzte mich vorsichtig auf, als sich Mickey mir gegenüber in einen Stuhl fallen ließ. Ich sah ihn an, während ich gleichzeitig mit meinem äußeren Gesichtsfeld den Raum absuchte. Das Lampenkabel war nur ein paar Handbreit von mir entfernt.

„Kennst du diesen Smith, Connor?"

Ich schob meine Hand ganz langsam auf das Lampenkabel zu, während ich mir mit der anderen Hand die Haare aus dem Gesicht strich, um ihn abzulenken.

„Der war gar nicht dein Typ", sagte er mit einem eiskalten Lächeln, das mir ein Kribbeln über die Haut jagte.

Noch ein paar Zentimeter. Ich stupste verzweifelt an meinem Haar herum.

„Ich hab ein paar Sachen über ihn rausgefunden, und da mußte ich –"

Mit einer schnellen Armbewegung riß ich den Stecker aus der Dose. Das Zimmer wurde dunkel. Ich griff nach der Lampe, fand sie und schmiß sie durch den Raum dorthin, wo Mickey hoffentlich noch saß.

Ich wußte nicht, ob ich ihn getroffen hatte oder nicht. Es war stockfinster im Raum und keiner von uns beiden konnte etwas sehen. Aber er war natürlich im Vorteil; er konnte hören.

Ich ertastete mir schnell den Weg unter den Schreibtisch und überlegte, wie ich hier herauskommen konnte, ohne in einem Sarg transportiert zu werden. Ich mußte ihn ablenken, wenn ich zur Tür kommen wollte, dachte ich, und stieß mir dann den Kopf an der Schreibtischplatte. Verdammt! Ich fühlte, wie mein Hörgerät aus meinem Ohr baumelte und herunterfiel.

Mein Hörgerät! Ich suchte meine Umgebung ab, indem ich mit der Hand über den Boden strich, und fand es unter meinem linken Oberschenkel. Ich tastete nach dem winzigen Lautstärkeregler und drehte ihn auf voll. Ich baute auf den ohrenbetäubenden Piepton, der meine hörenden Freunde immer so nervte, legte das Gerät auf den Boden und krabbelte schnell rückwärts unter dem Schreibtisch weg. Hoffentlich würde ihn das Schrillen glauben machen, daß ich immer noch dort war. Wenn er darauf nicht hereinfiel, war ich in noch größeren Schwierigkeiten, als ich mir vorstellen konnte.

Ich schoß in der Dunkelheit davon, ohne zu wissen, wo Mickey war oder in welchem Zustand er sich befand. Kriechend tastete ich mich an der Wand entlang und hatte schreckliche Angst davor, mit ihm zusammenzustoßen.

Wenn die Lampe ihn nicht getroffen hatte, würde ihn das Hörgerät höchstens ein paar Momente ablenken. Wenn er erst einmal gemerkt hatte, daß ich nicht da war, wo er glaubte, würde er sofort zur Tür zu kommen versuchen. Und war die erst einmal offen, würde Licht ins Zimmer fallen. Wenn ich es bis dahin nicht bis zur Tür schaffte, hatte ich keine Chance.

Ich kroch zentimetwerweise weiter an der Wand entlang und hoffte, daß ich keine Geräusche machte. Es dauerte eine Ewigkeit, bis ich den Türrahmen erreicht hatte. In Zeitlupe tastete ich nach dem Knauf. Noch ein paar Sekunden und ich war draußen. Ich drehte langsam den Knauf –

Da war ein scharfer Schmerz an meinem rechten Ohr. Ich faßte hin – es fühlte sich naß und klebrig an – und gefühllos. Mickey hatte etwas nach mir geworfen und mich knapp verfehlt. Ich wollte lieber nicht darüber nachdenken, was es gewesen war. Ein Schweißtropfen rollte meinen Rükken hinunter. Woher wußte er, wo ich war?

Plötzlich wurde mein rechter Fuß unter mir weggezogen. Ich griff nach dem Türknauf, um nicht von Mickeys Kraft überwältigt zu werden, aber ich verlor das Gleichgewicht und fiel hin. Den Rücken gegen die Tür gepreßt, versuchte ich, ihn mit dem anderen Fuß zu treten, und schlug im Dunkeln blind um mich. Gute alte Zwei-Kilo-Doc-Martens. Diese Schuhe haben eine ganz schöne Wucht, wenn man trifft. Einen guten Tritt konnte ich landen, bevor ich wieder ins Dunkle griff.

Als Mickey mich zu Boden ringen versuchte, bekam ich den Türknauf zu fassen und drehte ihn. Die Tür öffnete sich leicht; ein Lichtschein aus der Empfangshalle fiel ins Zimmer.

Mickey hatte meinen Fuß in der einen Hand und grabbelte anscheinend mit der anderen auf dem Boden herum, wahrscheinlich auf der Suche nach dem Ding, das er geworfen hatte. Ich trat und schrie und schleuderte das volle Gewicht meiner Doc Martens in sein verzerrtes Gesicht. Er ließ plötzlich los. Starr vor Schmerz bedeckte er sein Gesicht und wischte sich dann das immer stärker strömende Blut von der Nase.

Er zog die Hände vom Gesicht und ich konnte seine Lippen ganz leicht ablesen; sie waren rot umrandet. „Du undankbare Schlampe!"

Ich strampelte nach der Tür, aber er warf sich auf mich, krallte sich meinen Arm und schleuderte mich gegen den

Metallschrank, daß mir der Atem wegblieb. Ein paar Sekunden lang bekam ich keine Luft – genügend Zeit für Mickey, nach etwas in seiner Tasche zu greifen: seine Schlüssel. Schnell fingerte er nach dem, den er brauchte. Blut tropfte von seinem Gesicht und auf seine Hand, als er den Metallschrank öffnete.

Celeste rollte heraus, bewußtlos.

„Und jetzt kommen wir zum großen Finale. Laß mal sehen, Connor. Was hältst du denn von diesem Krimirätsel? Celeste ersticht dich mit dem Skalpell. Und dann schlitzt sie sich die Pulsadern auf. Ich finde die Leichen, erkenne, wer der Mörder ist – und dann rufe ich den Sheriff und warte auf die Fernsehkameras. Auf die lokale Berichterstattung werden wir wohl verzichten müssen. Du bist dann nicht mehr in der Lage, eine gute Story zu schreiben. Aber das macht nichts. Diesmal komme ich bestimmt in die *Sacramento Bee.*“

Mickey hob Celestes Arm hoch und wollte das Skalpell über ihr Handgelenk ziehen, als ich die Tür zukickte und das Licht noch einmal auslöschte. Ich tastete dort, wo ich ihn zuletzt gesehen hatte, nach Celestes Besucherstuhl, hob ihn hoch und warf ihn grob in Mickeys Richtung. Ich hatte keine Ahnung, ob ich ihn getroffen hatte.

Ich spritzte von der Tür weg, damit Mickey nicht wußte, wo ich war, und suchte auf dem Schreibtisch nach dem Telefon. Ich nahm den Hörer auf, wohl wissend, daß ich nicht viel Zeit hatte. Nach Gefühl drückte ich die Tasten, die hoffentlich 911 ergaben, und hoffte, daß sie kein Geräusch machten. Dann ließ ich den Hörer auf dem Tisch liegen. Ich brauchte nichts zu sagen. Wenn ich die richtige Nummer erwischt hatte, würden sie die Kampfgeräusche hören und die Rufnummernidentifikation auf dem Bildschirm sehen.

Allerdings, fiel mir ein, saß die Einsatzbearbeiterin beim Abendessen im Café. War der Sheriff da, um das Gespräch anzunehmen?

Ich konnte nicht warten. Mickey würde seinen Plan längst ausgeführt haben, bis der Sheriff erschien. Und sich dann die Lorbeeren abholen wollen.

Auf Händen und Knien erreichte ich die Tür, die jetzt blockiert war. Celeste. Ich gab ihrem leblosen Körper einen Stoß und rollte sie zur Seite, dann griff ich mir den Türknauf und öffnete die Tür, so weit ich konnte. Sie bewegte sich nur ein paar Handbreit.

Ich sah zurück. Mickeys blutiges, verzerrtes Gesicht glühte in dem geisterhaften Licht. Ich gab Celeste noch einen Schubs mit meinem Fuß und quetschte mich durch die Tür, als Mickey von einem wütendem Adrenalinstoß angetrieben hochsprang. Ich schnappte mir den Türknauf und zog die Tür hinter mir zu. Sie schlug heftig auf Mikkeys Hand.

Das Skalpell, das er sich wieder geangelt hatte, fiel vor meinen Füßen auf den Boden. Rasch hob ich es auf. Als er nach mir greifen wollte, stieß ich das Skalpell nach vorn und rammte es durch Mickeys blutige Hand.

Seine Reaktion wartete ich nicht ab. Ich rannte die Empfangshalle hinunter, durch die Eingangstür des Bestattungsinstituts, die Einfahrt entlang zur dunklen Straße und dann direkt in etwas hinein, das sich wie eine Ziegelmauer anfühlte. Ich prallte zurück, beugte mich vor, um wieder Luft zu bekommen, und richtete mich dann auf.

„Dan!"

31

Ich bin zwar taub, aber keineswegs dämlich.

Ich hasse diese Frauen im Kino, die nachsehen gehen, was da im dunklen Keller ist, wenn sie genau wissen, daß sich ein Serienmörder in der Gegend herumtreibt.

Ich weigere mich einfach, so dumm zu sein.

Ich gehe nicht dahin, wo vermutlich Mörder lauern – jedenfalls nicht, ohne jemand etwas davon zu sagen. Und ich stelle möglichst sicher, daß die Verstärkung mir direkt auf den Fersen ist.

Aber diesmal mußte es irgendwo eine Panne gegeben haben.

„Wo zum Teufel warst du??!" Ich schleuderte die Worte zwischen keuchenden Atemzügen hervor. „Ich war grade dabei, das Schaustück für die nächste Trauerfeier zu werden!" Schnauf, schnauf. „Ich dachte, du wärst direkt hinter mir!" Keuch.

„Du hast mich abgehängt!" sagte Dan und warf die Arme hoch. „Als du und Mickey –"

Aus dem Augenwinkel sah ich Sheriff Mercers Auto die Straße heraufkommen. Ich drehte mich um, um ihn anzuhalten und verpaßte so den Rest von Dans Erklärung. Atemlos erklärte ich dem Sheriff, was passiert war, und sagte ihm, er solle einen Krankenwagen für Celeste rufen – und für Mickey. Ich sah, wie er das Funkgerät herauszog, als er die Einfahrt hinaufraste. Dan und ich folgten ihm zu Fuß.

„So, wo um Himmels willen bist du gewesen?" fragte ich, als wir auf das Auto des Sheriffs zugingen und mir meine Wut wieder einfiel. „Ich war ganz allein da oben! Er wollte mich umbringen und es so aussehen lassen, als ob es Celeste gewesen wäre, und sie hätte er dann mit einem vorgetäuschten Selbstmord erledigt. Du solltest doch da sein!"

Dan schaute hilflos und ein bißchen verzweifelt. „Ich weiß nicht, was passiert ist! Du mußt sofort aus dem Café gegangen sein, als ich den Anruf für den Hilfssheriff gemacht hatte. Ich habe eine Weile draußen gewartet, aber du bist nicht erschienen. Als ich schließlich drinnen nachsah, warst du weg und niemand konnte mir sagen, wo du hingegangen warst. Also hab ich dich gesucht – keine leichte Aufgabe."

Als ich früher am Abend bei ihm vorbeigeschaut hatte, kurz bevor ich mit Mickey ins Café ging, hatte ich Dan von meinem Plan erzählt. Ich war mir aus mehreren Gründen ziemlich sicher, daß es der Hilfssheriff war, der Lacy umgebracht hatte, und auch den Typen in der Frühstückspension. Dan hatte mir geholfen, eine Kopie von Lacys Stimme von dem Band auf ihrem Anrufbeantworter zu ziehen. Miah hatte das dann mit seinem Aufnahmegerät geschnitten – er hat das ganze allerneuste Zeug, ohne das die Jungen heutzutage nicht auskommen können: CD-Spieler, Verstärker, Doppeltapedeck, Digitalsound und Lautsprecher so groß wie kleine Mietshäuser. Wir ließen ihn das Band so zurechtdoktern, daß es hieß: „Hier ist Lacy Penzance. Ich möchte gerne mit Ihnen sprechen. Es ist wichtig."

Offenbar war die Qualität nicht übel. Als Dan im Café anrief und das Band für Mickey übers Telefon abspielte, war das Ergebnis genau das, worauf ich gehofft hatte: Panik. Mickey ist natürlich auch kein Dummkopf. Ich glaube kaum, daß er dachte, Lacy wäre von den Toten auferstanden. Aber er wußte, daß ihm jemand auf die Schliche gekommen war. Er wußte nur nicht, wer.

„Hast du mich denn nicht schreien gehört?"

„Erst, als du auf die Straße kamst. Da war ich schon im Büro des Sheriffs gewesen, in deinem Büro, bei Mickeys Haus und wieder im Café. Ich hatte keine Ahnung, wo ich noch suchen sollte."

Vor dem Bestattungsinstitut fanden wir das verlassene Auto des Sheriffs, mit blinkenden Lichtern, offener Tür und abgasspuckendem Auspuff. Dan blieb ein paar Meter vor der Eingangstür stehen und drehte sich zu mir um.

„Bist du in Ordnung?" Dan nahm meine immer noch zitternden Hände in seine. „Deine Hände zittern", sagte er und streichelte sie leicht. Wenn er damit nicht aufhörte, würden meine Hände womöglich ewig weiter zittern.

Immer noch ganz aufgedreht von der Aufregung, zog ich meine Hände zurück und suchte die sichtbaren Teile meines Körpers durch meine zerrissene und aufgelöste Kleidung hindurch nach frischen Blessuren ab. Ich fand vier größere Verletzungen: eine an jedem Schienbein, wo ich auf dem Weg zur Tür in Celestes Schreibtisch gerannt war. Eine an meinem Arm, wo Mickey mich etwas zu fest gepackt hatte. Und eine konnte ich an meiner Schläfe fühlen, wo er mich auf den Boden geschleudert hatte. Außerdem hatte ich Hautabschürfungen, ein paar Fingernagelkratzer am Knöchel, ein blutiges Ohr und eine Beule am Kopf vom Zusammenstoß mit der Schreibtischplatte. Eigentlich war ich sogar ganz stolz auf meine Verletzungen. Das schlug doch so einen harmlosen kleinen Giftsumachausschlag um Längen.

„Mir geht's gut, wirklich. Bloß ein bißchen wacklig. Ein paar Kratzer hier und da. Ist wohl nicht ganz so gelaufen, wie ich mir's gedacht hatte."

„Was du nicht sagst", stimmte Dan mir zu, nahm wieder meine Hände und massierte sie sanft.

„Mann, als du Mickey im Café angerufen und das Band mit Lacys Stimme abgespielt hast, da ist er total ausgeflippt."

Dan grinste. „Der Anruf hat also funktioniert?"

„Ihre Stimme zu hören hat ihn jedenfalls so verunsichert, daß er sofort Hals über Kopf zu dem Tagebuch gerannt ist, das er zu Hause versteckt hatte. Das hatte er bei sich, als er hier im Bestattungsinstitut ankam."

„Hast du in seinem Haus irgendwas gesehen?" fragte Dan.

„Nur das, was ich vom Fenster aus erkennen konnte: ein Haufen Polizeifanatikerzeugs. Aber er hatte diesen riesigen Messingring voll von allen möglichen Schlüsseln." Meine Stirn tat weh. Die anderen Wunden und Prellungen fingen an, solidarisch mitzupochen.

Ein Krankenwagen fuhr vor und parkte neben dem Auto des Sheriffs. Die beiden Sanitäter, die ich Sluice aus dem offenen Grab hatte herausholen sehen, rannten mit Arzttaschen und einer Trage an uns vorbei.

„Da drin ist eine Frau. Ich weiß nicht, ob sie –"

„Wir sollten besser aus dem Weg gehen", sagte Dan und zog mich zur Seite, als ich den beiden folgen wollte. Er hatte recht.

„Gott, Celeste –"

„Du hast gesagt, daß Mickey wahrscheinlich Lacys Schlüssel genommen hat, als ihre Tasche aufgegangen war, an dem Tag, an dem sie im Nugget zusammengeprallt sind. Glaubst du, er hatte diese kleine Begegnung geplant?" fragte Dan und lenkte mich so von der Frustration ab, nichts mehr tun zu können.

„Es kann sein. Es kann auch sein, daß er schon Duplikate von ihren Schlüsseln hatte. Von allen Schlüsseln

Duplikate zu machen, gehörte zu seinem großen Plan, in dieser Gegend aufzuräumen."

„Was ist mit deinen Schlüsseln? Wie ist er an die gekommen? Er *war* doch derjenige, der in deinem Haus herumgeschlichen ist, oder?"

„Er hätte sie jedesmal, wenn er mich im meinem Büro besucht hat, aus meiner Tasche nehmen können. Vielleicht sogar, als ich nebenan bei dir war. Wahrscheinlich hat er sie beim Eisenwarenladen nachmachen lassen und zurückgelegt, bevor ich sie überhaupt vermißt hatte."

Mickey kam in Handschellen aus der Tür des Bestattungsinstituts herausgestolpert, die verwundete blutige Hand hatten ihm die Sanitäter verbunden. Der Sheriff folgte ihm auf den Fersen und rieb sich ungläubig den Kopf, als der Hilfssheriff energisch in den Streifenwagen einstieg, diesmal auf den Rücksitz. Ich ging zum Autofenster hinüber und beugte mich herunter, um mit ihm zu sprechen.

„Warum, Mickey?" fragte ich. „All das, nur um der Supercop zu sein?"

Er lachte kurz, als ob ich ihn nie verstehen würde. Da hatte er recht.

Der Sheriff stieg auf der Fahrerseite ein und schloß die Tür. Er lehnte sich zum Beifahrerfenster hinüber, damit ich seine Lippen ablesen konnte.

„Faß nichts an, Connor! Geh nicht mal rein! Ich fahr ihn in die Zelle und dann komm ich zurück, um mir das hier anzusehen. Die Sanitäter kümmern sich um Celeste, also bleib aus dem Weg, Connor. Verdammt, ich meine es ernst! Hörst du mich?"

Nö, dachte ich, und winkte ihm nach, als er außer Sichtweite fuhr. Dann drehte ich mich zum Bestattungsinstitut um und rannte schon fast hinein. In der Eingangshalle rollten die Sanitäter Celeste auf einer Trage heraus. Sie hing an einem Beatmungsgerät, einem Tropf und einem Monitor.

„Ist sie –"

Der Sanitäter unterbrach mich. „Bitte gehen Sie aus dem Weg. Wir bringen sie ins Pioneer Hospital in Whiskey Slide."

„Nette Bude", sagte Dan, als er mir in Mickeys Vorderzimmer folgte. „Wenn man einen Copfimmel hat."

Nach einer gründlichen aber unauffälligen Durchsuchung des Bestattungsinstituts hatten Dan und ich beschlossen, uns in Mickeys Haus umzusehen, ob wir dort vielleicht eine Verbindung zu Boone finden konnten. Wir hielten beim Hotel an und nahmen den Bronco.

Paradox, dachte ich. In seiner Eile hatte Mickey sein eigenes Haus nicht abgeschlossen. Wir waren nur für einen schnellen Rundgang gekommen, aber ich mußte Dan, dem unverbesserlichen Excop, trotzdem versprechen, nichts anzufassen. Ha.

Im Schlafzimmer fanden wir ein einziges Chaos vor. Kleider lagen verstreut umher, ein Stuhl war umgefallen, und der Inhalt von Mickeys Schrank war größtenteils auf dem Boden verteilt.

Ich spähte in den Schrank hinein und entdeckte eine Schlüsselfräse und eine Sperrholzplatte voller kleiner Haken. Dutzende von Schlüsseln hingen an dem Brett, jeder mit einem Namensetikett versehen. Celeste. French. Jilda. Beaus Schlüssel waren da. Lacys natürlich. Und meine.

Ich bückte mich, um mir die gesammelten Schätze in Mickeys Schrank näher anzusehen. Auf dem Boden lag das rosa Tagebuch, das ich ihm im Büro gegeben hatte. Das lavendelfarbene, der Band, der in Lacys Sammlung im Schlafzimmer fehlte, lag jetzt in Dans Auto. Ich hatte es im Bestattungsinstitut aufgesammelt, nachdem die Sanitäter herausgestürzt waren. Eine Seite war herausgerissen. Die hatte Mickey bestimmt als fingierten Abschiedsbrief benutzt.

Warum hatte Mickey versucht, Lacys Tod wie einen Selbstmord aussehen zu lassen? Er mußte doch wissen, daß man ihre Leiche untersuchen und die Trokarwunde finden würde.

„Sieh dir das hier an." Dan tauchte neben mir auf. Er hatte Mickeys Schubladen durchsucht. In seiner Handfläche lag ein winziger goldener Ohrring. Der, der bei Lacys Leiche gefehlt hatte?

„Ich dachte, wir sollten nichts anfassen."

Er ignorierte die Bemerkung. „Sieh dir mal dieses Sammelalbum an", sagte er und hielt einen ledergebundenen Band hoch. „Rate mal, wer der Star ist?"

Ich nahm ihm das Album ab und schlug den Deckel auf. Auf der ersten Seite war die Erstausgabe der *Eureka!* mit Klebestreifen befestigt. Mein Name war mit gelbem Textmarker hervorgehoben.

Ich blätterte um und fand einen Brief von meinem Exfreund. Ich öffnete den Umschlag und las den Inhalt, ein Haufen wirres Zeug darüber, wie leid ihm alles täte und ob ich ihn nicht bitte anrufen könnte. Der hatte ursprünglich in meiner obersten Schublade gesteckt – gleich bei meiner Unterwäsche.

Die nächste Seite zeigte ein Polaroidfoto von mir bei einer Lunchpause am Miwok Reservoir. Die nächste eins, auf dem ich mit dem Fahrrad die Main Street hinunterfuhr.

Und noch eins von hinten, auf dem ich auf mein Bürogebäude zuging. Über dieses letzte runzelte ich die Stirn.

„Ich sollte keine Streifen tragen“, sagte ich.

„Ich finde, du siehst toll aus“, antwortete Dan.

Auf der nächsten Seite war ein Cover von einem meiner Comicbücher, ein *Heckle and Jeckle*, der schon seit ein paar Monaten verschwunden war. Dann kam ein Abschnitt einer Eintrittskarte von dem Abend, an dem Mickey mich zum Pasta-Festival in Rough & Ready ausgeführt hatte, eine Fotokopie von meinem Führerschein und ein Computerausdruck von meinem Verkehrsregister – Falschparken und eine unfaire Anzeige wegen überhöhter Geschwindigkeit, weil ich in einer Sechzig-Kilometer-Zone achtzig gefahren war.

Lauter kleine Mosaikstückchen meiner ersten sechs Monate in Flat Skunk waren in dem Sammelalbum vor mir ausgebreitet; auf jeder dritten oder vierten Seite klebte eins meiner Krimirätsel aus der *Eureka!* Die letzte gefüllte Seite enthielt die verschwundene Papierserviette mit dem unvollendeten Rätsel.

„Ich glaube, er ist scharf auf dich“, sagte Dan und hielt ein Spitzenhöschen hoch, das ich schon einige Zeit vermißt hatte. Ich hatte angenommen, es sei dem Trocknergott geopfert worden, dem, der die einzelnen Socken sammelt. Ich fühlte, wie mir eine heiße Welle über Brust und Hals schwappte, als ich ihm das Höschen aus den Fingern riß und in meine Hosentasche stopfte.

„Na, na, na“, machte Dan und wackelte neckisch mit dem Zeigefinger. „Das wird der Sheriff als Beweisstück brauchen.“

Er streckte die Hand aus. Ich gab ihm einen Klaps.

„Kommt nicht in Frage“, sagte ich.

32

Auf dem Weg zum Büro des Sheriffs hielt Dan beim 24-Stunden-Drugstore an, damit ich mich wieder zusammenflicken konnte. Mit dem zerkratzten Knöchel konnte ich nicht viel tun, außer ein bißchen Desinfektionsmittel darauf zu schmieren, aber mein linkes Ohrläppchen, das von dem fliegenden Skalpell geküßt worden war, brauchte einen richtigen Verband.

Dan suchte einige Comic-Pflaster aus und klebte mich kreuz und quer damit voll, überall, wo er einen blauen Fleck, eine Schnittwunde oder einen Kratzer sah. Die Schachtel war in Null Komma nichts leer und ich sah bald aus wie ein Kind, das sich über den Medizinschrank hergemacht hat. Der Schmerz beim Abreißen war später wahrscheinlich stärker als der Nutzen, den sie jetzt brachten, aber die Fürsorglichkeit war irgendwie nett.

Ich winkte dem Sheriff zu, als wir in sein Büro hineingingen. Er füllte an seinem Schreibtisch Formulare aus.

„Kann ich ihn sehen?“ fragte ich zögernd.

Der Sheriff nickte knapp. „Aber ich will mit dir reden, Connor. Er hat gestanden, aber da sind noch ein paar Löcher, die ich stopfen möchte. Große Löcher.“

Dan zog einen Stuhl vom Schreibtisch des Sheriffs heran und setzte sich. „Geh ruhig, Connor. Ich möchte ein paar Minuten mit dem Sheriff sprechen.“

Ich nickte und ging den Flur hinunter.

Mickey saß in der Zelle hinter dem Büro des Sheriffs und hatte den Kopf auf die Hände gestützt. Als er mich sah, wischte er sich mit dem Rücken seines Uniformärmels die Nase. Beides war dunkelrot gefleckt von dem Nasenbluten, das ich ihm vorhin verpaßt hatte.

Ich setzte mich auf der anderen Seite der Gitterstäbe auf den Fußboden, damit ich auf Augenhöhe mit ihm war. „Mickey, sag mir, warum."

Er sah nicht auf.

„Mickey, hast du Lacys Schlüssel genommen, als sie an dem Tag im Café ihre Tasche fallen gelassen hat?"

Keine Antwort.

„Wolltest du alle umbringen, die auf dem Schlüsselbrett stehen?"

Da sah er endlich wütend auf. „Ich wollte überhaupt niemand umbringen! Ich wollte nur Lacys Haus sehen und herausfinden, ob sie ... irgendwelche Geheimnisse hatte. Jeder hat Geheimnisse, weißt du. Vor allem die, die immer so perfekt wirken."

„Wieso hat du ihre Schlüssel genommen und ..."

„Ich dachte, ich würde da schon was finden, wenn ich nur gründlich genug suchte. Ich hab mir ihre Schlüssel ausgeborgt und Duplikate davon gemacht, und dann bin ich wieder hingegangen, als ich wußte, daß sie nicht zu Hause war, und hab mich umgesehen."

„Was dachtest du denn, was du finden würdest?"

Er zuckte die Achseln. „Ich bin ein Cop – es ist mein Job, zu wissen, wenn Leute das Gesetz brechen oder etwas im Schilde führen. Die Polizei kann nicht alles streng nach den Regeln machen, weißt du. Meistens sind uns die Hände gebunden. Ich mußte die Regeln hin und wieder umgehen, zum besten der Stadt."

„Und da hast du dir also alle Schlüssel beschafft, um hinter die verschlossenen Dinge zu kommen."

Mickey wischte etwas unter seinem Auge fort. „Genau. Und ich bin froh, daß ich's gemacht hab. So hab ich rausgefunden, daß die Pemryn-Brüder im Badezimmer Hasch angebaut haben. Und daß der alte Cabral in der Post sich von den Konten bedient hat."

„Aber Lacy? Die tat doch ständig Gutes für die Stadt. All diese wohltätigen Organisationen und Benefizveranstaltungen und –"

„Ha! Das sind genau die, die man nie im Verdacht hat, während sie ihre Mieter wegen eines Rentenschecks umbringen und die Leichen im Hinterhof vergraben."

„Was hast du denn bei Lacy entdeckt?" fragte ich sanft.

Er lächelte böse. „Schmuck, Massen von Schmuck. Ich dachte mir, daß sie den wohl bei diesem Spinner Wolf gekauft hatte, aber es gab mir zu denken. Ich wußte, daß Wolf und Celeste irgendeinen Schmuckbetrug laufen hatten, weil Celeste auch einen Haufen goldene Ketten und Ringe gehortet hatte. Die hab ich gefunden, als ich mir ihre Wohnung angesehen hab. Aber ich wußte nicht, wie sie es gemacht haben, bis ich den Schlüssel vom Bestattungsinstitut bekommen hab. Ich dachte, Lacy hängt da vielleicht mit drin."

„Aber das tat sie nicht?"

Seine Körperhaltung sprach Bände, während seine Lippen schwiegen. Er wiegte sich vor und zurück, schüttelte rhythmisch den Kopf und tippte mit den Füßen auf den Boden.

„Warum hast du sie umgebracht?"

„Darum! Weil sie mich überrascht hat, als ich ihre Sachen durchgegangen bin. Ich bin eigentlich immer sehr vorsichtig. Ich dachte, sie würde eine Weile weg sein. Sie ging jeden Abend ungefähr zur selben Zeit aus und traf sich mit einem Typen, von dem niemand wußte – außer mir, natürlich. Aber an dem Abend kam sie eher zurück und erwischte mich beim Schnüffeln."

„Und da hast du sie umgebracht?"

Mickey wiegte sich etwas stärker.

„Ich wollte sie nicht umbringen. Ich wollte nicht, daß irgend jemand stirbt. Nicht einmal Reuben. Deswegen bin ich doch kein Mörder, oder, nur weil ich da war und nichts gemacht hab?"

Mickey war also am See, als Reuben mit dem Boot gekentert war? Reuben war ertrunken und Mickey hatte nichts unternommen, um ihn zu retten. Darum wußte er so viel über Reubens Tod.

„Was ist damals passiert?" fragte ich.

Er klappte seine Knie auf und zu, weil er einfach nicht still sitzen konnte. „Reuben hat Lacy betrogen. Er hat das Boot benutzt, um sich mit anderen Frauen zu treffen. Ich war da –"

„Und hast ihm nachspioniert?"

Mickey starrte mich wütend an. „Ich hab ihn beobachtet. Ich wußte, daß er irgend etwas vorhatte. Ich hab nur darauf gewartet, daß er einen Fehler macht. Er hat getrunken und nicht aufgepaßt. Das Boot knallte auf einen großen Felsen, begann zu sinken und er ist abgesoffen –" Er brach ab und schaute auf irgendeinen fernen Horizont, den nur er von der Zelle aus sehen konnte. „Ich konnte nichts machen. Ich war ja eigentlich nicht einmal da. Der Sheriff dachte, ich wäre beim High-School-Footballspiel."

„Ich verstehe immer noch nicht, was mit Lacy passiert ist."

Er sah auf seine rastlosen Füße und dann wieder zu mir.

„Als sie mich dabei erwischt hat, wie ich ihre Sachen

durchsuchte, sagte sie, sie würde den Sheriff rufen, als ob ich ein Krimineller wäre oder so was. Das … das konnte ich nicht zulassen. Nicht, nachdem ich so hart daran gearbeitet hatte, ein guter Cop zu sein."

„Und da hast du sie erstochen?"

„Nein! Nein … ich hab sie gestoßen, weißt du, als sie den Sheriff anrufen wollte. Sie griff nach ihrer Tasche; ich wußte ja nicht, was sie als nächstes tut – vielleicht wollte sie eine Waffe ziehen …"

Mickey sah mich prüfend an, ob ich auch begriff, was er sagen wollte. Ich versuchte, verständnisvoll auszusehen. Es fiel mir nicht leicht.

„Also hab ich sie zu Boden gedrückt und ein Messer vom Tisch genommen, als sie etwas aus ihrer Tasche herauszog. Ich versuchte, ihr die Tasche wegzunehmen, aber das Messer blieb irgendwie an ihr hängen …"

Er brach ab und ließ den Kopf hängen.

„Was hast du dann gemacht?"

„Ich wußte nicht, was ich tun sollte. Ich hab eine Weile da gesessen und überlegt. Ich wußte, daß ich das nicht gewollt hatte, also war es nicht meine Schuld. Ich dachte, ich könnte die Schuld vielleicht jemand zuschieben, der es wirklich verdient hatte. Da kam mir die Idee, es wie einen gefälschten Selbstmord aussehen zu lassen, der einen von Celeste begangenen Mord verdecken sollte. Ich dachte, das wäre ein gutes Krimirätsel, weißt du?"

„Warum denn Celeste? Du sagst, du wußtest von dem Schmuckbetrug? Hättest du sie nicht einfach dafür verhaften können?" fragte ich.

Mickey sah mich flehend an. „Ich wußte von dem Schmuck, aber ich konnte es nicht beweisen. Ich hab mir gedacht, sie verdient auf jeden Fall, ins Gefängnis zu kommen, und wo ich schon mal dabei war, konnte ich außerdem noch dir die Chance geben, in deiner Zeitung mit einem echten Krimi den großen Durchbruch zu schaffen."

„Warum das Trokar?"

Er nickte immer wieder, wie ein Autist. „Wie gesagt, ich dachte, das wäre ein gutes Krimirätsel. Ich hab gern mit dir an diesen Rätseln gearbeitet, Connor. Das war etwas, was wir gemeinsam hatten. Ich dachte, wenn wir zusammenarbeiten, dann würden wir vielleicht enger zusammenkommen, weißt du. Also hab ich das Trokar benutzt, um die Messerwunde zu kaschieren."

Er blieb einen Moment still und sprach dann schnell weiter, als ob er Angst hatte, den Schwung zu verlieren.

„Offenbar kann niemand mehr etwas gegen das Verbrechen tun – Drogendealer, Diebe, klugscheißerische Teenager – nicht mal die Polizei. Verstehst du denn nicht? Ich mußte etwas tun!"

„Was ist mit Sluice? Hast du den auch umzubringen versucht?"

„Nein, der war keine echte Bedrohung. Ich hab ihn in das Grab geschubst, damit er eine Weile still sein sollte, um ihn ins Krankenhaus und aus dem Weg zu bringen. Ich hatte das Gefühl, daß er irgendwelchen Schmuck im Rucksack hatte. Aber ich hab ihn nicht gefunden. Dann hab ich Wolf gesehen und mußte mich schnell aus dem Staub machen."

„Warum hast du James Russell umgebracht?"

Mickey saß ein paar Sekunden schweigend da, bevor er sprach.

„Ich ... ich bin Celeste an dem Abend nachgegangen. Ich dachte, sie geht zu Wolf, wegen des Schmucks."

Ich sah ihn gebannt an.

„Aber Celeste ging statt dessen zum Mark Twain. Sie benahm sich wirklich komisch, schlich so herum, weißt du. Und sie trug diese dunklen, männlichen Sachen. Sie ist durchs Fenster reingegangen statt durch die Tür. Jetzt sag mir, daß das nicht verrückt ist."

„Das ist merkwürdig", stimmte ich zu.

„Ich hab draußen gewartet und durch das offene Fenster gelauscht, aber was ich hörte war nicht das, was ich erwartet hatte."

Er sah mich an und wartete auf eine Reaktion, aber ich wußte schon, was er sagen würde. „Es ging nicht um den Schmuckbetrug", sagte ich.

Mickey lachte. „Weiß Gott nicht. Celeste und dieser Typ haben reichen alten Witwen ihr ganzes Geld abgeschwindelt! Es war einfach unglaublich!"

„Und natürlich mußte man ihnen Einhalt gebieten ..." warf ich ein.

Mickey rieb sich fieberhaft die Hände. „Als Celeste gegangen war, bin ich durchs Fenster geklettert. Mann, war der Typ erstaunt, mich zu sehen. Ich sagte ihm, daß ich wußte, was er machte. Aber er lachte nur und sagte, ich könnte nichts beweisen. Er hatte recht. Aber ich konnte ihn nicht einfach damit durchkommen lassen."

„Also hast du den Goldgräberpickel von der Wand genommen und ihn damit erstochen."

Mickeys Auge füllten sich mit Tränen.

„Connor, verstehst du denn immer noch nicht? Er taugte nichts. Und im Rahmen des Gesetzes hätte ich nichts dagegen tun können. Ich bin ein Gesetzeshüter und es ist meine Pflicht, recht zu handeln. Es schien mir der einzige Weg."

„Ich weiß, warum Celestes Haare und Kleiderfasern in

der Pension waren, aber was ist mit den Fingerabdrücken? Waren das Dans?“ fragte ich.

Mickey legte den Kopf schief.

„Ich hab ihm nicht getraut, Connor. Er war ein Fremder in der Stadt, schnüffelte dauernd herum und belegte dich mit Beschlag. Keiner wußte wirklich etwas über ihn. Ich weiß immer noch nicht, was er spielt, aber ich schätze, er hat mit Drogen oder so was zu tun.“

„Hast du seinen Bruder umgebracht?“

Ich dachte schon, daß Mickey gar nicht reagieren würde, er blieb so lange still. Schließlich holte er tief Luft, kratzte sich den Ausschlag an seinem Arm und begann zu antworten.

„Boone wußte zu viel über meine Verbindung zu Lacy Penzance. Diese ganzen Untersuchungen, die er machte, wurden allmählich ein Problem. Er rief aus Rio Vista an, weil er ein paar Informationen vom Sheriff brauchte, aber ich hab das Gespräch angenommen.“

„Was wollte er denn?“

„Er sagte, er wüßte etwas über Lacys Tod. Aber mehr wollte er nicht sagen.“

„Also bist du nach Rio Vista gefahren.“

„Ich mußte wissen, was er rausgefunden hatte. Ich fuhr dorthin und traf ihn in einer Bar. Er hatte wieder getrunken – war schon ziemlich hinüber. Im Auto hatte er dann noch ein paar Gläschen und war wirklich stockbetrunken. Etwas schien ihn wirklich aufzuregen. Ich fragte ihn immer nach seinem Fall und er wollte nichts sagen, selbst in dem Zustand.“

„Warum hast du ihn dann umgebracht?“

Er sah mich wieder durchdringend an. Es war wirklich erschreckend, wie schnell seine Stimmung wechselte.

„Kannst du's bitte abwarten! Ich versuch ja, es dir zu erzählen!" Er holte wieder tief Luft, wischte sich die Nase und nahm seine Geschichte ganz ruhig wieder auf. „Er wollte ganz lange nichts sagen. Schließlich sagte er, daß er mich eines abends in Jildas Haus hatte gehen sehen, während sie im Café war."

„Also hat er sich gedacht, daß du da illegalerweise reingegangen warst."

Mickey zog die Augenbrauen hoch. „Ich hab versucht, ihn davon zu überzeugen, daß er sich irrte, aber er öffnete bloß die Tür, um auszusteigen – und fiel hin. Er war so betrunken. Ich hab ihn ins Wasser gerollt, damit er wieder nüchtern wurde. Aber er ist zu weit gerollt, weißt du? Und, na ja, er ist ertrunken. Genau wie Reuben; er ist einfach ertrunken."

„Und du hast nicht versucht, ihn zu retten."

„Ich wußte nicht, worin da der Sinn liegen sollte", sagte Mickey völlig ausdruckslos.

33

„Wie geht's dir?" fragte Dan bei einem Leichtbier in meiner Dinerküche. Ich stürzte ein paar große Schlucke hinunter, bevor ich ihm antwortete, und setzte das helle Bier dann auf der marmorierten Arbeitsplatte ab.

„Oh Gott, er war hier drin! In meinem Haus! Hat meine Sachen durchsucht!" Ich stellte mir vor, wie Mickey seine Finger durch meine Push-up-BHs und Bikinihöschen gleiten ließ. „Er ist durch meine Schubladen gegangen – er hat meine Post gelesen. Er hat versucht, all meine Geheimnisse aufzudecken."

„Hast du welche?" fragte Dan.

„Massenweise. Aber keine, die er je rausgefunden hätte. Die laß ich nicht da liegen, wo sie jeder finden kann."

„Der Sheriff sagt, daß er morgen ins Calaveras County Jail gebracht wird. Das gibt eine Menge Publicity."

Ich nickte und scheuerte mir die Brust. Da juckte es. Ich zog meinen Shirtkragen nach vorn und sah den roten Ausschlag.

„Giftsumach?"

„Der Placken auf meinem Arm fängt an zu trocknen, aber jetzt hab ich's auf der Brust und muß immer dran kratzen. Na ja, Giftsumach hat auch gute Seiten. Das hat mir dabei geholfen, herauszukriegen, daß Mickey Lacys Mörder war."

„Was? Wie?" sagte Dan und kratzte sich die Wange. Oh, oh.

„Kriegst du's jetzt auch?" Ich erinnerte mich an unseren Kuß. Ich hatte seine Wange berührt, wahrscheinlich gleich, nachdem ich mir den Arm gekratzt hatte. Da hätte ich ihn anstecken können.

„Nee. Mein Bart juckt bloß. Ich kriege nie Giftsumachausschlag. Ich bin immun. Also, wie hat dir der Giftsumach dabei geholfen, Mickey als Mörder zu entlarven? Das ist doch eine ziemlich gewagte Schlußfolgerung."

„Auf dem alten Friedhofsteil waren Giftsumachbüsche, da wo Reubens und Lacys Grabsteine sind, erinnerst du dich? Du hast dich fast reingesetzt. Da haben sie das Zeug nicht weggeräumt wie im neuen Teil. Als Mickey Lacys Leiche da hochgezerrt und sie an dem Grabstein ausgebreitet hat, muß er in den Giftsumach geraten sein, ohne es zu merken. Mickey und ich waren beide am nächsten Tag dort – da muß ich drangekommen sein. Aber bei ihm ist es mindestens acht Stunden früher ausgebrochen als bei mir. Ich erinnere mich, daß er sich schon an dem Tag gekratzt hat."

„Ich glaube nicht, daß das reicht, um ihn zu überführen."

Ich lachte. „Beweisstück A: Zinktinktur. Apropos, das war es übrigens, was in meinem Medizinschrank fehlte. Na, das hat mich jedenfalls nachdenklich gemacht. Aber es gibt ja jede Menge andere Beweise. Die nachgemachten Schlüssel, der Schmuck, den er in seinem Schrank und der Kommode versteckt hatte, Lacys Ohrring, das Tagebuch. Das Sammelalbum – mit meinem halbfertigen Krimirätsel auf der Serviette. Die muß er an dem Tag aufgesammelt haben, an dem er kam, um Lacy ihre Schlüssel zurückzubringen. Und der Pfefferminzatem – ich wußte, daß ich außer dem schrecklichen Zeug, das er mir aufs Gesicht gehalten hat, noch etwas anderes gerochen hatte. Aber sein Geständnis ist wahrscheinlich der entscheidende Beweis."

„Wenn es standhält. Er kannte seine Rechte und hat auf

sie verzichtet, aber heutzutage tut das Gesetz anscheinend, was es nur kann, um den Kriminellen zu schützen."

„Ich glaube, darum hat Mickey das alles gemacht", sagte ich. „Er war von diesem System frustriert und wollte die bösen Jungs selbst aus dem Verkehr ziehen. Genau wie diese Filmkulissenstadt. Mickey war eine falsche Fassade mit einem versteckten Innenleben, das mit dem, was er darstellte, nicht mehr viel zu tun hatte."

„Diese Leute sind gar nicht alle ‚böse', außer in Mickeys Augen", meinte Dan. „Er wollte der Supercop sein, den alle bewundern. Vor allem du."

„Das erinnert mich daran – woher wußtest du eigentlich, daß das bei Mickey meine Unterhosen waren? Die hätten doch jeder Beliebigen gehören können."

Dan lächelte. „Weil sich unter deiner rauhen Fassade eine Frau verbirgt, die sehr sexy ist."

Ich wurde rot, zog eine Dose Cashewkerne vom Schrank und schüttete sie in eine Schale, um mich von Dan abzulenken.

„Wie geht's Celeste? Was hat der Sheriff gesagt, was mit ihr passieren wird?"

„Sie steht im Krankenhaus unter Arrest. Sie hat Betrug, Diebstahl und Beihilfe zur Bigamie begangen. Da wird sie bestimmt für eine Weile nicht mehr auf Gräbern herumtanzen können."

„Und Wolf?"

Dan zuckte eine Achsel und aß eine Cashewnuß. „Ich weiß nicht, wieviel sie beweisen können. Celeste könnte ihn belasten, aber wer weiß bis zu welchem Grad. Er ist ein neuzeitlicher Leichenfledderer. Ich hoffe, daß er nicht damit durchkommt. Aber es wird nicht leicht sein, das zu beweisen, es sei denn, man exhumiert ein paar Leichen. Das wird nicht angenehm."

„Armer Sluice", sagte ich mit dem Mund voller Cashews. „Glaubst du, daß man ihm irgendeine Schuld daran gibt?"

„Wie bitte?" fragte Dan. Ich kaute die Nüsse auf und wiederholte die Frage.

„Ich weiß nicht. Es weiß doch anscheinend jeder, daß er ein Rad ab hat."

„Wie bitte?"

„Er hat nicht alle auf der Latte. Er hat nicht alle auf'm Zeiger. Ihm fehlen ein paar Cents am Dollar. Du weißt schon."

Ich kicherte. „Der Sheriff sagt, daß er wahrscheinlich Celeste und Wolf geholfen hat, ohne wirklich zu wissen, was er da tat. Er war bloß der Schmuckbote. Der Sheriff hat ihn heut abend erstmal in ein Heim in Whiskey Slide gebracht. Er braucht jemand, der sich um ihn kümmert. Armer, einsamer, alter Bursche."

Dan stopfte sich den Mund mit Cashews voll und versuchte dann, etwas zu sagen. Ich sah nur Cashews. Als er fertig war, wiederholte er seine Frage. Wenn wir kommunizieren wollten, würden wir offensichtlich das Essen aufgeben müssen.

„Du hast also das erste Mal Verdacht geschöpft, als Mikkey Andeutungen über Lacys widersprüchliche Wunde machte?"

„Eigentlich nicht. Es war Lacys Körpersprache, wie sie da auf dem Grab lag. Als ich dieses Foto von ihrer Leiche sah, hat es mir einfach etwas gesagt."

„Wann hast du denn angefangen, Mickey zu verdächtigen? Ein juckender Arm ist ja nicht gerade viel, worauf man setzen kann."

„Ich war mir nie wirklich sicher, ganz lange nicht, ich

hatte nur so was im Hinterkopf. Er wußte viel mehr über Reubens Tod als in irgendeinem der Berichte stand, die ich gelesen hatte. Er schien sehr viel über mich zu wissen, mehr, als ich ihm jemals erzählt hatte. Er wußte schon fast intuitiv, was ich gerne las oder aß, und wofür ich mich interessierte. Er hat mich wahrscheinlich ausgeforscht, aber das war alles nur oberflächlich. Zum Beispiel sagte er, daß er die *Little Lulu*-Comics geliebt hätte, aber er wußte nichts über Hexe Hazel."

„Ich weiß auch nichts von Hexe Hazel."

„Aber du behauptest auch nicht, *Little Lulu* zu kennen."

„Wer ist denn Hexe Hazel?"

„Das ist eine Hexe, die Lulu erfunden hat, um Alvin abends zum Einschlafen zu bringen."

„Und wer ist Alvin?"

„Ich laß dich nachher mal einen lesen."

Die Lichtklingel des Schreibtelefons an der Tür zu meinem Hinterzimmer ging an. Ich hatte sie da angebracht, damit ich sie von fast überall in meinem Diner sehen konnte. Ich nahm auf; es war der Sheriff – das merkte ich an seiner Tippweise.

„C.W. WIe geht's Dir? GOÖnnst Du Dir ein bißchen R & F?**"

„Hi, Sheriff. Mir geht's gut. Wie steht's mit Mickey?**"

„NiCht so gut. ER ist wirklich ziemlich vermasselt. MORgen kommt ein neuer Hilssheriff als Vretretung, bis ich Ersatz finde. HEißt HEather. Wie soll ich denn bloß mit einem Hillfssheriff arbeiten, der HEather heißt, um Himmels willen?"

Ich wartete auf die Sternchen. Sie kamen nicht. „Das ist doch super für Dein Image, Sheriff. Denk mal nach. Mit einer Frau als Partner mußt Du vielleicht nicht mehr in diese ganzen Selbsthilfegruppen oder Beratungen gehen. Die wird Dir schon helfen, Dich wieder mit Deinen Gefühlen auseinanderzusetzen. Wie geht's Celeste?**"

„StEckt tief im SChlamassel, ist aber auf dem Wege der Besserung.**"

„He, Sheriff, hatte French eigentlich irgendwas damit zu tun?**"

„Sieht nict so aus. ER wußte nicht, was in sienm eigenen Haus vorging. Aber er hat jetzt eine MEnge PR-Arbeit vor sich, das kanan ich Dir sagen."

„Danke für den Anruf, Sheriff.** ENDE"

„Alles klar. ENDE"

Dan war ins Wohnzimmer gekommen, während ich telefonierte. Er lag auf der Couch und spielte mit der Fernbedienung.

„Das war auch so ein Punkt", sagte ich und setzte mich neben ihn.

„Was?" fragte Dan.

„Das Tippen. Die Leute haben verschiedene Arten, das Schreibtelefon zu benutzen. Die meisten Gehörlosen, die ich kenne, tippen nur in Großbuchstaben, benutzen Abkürzungen und kümmern sich nicht groß um Grammatik. Aber die Hörenden sind daran gewöhnt, formeller zu schreiben. Der Sheriff hält immer die Shifttaste zu lange gedrückt, so daß mehr als ein Buchstabe groß geschrieben ist."

„Und?"

„Mickey benutzt nie Großbuchstaben oder Satzzeichen. Das ist sein Stil. Als ich diese Drohnachricht übers Schreibtelefon bekam, hatte ich so das Gefühl, daß sie von ihm war."

„Schreibtelefonanalyse, wie? So was wie Handschriftenanalyse im Computerzeitalter? Ganz schön clever. He, was ist eigentlich mit den fünftausend Dollar, die in dem Anwaltsbüro auf dich warten?"

„Ich weiß nicht. Das gehört mir nicht wirklich."

„Das sieht der Sheriff aber anders. Er sagt, du hättest schließlich nicht bloß die Frau gefunden, die Lacy gesucht hat, sondern auch herausgefunden, wer Lacy umgebracht hat."

Wir saßen eine Weile still und dachten jeder über den Rest der aufregenden Woche nach. Ich legte eine Hand auf sein Knie und sagte, „Tut mir leid wegen Boone."

Dan nickte. „Ich wünschte, ich hätte ihn besser gekannt. Ich hatte mich schon darauf gefreut, ihn wieder kennenzulernen. Er hat es nicht leicht gehabt."

„Hast du dem Sheriff alles erzählt?"

„Ja. Er wollte wissen, wo die Leiche hingeschickt werden soll."

„Nicht ins Memory Kingdom, nehme ich an."

„Neptune Society. Keine Beerdigung. Ich glaube, ich werde seine Asche einfach in den Hügeln des Mother Lode verstreuen."

Ich klopfte Dan leicht aufs Knie und zog meine Hand weg. Mit tröstenden Worten tue ich mich immer noch schwer.

Dan zappte mit der Fernbedienung durch ein paar Kanäle und landete auf dem Bild einer Frau in Polizeiuniform. „Sieht aus, als ob da grade ein guter Krimi läuft. Grade angefangen. Einer von diesen Jane-Tennison-Filmen. Der weibliche Chefinspektor?"

Ich nahm ihm die Fernbedienung aus der Hand und lehnte mich auf der Couch zurück. „Ich hab erstmal für eine Weile genug Krimi gehabt, besten Dank. Wie wär's mit etwas ohne Geheimnisse?“ Ich drückte ein paar Knöpfe und eine Sitcom über ein jung verheiratetes Paar erschien, das seine Beziehung ausdiskutierte.

Dan lehnte sich zurück, nahm die Fernbedienung und drückte wieder einen Knopf. Im nächsten Programm stieß er auf ein Eishockeyspiel. „Sport?“

Ich war dran. „MTV?“

„Was hast du denn von MTV?“ fragte er mit vorsichtigem Staunen.

„Modetips. Wo ich mein nächstes Piercing machen lassen sollte. Welche Tattoos zu welchen Outfits passen. Frisuren, Make-up, alles, was man wissen muß, um hip zu sein.“

Er drückte den Knopf. Ein alter Western in scharz-weiß. Wir balgten uns um die Fernbedienung, bis die Balgerei zu einem eher spielerischen Körperkontakt wurde. Dan drückte den Ausknopf – linkshändig unterm Bein durch. Nicht schlecht.

„Bring mir die Gebärde für ‚Geheimnis‘ bei“, sagte er und setzte sich auf, ließ aber seine Arme, die sich um mich geschlungen hatten, wo sie waren.

„Man kann es verschieden gebärden. Ich mag diese Art.“

Ich bewegte meine rechte Faust, Daumen nach oben, unter meine linke flache Hand. Er zog seine Arme weg und machte es nach, zuerst unbeholfen und dann beim zweiten Mal flüssiger.

„Gut. Noch was?“ fragte ich.

„Nee. Im Moment brauch ich keine Gebärden mehr. Ich kann deine Körpersprache lesen.“

„Ach ja? Was sag ich denn gerade?“

Als ob wir das nicht beide wußten.

PENNY WARNER

MORDSGEBÄRDE

EIN FALL FÜR CONNOR WESTPHAL

SIGNUM GMBH
HANS-ALBERS-PLATZ 2
20359 HAMBURG
TEL. 040 - 319 21 40
FAX 040 - 319 62 05